U0610666

沈阳市法学会、沈阳市社会科学界联合会2024年度立项课题
『完善公平竞争审查法治，加快统一大市场建设』（SYFX2024077）的成果

统一大市场背景下的公平竞争审查法治建构研究

闫海　马海天　崔晓瑜　等　著

辽宁人民出版社

图书在版编目（CIP）数据

统一大市场背景下的公平竞争审查法治建构研究 / 闫海等著. — 沈阳：辽宁人民出版社，2024.7. —ISBN 978-7-205-11226-4

Ⅰ. D922.294.4

中国国家版本馆CIP数据核字第2024AU3516号

出版发行：辽宁人民出版社
地址：沈阳市和平区十一纬路25号　邮编：110003
电话：024-23284325（邮　购）　024-23284300（发行部）
http://www.lnpph.com.cn
印　　刷：辽宁一诺广告印务有限公司
幅面尺寸：170mm × 240mm
印　　张：15
字　　数：200千字
出版时间：2024年7月第1版
印刷时间：2024年7月第1次印刷
责任编辑：董　喃
封面设计：留白文化
装帧设计：G-Design
责任校对：吴艳杰
书　　号：ISBN 978-7-205-11226-4

定　　价：78.00元

目　录

绪　论

中共中央、国务院发布的《关于加快建设全国统一大市场的意见》提出："加快建立全国统一的市场制度规则，打破地方保护和市场分割，打通制约经济循环的关键堵点，促进商品要素资源在更大范围内畅通流动，加快建设高效规范、公平竞争、充分开放的全国统一大市场。"党的二十大报告也要求，"构建全国统一大市场，深化要素市场化改革，建设高标准市场体系"。这些为全国统一大市场建设提供了根本遵循，标志着我国又一轮重大经济改革的序幕即将拉开。全国统一大市场建设必须强化竞争政策的作用，健全统一的公平竞争制度。我国在打破计划经济体制条块分割的桎梏，着力构建统一开放、竞争有序的市场体系的数十年中，竞争法治取得了长足的进步，但对于市场封锁、地方保护的抽象行政性垄断仍力有不逮。为此，应当遵循构建全国统一大市场的指导方针，针对解决行政性垄断的公平竞争审查加强法治建设，以公平竞争审查赋能全国统一大市场的建设，构建起高效规范、公平竞争的全国统一大市场法治保障体系。

一、统一大市场及其法治需求

（一）统一大市场的前世今生

2015 年国务院常务会议要求，"坚决清除妨碍全国统一大市场建设的各种'路障'"，"统一大市场"这一提法首次被明确并沿用至今。统一大市场的提出和完善是建立在丰富实践的基础之上，几乎贯穿了我国市场取向改革的整个历史进程。[1] 早在 20 世纪 60 年代，中央财经小组为中共

① 参见刘志彪：《全国统一大市场》，载《经济研究》2022 年第 5 期。

中央、国务院代拟过《关于进一步加强商业工作集中统一的决定》，其中提出要克服商业管理中的分散主义，打破画地为牢、层层封锁等一系列的问题，旨在恢复和加强全国统一的社会主义国内市场。[①]之后几十年间，我国持续出台了许多政策文件指导全国统一大市场建设，党的全国代表大会、中央全会也多次以各种形式的提法倡导建立落实全国统一大市场（见下表）。这些政策文件的发布以及会议精神的传达，对全国统一大市场建设具有重要的指导意义。2022 年《关于加快建设全国统一大市场的意见》的发布，标志着我国统一大市场建设迎来了一个新的里程碑。

全国统一大市场建设政策文件及会议梳理表

发布时间	政策文件及会议	主要内容
1962 年 7 月	《关于进一步加强商业工作集中统一的决定》	恢复和加强全国统一的社会主义国内市场
1980 年 10 月	《国务院关于开展和保护社会主义竞争的暂行规定》	开展竞争必须打破地区封锁和部门分割
1987 年 10 月	《沿着有中国特色的社会主义道路前进》（党的十三大报告）	加快建立和培育社会主义市场体系
1992 年 10 月	《加快改革开放和现代化建设步伐　夺取有中国特色社会主义事业的更大胜利》（党的十四大报告）	尽快形成全国统一的开放的市场体系；坚决打破条条块块的分割、封锁和垄断，促进和保护公平竞争
1997 年 9 月	《高举邓小平理论伟大旗帜　把建设有中国特色社会主义事业全面推向二十一世纪》（党的十五大报告）	尽快建成统一开放、竞争有序的市场体系

① 参见徐凤敏、王柯蕴：《建设统一数据要素大市场的科学内涵、内在逻辑与政策建议》，载《西安交通大学学报（社会科学版）》2023 年第 2 期。

续表

发布时间	政策文件及会议	主要内容
2001 年 4 月	《国务院关于禁止在市场经济活动中实行地区封锁的规定》	建立和完善全国统一、公平竞争、规范有序的市场体系，禁止市场经济活动中的地区封锁行为，破除地方保护
2003 年 10 月	《中共中央关于社会主义市场经济体制若干问题的决定》	建设完善“统一开放竞争有序的现代市场体系”
2007 年 10 月	《高举中国特色社会主义伟大旗帜　为夺取全面建设小康社会新胜利而奋斗》（党的十七大报告）	加快形成“统一开放竞争有序的现代市场体系”
2013 年 11 月	《中共中央关于全面深化改革若干重大问题的决定》	建设统一开放、竞争有序的市场体系，是使市场在资源配置中起决定性作用的基础
2017 年 10 月	《决胜全面建成小康社会　夺取新时代中国特色社会主义伟大胜利》（党的十九大报告）	清理废除妨碍统一大市场和公平竞争的各种规定和做法
2020 年 9 月	中央财经委员会第八次会议	加快完善国内统一大市场
2021 年 1 月	《建设高标准市场体系行动方案》	通过 5 年左右的努力，基本建成统一开放、竞争有序、制度完备、治理完善的高标准市场体系
2021 年 3 月	《中华人民共和国国民经济和社会发展第十四个五年规划和 2035 年远景目标纲要》	统筹做好增量审查与存量清理，强化公平竞争审查制度的刚性约束，完善公平竞争审查细则，持续清理废除妨碍全国统一大市场和公平竞争的规定及做法
2021 年 12 月	中央全面深化改革委员会第二十三次会议	优先开展统一大市场建设工作
2022 年 4 月	《中共中央 国务院关于加快建设全国统一大市场的意见》	加快建设高效规范、公平竞争、充分开放的全国统一大市场
2022 年 10 月	《高举中国特色社会主义伟大旗帜　为全面建设社会主义现代化国家而团结奋斗》（党的二十大报告）	构建全国统一大市场，深化要素市场化改革，建设高标准市场体系

什么是全国统一大市场？这是全国统一大市场建设的逻辑起点，对全国统一大市场的建设起到纲举目张的作用。为免落入虚无主义的陷阱，凝聚共识、消除误解，建设全国统一大市场首先需要明确新时代的“统一大市场”的内涵。

建设全国统一大市场，顾名思义，是一项全国性的工程，包含全国范围内地域性、产业性的统一。习近平总书记在党的十九届五中全会上指出，要构建以国内大循环为主体、国内国际双循环相互促进的新发展格局。为国内大循环提质增效，并在更高水平上参与国际循环，全国统一大市场的建设是其中一项重要的工程，必须带动全国各地区、各产业进入循环之中，赋予其发展主体的地位，为“双循环”发展格局的构建提供内生动能。

根据《中共中央　国务院关于加快建设全国统一大市场的意见》精神，“统一”是一个内涵丰富的概念，具体要求包括市场基础制度规则的统一、市场设施高标准联通、要素和资源市场的统一、商品和服务市场高水平统一、市场监管公平统一。对于“统一”要进行辩证立体的理解，绝不能孤立片面地理解为全国一碗水端平，更不能偏离市场在资源配置中发挥决定性作用的路线指导，错误地理解为通过计划的手段强行干预生产要素的配置。“统一”实质上是以“统”为路径，以“通”为目标，通过塑造政策的统一性、规则的一致性、执行的协同性，使国内市场形成相互依存、相互补充、相互开放、相互协调的有机的市场体系。

统一大市场的落脚点是市场经济的建设。我国的人口数量以 14 亿高居世界第一，自 2010 年以来稳居世界第二大经济体，因此建设“大”市场是基于国情的应有之义。巨大的市场规模既是机遇也是挑战，过去主要依靠资源要素投入的传统发展模式使我国的大市场一直存在大而不强的隐忧，归根结底，是市场经济建设不充分造成的。我国应当遵循市场经济的自主性、平等性、竞争性、开放性等基本特征，构建结构完整、要素齐全、机制灵活、竞争充分的市场经济体系，发掘大市场的内需潜能，将大市场的挑战转化为机遇，在世界市场竞争中从要素低成本优势转向超大规模市场优势，推动我国经济发展向高质量转变。在我国当前致力于构建双循环新发展格局、完善社会主义市场经济体制的语境下，全国统一大市场建设是一项依托超大规模市场，通过塑造全国范围内政策的统一性、规则的一致性、执行的协同性来构建高效规范、公平竞争、充分开放的市场体系的工程。

（二）统一大市场的新时代意义

盱衡世界经济发展史，所有实现经济腾飞与崛起的国家和地区无不以统一大市场的建设为发展起点。

例如，1834 年，为了解决德意志邦联内部 28 个邦国、10 个帝国直辖市之间关卡林立、地区分割问题，邦联内最强的普鲁士联合其他邦国成立了德意志关税同盟，一方面对各种限制商业流通的法律进行废除，另一方面借鉴英法荷俄等国不允许邦国私下与外国达成协议。两相合力，德意志邦联逐步打造了统一大市场，并在 20 多年后超过了法国的工业产值。经济的发展也间接帮助普鲁士在 1871 年普法战争中取得胜利，推动了德国从经济统一走向政治统一。又如，1861 年的美国南北战争事实上是北方的资本主义工商业经济与南方的奴隶主种植园经济关于分割大市场与统一大市场的辩争，以北方胜利为结局的南北战争扫除了美国统一大市场形成的制度障碍，再加上 19 世纪末期铁路网的形成，统一的美国市场为其经济发展奠定基础。再如，1993 年《欧洲联盟条约》（*Treaty on European Union*）正式生效，欧盟宣告成立。为了达成在货币、货币兑换率上的统一和建立一个制定和执行欧共体政策的欧洲中央银行体系，最终在密切协调成员国经济政策和实现欧洲内部统一市场的基础上，形成共同的经济政策目标，欧盟国家之间通过让渡一部分行政权，以协议方式成立市场一体化的组织机构，来实现商品、劳务、资本和人员的自由流通。《罗马条约》（*Treaty of Rome*）生效于 1958 年，是一部关于建立关税同盟和农业共同市场，逐步协调经济和社会政策，实现市场流通的条约，其第 85 条和第 86 条是关于限制垄断条款的规定。欧盟成立之后对这两条加大实施力度，鼓励公平竞争。在 1995 年，欧盟首次成为世界第一大经济体。

在我国，古有车同轨、书同文、行同伦，实现了全国政治、经济、文化的大一统，为中华文明的延续奠定了制度基础。京杭大运河的建设历经千年，联通了我国南北方市场，“至今千里赖通波”，为我国经济发展、文化融合、政治统一作出了重要贡献。明嘉靖年间，张居正的“一条鞭法”改革将田赋、徭役以及其他赋税制度，统统合并为每家每户按照土地数量缴纳银两的纳税方式，“一条鞭法”的施行使明朝的银库收入在万历十五年达到了60余年前（正德初年）的三倍有余，为风雨飘摇的王朝又带来了一丝曙光。新时代全国统一大市场是完善社会主义市场经济体制、推动我国经济高质量发展、深度参与国际经济大循环的重要路线指导。

第一，全国统一大市场是国内经济循环体系的基本保障。首先，我国市场经济建设一直存在体制机制障碍，既存在法规政策地区间差异大、不通行的情况，也存在政府职能错位、越位、缺位的问题。部分行政机关通过行使公权力或利用公权力封锁区域市场或提高行业准入壁垒，严重影响市场的公平竞争，以致享有特权的企业和产业获得垄断地位。全国统一大市场建立了协调统一的规则体系，在制度层面疏通了国内经济循环的“堵点”。其次，我国幅员辽阔，资源分散，区域发展水平差距较大，因此市场交易成本较高，整体抗风险能力较弱。全国统一大市场的建立，提高了资源配置的效率和公平性，促进了商品和要素自由流动、平等交换，从而打破了各种市场壁垒，既可以有效发挥市场的规模效应和集聚效应，也兼顾了地区间发展的动态平衡，增强了市场体系的韧性与抗压性。最后，一些经营者拘泥于自我小循环，打造封闭小市场，追求单打独斗，因而难以进行技术创新与产业升级，人为地造成了一些技术壁垒。全国统一大市场顺应了现代化集成生产和集团创新的全新生产技术组织方式，发挥超大规模市场所具有的丰富应用场景和放大创新收益的优势，以市场需求为导向优化创新资源配置，激发市场主体创新活力，带动经济发展的自主性与能动性，将发展命脉牢牢掌握在自己手里。

第二，全国统一大市场是畅通国内国际双循环的有力推手。“有一种力量胜过任何一个跟我们敌对的政府或阶级的愿望、意志和决定，这种力量就是世界共同的经济关系。”[①] 全国统一大市场并不意味着建设一个仅实行自我内循环的封闭性市场，而是建设一个能摆脱对世界其他经济体的完全依赖，更自主融入全球一体化，进而提高国际经济治理中的话语权，掌握国际性问题决策的主动性，在国际竞争和合作中取得新优势的市场。我国依托于“客场”经济全球化模式下的出口国际代工，迅速发展成为“两头在外”的“世界工厂”，但这种依附型经济结构难以避免地被锁定在全球价值链的低端环节，成为与美国在生产、消费上不可分割又处于其从属地位的经济体。近年来，在中美贸易摩擦中，美国逐渐加大对我国实施封锁、围堵、打压和遏制的力度，使国内部分核心技术缺失的产业领域面临诸多“卡脖子”问题。新冠肺炎疫情的蔓延，进一步加剧了世界范围内的产业链重组趋势，各国纷纷采取措施鼓励企业内向化发展，致使全球产业链有可能会出现严重的脱钩与断裂。[②] 全国统一大市场的建设可以实施基于内需的“主场”经济全球化战略，修正扭曲的依附型经济结构，虹吸全球先进生产要素，促进基础产业的创新发展，构建消费力强大的国内市场，取代中国人生产、美国人消费的经济殖民化模式，牢牢掌控经济主权，为参与全球产业竞争积蓄能量。

（三）统一大市场建设的法治需求

法者，治之端也。如何建成全国统一大市场，《关于加快建设全国统一大市场的意见》作出了指示，要充分发挥法治的引领、规范和保障作用，加快建立全国统一的市场制度规则。“全国统一大市场的开放建设绝不局限于空间开放、区域开放，更重要的是规则、政策层面的制度型开放。”[③]

---

①《列宁全集》（第 42 卷），人民出版社 1965 年版，第 332 页。

②参见刘志彪、孔令池：《从分割走向整合：推进国内统一大市场建设的阻力与对策》，载《中国工业经济》2021 年第 8 期。

③张磊、黄世玉：《构建基于全国统一大市场的新发展格局：逻辑方向、堵点及路径》，载《深圳大学学报》（人文社会科学版）2022 年第 3 期。

国家的失败与成功在于制度的分野，[①] 法律是最为权威、最为重要的制度规则，也是有效凝聚社会共识、形成规则之治的基本前提，对于统一大市场建设具有极其重要的意义。[②]

1. 以法治为基础的市场经济才是好的市场经济

全国统一大市场的落脚点在于市场经济的建设。市场实际上包含两个方面：一个是市场自由，一个是市场秩序。针对市场的这两个方面，市场经济由两只手在调整，一只是无形的手，一只是有形的手。无形的手是价值规律，有形的手是国家调控。[③] 市场经济有好坏之分，市场自由与市场秩序的博弈状态、两只手的攻防转换直接关系到市场的好坏。过度自由不是一种理想的状态，否则不会诞生命令—控制型的规制；但过于严格规制也会对市场经济产生伤害，20 世纪 70 年代全球放松规制浪潮验证了此点。

《关于加快建设全国统一大市场的意见》和 2020 年中共中央、国务院《关于新时代加快完善社会主义市场经济体制的意见》均提到，“有效市场与有为政府相结合”“公平竞争与规制变革相统一”。有为政府应当是有限政府与有效政府的有机结合，但无论是从历史维度还是现实层面考察，我国都存在政府干预过多、市场自由度低的问题，这也是全国统一大市场建设的一个动因。在全国统一大市场建设中，政府权力归位必须依赖法治的规范与监督。“社会主义市场经济本质上是法治经济。”[④] “所谓法治，就是经济人（企业和消费者）和政府都置身于法治的框架之下，都受到法律的约束。法律通过政府保护产权，实施合同，维持市场秩序，但同时法

① 参见［美］德隆·阿西莫格鲁、詹姆斯·A. 罗宾逊：《国家为什么会失败》，李增刚译，湖南科学技术出版社 2015 年版，第 51 页。

② 参见王伟：《以法治引领全国统一大市场基础制度建设》，载《中国市场监管报》2022 年 4 月 20 日第 3 版。

③ 参见吴敬琏、江平：《市场经济和法治经济——经济学家与法学家的对话》，载《中国政法大学学报》2010 年第 6 期。

④2014 年《中共中央关于全面推进依法治国若干重大问题的决定》。

律也约束政府。”[①]约束政府是法治的第一个作用，约束的对象是政府对经济活动的任意干预。在法治框架下，政府与经济是一种“保持距离型”关系（*Arm's Length Relationship*），这是现代经济发展有活力、有创新且可持续的制度基础。[②]有效市场的达成需要赋予市场主体一种规则内自由，法律是这种规则的最优选。法治的第二个作用是约束经济人行为。在现代市场经济条件下，市场主体的数量前所未有地庞大，市场结构越来越复杂，市场竞争越来越激烈，为保证市场运行的效率与安全，规制市场主体的机会主义与利己主义行为，必须有一套规则来对市场主体行为进行引导与规范。法律作为统治阶级的意志，作为民主协商的结果，理所应当成为这套规则的呈现方式。因此，以法治为基础的市场经济才是好的市场经济。

全国统一大市场的建设应当坚持问题导向，着力解决突出矛盾和问题，加快清理废除妨碍统一大市场和公平竞争的各种规定和做法，破除各种封闭小市场、自我小循环。

2. 大市场的“统一”需要法治推进

全国统一大市场的建设重点在于发展的“协同”。我国国内市场分割主要表现为选择性的地方主导型产业政策、商品和要素市场的分割、产权交易的市场壁垒，可以类型化为区域性分割和行业间分割，形成这种分割的原因既有硬件基础设施的制约，也有软件制度规则的掣肘。我国以高速铁路为代表的基础设施建设战略已经取得重大成就，但国内市场分割并未因基础设施的完善而根本性消除，仍须从法治建设方面寻找突破。在制度层面，既有财政分权体制下“分灶吃饭”导致财政激励扭曲的机制，也有政府间合作机制虚化的现实原因。其中合作机制的虚化主要带来三个问题：第一，缺少一个超脱于地方利益、跨行政区划、统一有效的协调机制，难以达成全方位、多层次和有效益的全面合作；第二，缺乏成本共担、利益

① 钱颖一：《政府与法治》，载《比较》2003 年第 5 辑。

② 参见钱颖一：《市场与法治》，载《经济社会体制比较》2000 年第 3 期。

共享机制，局部利益与整体目标难以深度融合，导致无法形成各地区主动突破行政壁垒的内在驱动力；第三，在跨地区的经济纠纷判决和执行上，往往存在“主客场”。正如习近平总书记指出：“一些地方利用法规实行地方保护主义，对全国形成统一开放、竞争有序的市场秩序造成障碍，损害国家法治统一。”[①]“统一大市场”作为一项政策具有号召力，但其具体铺开仍须法律的强制力作为保障和推动，通过自下而上和自上而下结合的技术方式予以应对：自上而下就是制定相关法律法规，从顶层设计着力，引领市场规则的统一；自下而上则是允许经济运行中的各个主体，包括企业、个人等，通过法律手段来应对和破除商品和要素自由流通的体制性障碍。

法治归根结底是一种“规则之治”，规则是治理之基，全国统一大市场的建设必须在法治框架内制定统一、协调的规则，以具体的法律制度落实全国统一大市场的思想与方针。

二、统一大市场与公平竞争审查的互动逻辑

《关于加快建设全国统一大市场的意见》提出要加快清理废除妨碍统一大市场和公平竞争的各种规定和做法。加强公平竞争审查法治建设，要健全审查机制，统一审查标准，规范审查程序，提高审查效能，确立重点领域和行业性审查规则。公平竞争审查是强化市场基础制度规则统一目标的重要内容之一，公平竞争审查法治建设为全国统一大市场提供制度支撑，全国统一大市场为公平竞争审查法治建设提供一个重要的契机。

（一）公平竞争审查是统一大市场的制度支撑

2015 年，中共中央、国务院发布的《中共中央　国务院关于深化体制

① 习近平：《关于〈中共中央关于全面推进依法治国若干重大问题的决定〉的说明》（2014 年 10 月 29 日），载《论坚持全面依法治国》，中央文献出版社 2020 年版，第 95 页。

机制改革加快实施创新驱动发展战略的若干意见》首次提出“探索实施公平竞争审查制度”。2016年，国务院颁布《关于在市场体系建设中建立公平竞争审查制度的意见》（国发〔2016〕34号），标志着我国公平竞争审查制度正式建立。为全面落实公平竞争审查制度，健全公平竞争审查机制，规范有效开展审查工作，相关部门又于2017年和2021年先后出台《公平竞争审查制度实施细则（暂行）》《公平竞争审查制度实施细则》。2021年，党的十九届五中全会通过的《中共中央关于制定国民经济和社会发展第十四个五年规划和2035年远景目标的建议》明确提出“健全公平竞争审查机制”，对强化竞争政策基础地位作出专题部署。2022年，公平竞争审查首次入法，列入修正《反垄断法》第5条。公平竞争审查是指行政机关以及法律、法规授权的具有管理公共事务职能的组织，在制定市场准入和退出、产业发展、招商引资、招标投标、政府采购、经营行为规范、资质标准等涉及市场主体经济活动的规章、规范性文件、其他政策性文件以及“一事一议”形式的具体政策措施时，应当进行公平竞争审查，评估对市场竞争的影响，防止排除、限制市场竞争。经公平竞争审查认为不具有排除、限制竞争效果或者符合例外规定的，可以实施；具有排除、限制竞争效果且不符合例外规定的，应当不予出台或者调整至符合相关要求后出台；未经公平竞争审查的，不得出台。

1. 抽象行政性垄断是制约统一大市场建设的主要因素

18世纪末，人们就已认识到商业环境中的竞争会产生令人满意的社会后果，即基于市场互动而进行的竞争可以克服现代工业和后工业社会中较为复杂的组织问题，寻求自身利益最大化的个人和公司将提供消费者高度重视的商品和服务，以此卖出高价而获得更大的利益。① “我们的晚餐并不是来自屠夫、酿酒商或面包师的仁慈，而是来自他们对自己利益的考量。”②

①See Stephen P King, The Economics of National Competition Policy, 20 Law in Context (2002).

②Adam Smith, An Inquiry into the Nature and Causes of the Wealth of Nations, Bantam Classics, 2003:39.

若是所有个人和企业都从市场互动中寻求这种利润最大化的结果，市场将会在达成供给社会需要的商品和服务的同时获得利润，变得极具效率。以竞争性市场来配置资源是长期保持强劲和快速增长的所有国家的基本制度特征。[①]但是，在特定历史时期，为了快速发展经济，我国一度将培育市场竞争摆在其他政策之后。“20世纪80年代末，我国开始在许多领域中广泛推行产业政策，通常采用补贴优惠、垄断特许、市场准入、项目审批、贷款核准、目录指导、强制性淘汰落后产能等形式干预市场竞争。”[②]由于我国存在政府直接干预经济的强大惯性，产业政策往往表现出以政府替代市场机制和限制竞争的管制性特征。[③]在“市场决定论”的视角下，建设全国统一大市场、完善社会主义市场经济体系需要正确处理市场自治与政府规制之间的关系。我国传统经济发展模式总是后者凌驾于前者，导致作为规制表象的政策措施具象为行政性垄断。时至今日，我国政府规制权力在客观上存在央地分权的事实，大大小小的规制权在科层结构中得以运行，以及中央对地方政府任期政绩考核长期偏好短期内、单一的经济发展指标，导致地方政府的规制以经济发展指标为出发点、以产业政策为竞争手段、以GDP争胜为目标，所以从政策制定到实施的全过程忽视公平的自由竞争。[④]历史和现实的因素使我国“中央与地方之间的关系越来越从‘父子’‘兄弟’关系演变为不同经济主体之间的竞争关系”[⑤]，促使行政机关动用所有手段来服务于辖区内经济增长，但这种“划地为牢”式的增长于国内全盘经济发展并无益处。首先，地区封锁会导致商品与要素在区域间无法自由

---

① 参见［美］威廉·科瓦西奇、［英］林至人、［英］德里克·莫里斯：《以竞争促增长：国际视角》，中信出版社2017年版，第3页。

② 戚聿东、郝越：《以公平竞争审查制度促进全国统一大市场建设》，载《南方经济》2022年第8期。

③ 参见江飞涛、李晓萍：《直接干预市场与限制竞争：中国产业政策的取向与根本缺陷》，载《中国工业经济》2010年第9期。

④ 参见孙晋：《规制变革理论视阈下公平竞争审查制度法治化进阶》，载《清华法学》2022年第4期。

⑤ 史际春、肖竹：《论分权、法治的宏观调控》，载《中国法学》2006年第4期。

流动，阻碍地区融合发展，从而使边界两侧经济发展产生“边界跳跃效应”。一方面，地方政府出于保护本地市场的目的，对商品和要素流动施加各类显性或隐性的行政限制；[①] 另一方面，由于地区间合作机制的虚化，跨地区基础设施难以实现有效的互联互通，例如，跨区划地带广泛存在“断头路”现象，劳动力的跨区划流动也因社保、户籍等因素被限制。这些政策壁垒造成行政区划边界两侧难以形成统一大市场。其次，地区封锁也使得边界地区无法充分享受本行政区划内资本的流入，经济发展水平滞后于行政区划内核心地区，从而产生“边界洼地效应”。[②] 行政机关用以推动辖区内经济增长的方法之一就是行政性垄断，包括具体行政性垄断和抽象行政性垄断，后者更是一种源头垄断。抽象行政性垄断是指行政机关和法律、法规授权的具有管理公共事务职能的组织利用行政权力及其影响力，制定含有排除、限制竞争内容的行政性抽象文件作为依据实施垄断。[③] 例如，一些城市在网约车市场以维护网约车运营安全为由针对人、车等方面设置种种不平等的进入壁垒，无法掩盖其对出租车和本地人等“在位者”的保护意图。抽象行政性垄断影响范围更广、时间更长，只能由当事人在提起具体性行政行为诉讼时附带提起，缺乏司法救济手段，[④] 具有以相关法律文件为据的合法表象，明为合规，实则分割市场，危害性更甚于其他垄断形态。

建设全国统一大市场以及更高水平的现代市场经济体制，必须以全局性、可持续性、生产要素自由流动及市场主体公平竞争为核心特征的竞争政策与之匹配。各地方政府追求短期效益和地方利益，罔顾全局和长远，各自为政的产业政策竞争大行其道，这势必与全国统一大市场的公平竞争

①See Poncet Sandra，A Fragmented China： Measure and Determinants of Chinese Domestic Market Disintegration，13 Review of International Economics（2005）.

② 参见马光荣、赵耀红：《行政区划壁垒、边界地区公共品提供与经济发展》，载《金融研究》2022 年第 8 期。

③ 参见漆多俊：《反垄断立法中的行政性垄断问题》，载《时代法学》2006 年第 2 期。

④ 参见孙晋、钟原：《竞争政策视角下我国公平竞争审查豁免制度的应然建构》，载《吉首大学学报》（社会科学版）2017 年第 4 期。

秩序产生抵牾。[①] 因此，建设全国统一大市场必须清除并预防妨碍统一市场和公平竞争的各种规定和做法，破除各种封闭小市场、自我小循环。

2. 竞争执法不足以应对抽象行政性垄断

根据行为主体的不同，《反垄断法》将垄断行为类型化为经济性垄断和行政性垄断。经济性垄断一直被认为是《反垄断法》的主要规制对象，行政性垄断则总是处于与《反垄断法》格格不入的尴尬状态，关于行政性垄断是否应由《反垄断法》加以规制以及如何规制都争议繁多。这导致《反垄断法》虽然对行政性垄断有所规定，但呈碎片化，不能系统地解决行政性垄断问题，实践中行政性垄断司法判例的数量也少之又少。[②]

第一，《反垄断法》对行政性垄断的属性规定不明确。《反垄断法》第 10 条规定："行政机关和法律、法规授权的具有管理公共事务职能的组织不得滥用行政权力，排除、限制竞争。"但是，第 3 条垄断行为的类型却仅列出了达成垄断协议、滥用市场支配地位、经营者集中等三种经济性垄断行为，未提及行政主体的垄断行为，以致行政性垄断的垄断属性备受争议。[③] 例如，金善明指出，"为赋新词强说愁"式的立法结果就是因为"行政性垄断"非"反垄断法上之垄断"。[④]

第二，《反垄断法》对行政性垄断的行为要件规定不明确。《反垄断法》对行政性垄断规定的行为要件有二：一是滥用行政权力，二是排除、限制竞争。排除、限制竞争要件没有特别规定，参照适用经济性垄断。其中，滥用行政权力要件存在争议：一方面，行政性垄断产生的因素可能是行政机关滥用行

---

① 参见孙晋：《规制变革理论视阈下公平竞争审查制度法治化进阶》，载《清华法学》2022 年第 4 期。

② 参见黄明涛：《我国〈反垄断法〉司法适用问题研究——基于 108 份裁判文书的实证分析》，载《价格理论与实践》2021 年第 4 期。

③ 参见许身健：《行政性垄断的概念构造及立法完善——基于〈反垄断法(修正草案)〉的分析》，载《行政法学研究》2022 年第 3 期。

④ 参见金善明：《〈反垄断法〉文本的优化及其路径选择——以〈反垄断法〉修订为背景》，载《法商研究》2019 年第 2 期。

政权力，也可以是利用行政权力的影响力，以“滥用”行政权力作为行为要件，会使得大部分可以构成行政性垄断的行为逃脱法律的约束；[①]另一方面，“滥用行政权力”的内涵和外延也没有具体规定。王晓晔就提出，滥用行政权力是指行为既不属于政府为维护社会经济秩序而实施的经济管理，也不属于政府为实现国民经济的宏观调控而采取的产业政策、财政政策等经济政策和社会政策。[②]但是，一些不利于竞争的产业政策确实会在短期内对经济增长作出巨大贡献，其弊端是在长远的未来才会凸显，而竞争是个动荡的过程，[③]短期内会显得不经济，若据此说法，有些利于竞争的行为也会被误归入行政性垄断，而真正的行政性垄断行为却又成为漏网之鱼。

第三，行政性垄断的违法标准不能与《反垄断法》相衔接。《反垄断法》对于行为违法的首要评价标准是行为的“垄断性”。认定“垄断性”有两个重要特点：一是不需要评价行为目的，仅评价行为效果，所以不论行为主体主观动机如何，“垄断性”的构成只是依据其行为是否造成排除、限制竞争的效果；二是行为垄断不是唯一的违法评价标准，以经济性垄断为例，经营者达成有排除、限制竞争内容的协议，或者具有市场支配地位的经营者滥用其支配地位，并不意味其是违法行为，只有其行为产生排除、限制竞争的效果且没有豁免理由，才被认定为违法。但是，以“滥用行政权力”为行为要件，就会模糊“垄断性”的违法评价，因为行政权力一旦被滥用即构成违法，[④]而且规制抽象行政性垄断应防患于未然，并不要求具备效果要件，这就导致行政性垄断对违法的评价与《反垄断法》的要求实质不同。

事前审查更益于规制抽象行政性垄断。根据《中国反垄断之反行政垄

① 参见许身健：《行政性垄断的概念构造及立法完善——基于〈反垄断法（修正草案）〉的分析》，载《行政法学研究》2022年第3期。

② 参见王晓晔：《行政垄断问题的再思考》，载《中国社会科学院研究生院学报》2009年第4期。

③ 参见［美］威廉·科瓦西奇、［英］林至人、［英］德里克·莫里斯：《以竞争促增长：国际视角》，中信出版社2017年版，第4页。

④ 参见许身健：《行政性垄断的概念构造及立法完善——基于〈反垄断法（修正草案）〉的分析》，载《行政法学研究》2022年第3期。

断公开案例研究报告（2008—2020）》，在2008至2020年间，反行政垄断公开案件共111件，包括行政执法案件91件、诉讼案件20件。在91件行政执法案件中，有68件涉及制定、发布含有排除、限制竞争内容的规定、通知、文件，占比约75%，若是经由较为全面地事先审查，这些文件根本不会出台。在91件行政执法案件中，竞争执法机关发现40件，各种举报40件，媒体报道2件，仅5件是公平竞争审查事先发现的，大多数案件属于亡羊补牢，查处的案件往往已造成竞争损害，虽有惩前毖后的效果，但毕竟滞后了。此报告的111个案例数据来自网站搜索，实际案件数要大于报告分析的数据。市场监管总局通报的“十三五”时期全国市场监管部门依法查处滥用行政权力排除、限制竞争案件有274件。由此可见，本应扼杀于萌芽中的垄断性政策文件数量庞大，出台后不仅对市场竞争造成损害，也为后续竞争执法带来巨大的工作量。况且，《反垄断法》对行政性垄断的处罚偏弱，竞争执法机关可以向有关上级机关提出依法处理的建议，由上级机关对责任人依法给予处分。在91件行政垄断案件中，上级机关对责任人追责处分的只有1件。板子高高举起，轻轻落下，效果可想而知。2022年修正《反垄断法》也只是补充第61条第1款“行政机关和法律、法规授权的具有管理公共事务职能的组织应当将有关改正情况书面报告上级机关和反垄断执法机构”，没有解决对行政机关违法的处罚问题。[①]

3. 公平竞争审查能有效弥补竞争法规制抽象行政性垄断的不足

在从计划经济向市场经济的转轨中，我国大体上采取政府主导的经济发展模式，使经济保持高速发展。2010年以后我国经济发展增速趋缓，政府主导型经济发展模式亦须不断优化。[②]“党的十八届三中全会将经济体制改革的核心问题定位为政府和市场关系，目标是‘使市场在资源配置中

---

① 参见张光远：《公平竞争审查与建设全国统一大市场》，载《价格理论与实践》2022年第3期。

② 参见侯利阳：《产业政策何以向竞争政策转变：欧盟的经验与上海的现实》，载《上海交通大学学报》（哲学社会科学版）2016年第1期。

起决定性作用和更好发挥政府作用’。这意味着我国开始向市场主导型的经济发展模式转型，重要抓手为优化政府的经济性行为，表现在两个层面：一为事后规制，即规制《反垄断法》中的滥用行政权力的行为；二为事先规制，即公平竞争审查制度。公平竞争审查制度将规范政府经济性行为的意义从单个规章或规范性文件的层面拓展到政府整体层面，使得公平竞争不但成为竞争执法的关注对象，也成为政府工作的有机组成部分。”[①]

2016 年，《国务院关于在市场体系建设中建立公平竞争审查制度的意见》将公平竞争审查的目的定位为“打破地区封锁和行业垄断，清除市场壁垒，促进商品和要素在全国范围内自由流动”。结合全国统一大市场“加快建立全国统一的市场制度规则，打破地方保护和市场分割，打通制约经济循环的关键堵点，促进商品要素资源在更大范围内畅通流动”的总体要求，可以将公平竞争审查理解为全国统一大市场建设中解决抽象行政性垄断为专门性任务的竞争法，有效弥补了竞争法规制行政性垄断的结构性不足。2021 年，市场监管总局、发展改革委、财政部等发布的《公平竞争审查制度实施细则》对公平竞争审查予以较为全面规定，设置了 4 类标准：（1）市场准入和退出标准；（2）商品和要素自由流动标准；（3）影响生产经营成本标准；（4）影响生产经营行为标准。4 类标准项下设置了 18 项禁止性规定，对于涉及抽象行政性垄断的政策文件进行了几乎涵盖市场主体全生命周期的审查，可以对阻碍市场竞争秩序的行政行为进行具有前瞻性、预防性的有效规制。

（二）统一大市场为公平竞争审查法治建设提供契机

习近平总书记指出：“党的政策是国家法律的先导和指引，是立法的依据和执法司法的重要指导。”[②] 在立法法理学的视域下，若是将法规范当作公共政策的替代性制度，立法者就必须证明法规相较于公共政策的替

① 侯利阳：《公平竞争审查的认知偏差与制度完善》，载《法学家》2021 年第 6 期。

② 习近平在中央政法工作会议上的讲话（2014 年 1 月 7 日）。

代性优势，包括合法律性、合民意性、合规律性三个证成标准。具言之，分别是“从‘立法活动的制度化、规范化’发展为‘形成完备的法律规范体系’”“从‘坚持民主集中制’发展为‘全过程人民民主’”“从‘一切从实际出发’发展为‘提高立法质量和效率’”。[①] 当一项政策被转化成法规，并要求这种转化不会招致必要性质疑时，法规必须具备上述优良品质和体系性、稳定性、权威性等形式特征。这既是对政策法律化设置的高门槛，也是法规优化的契机。根据法规范形式的不同，转化过程还会对法规提出更多形式或实质要求。例如，当立法者试图将公共政策转化为原则性条款时，原则性条款的接受者必须同时成为制定者，[②] 即符合民主性的要求。全国统一大市场的“加快建立全国统一的市场制度规则，打破地方保护和市场分割”的总体要求为公平竞争审查法治建设提供原则性指导，公平竞争审查基于全国统一大市场这个新时代的要求必须满足体系性、稳定性、权威性、民主性等特征。作为一种发布于宪法规定、法规或先例中的重要规范性声明，公共政策反映了社会对于何谓社会之善的普遍观点，[③] 因此其将会为社会生活的方方面面提供调整方向，自然也包括法律制度的完善。全国统一大市场致力于打破分割格局，破除垄断，正是公平竞争审查大展拳脚的领域，是其法治建设的良机。

公平竞争审查是融汇国外立法经验与我国基本国情的制度设计。公平竞争审查在美国被称为“竞争倡导”（Competition Advocacy），其设置目的是为缓解当时的金融危机所引发的经济萧条，因此审查范围只涉及行业垄断方面的问题。欧盟无公平竞争审查的措辞，其竞争规则只禁止国有企业垄断及政府补贴的行为。澳大利亚称之为“国家竞争政策”（National

① 参见肖恒：《立法法理学视野下政策法律化的证成》，载《福建师范大学学报》（哲学社会科学版）2022 年第 5 期。

② 参见［德］哈贝马斯：《在事实与规范之间：关于法律和民主法治国的商谈理论》，童世骏译，生活·读书·新知三联书店 2003 年版，第 155 页。

③ 参见［美］博登海默：《法理学：法律哲学与法律方法》，邓正来译，中国政法大学出版社 2004 年版，第 487 页。

Competition Policy），本质上是解决垄断行业改革的问题。韩国也采用“竞争倡导”的说法，其审查范围仅限于价格规制、市场准入规制、促使企业合谋等方面的行业垄断。[①] 我国公平竞争审查自 2016 年正式建立以来，涉及抽象行政性垄断的政策文件仍层出不穷，但实践效果未达预期。一方面是因为制度是在国外首创基础之上借鉴而来，本土化改造是一个长期的过程；另一方面在于市场经济运行中不断出现新形势、新情况、新矛盾、新变化，公平竞争审查必须持续进行革新。《关于加快建设全国统一大市场的意见》以“立破并举，完善制度”为工作原则，破的是妨碍统一市场和公平竞争的各种规定和做法，立的是培育统一市场和公平竞争的制度。2023 年全国市场监管系统反垄断工作会议强调要“更加突出加快建设全国统一大市场导向”，并明确五大重点工作，第一项工作就是“锚定一个大市场目标，着力破除地方保护和行政性垄断”。因此，全国统一大市场是靶向规制行政性垄断的公平竞争审查法治建设的重要契机。

三、本书的研究思路和主要内容

本书以公平竞争审查赋能全国统一大市场建设，探讨公平竞争自我审查模式及其例外适用，以公平竞争审查的激励机制和第三方评估、举报等约束机制为保障，重点分析产业政策、财政补贴、税收政策、政府采购政策等四大重点领域的公平竞争审查规则，结合国有企业竞争中立的本土化，实现我国公平竞争审查的法治构建，进而加快建设高效规范、公平竞争、充分开放的全国统一大市场。除绪论以外，本书分为本体论、保障论、应用论、国际论四章。

第一章公平竞争审查的本体论从自我审查模式和例外适用展开。公平竞争审查在国际范围内分为外部审查和自我审查两种模式，自我审查虽是符合我国国情的最佳选择，但也存在先天性不足。我国应当通过制审分离、

① 参见侯利阳：《公平竞争审查的认知偏差与制度完善》，载《法学家》2021 年第 6 期。

能力建设等优化公平竞争自我审查的组织体系，同时不断细化公平竞争审查的标准，有效提升政策制定机关实施自我审查的准确性、客观性。公平竞争审查的例外制度有助于实现市场调节和国家干预的有机结合、促进竞争政策与其他公共政策的内在协调，具有补充性、协调性和灵活性的特征。我国应当对国家安全、社会保障、公共利益等公平竞争审查的例外适用予以具体化，采用正当性、适当性、必要性、均衡性的审查方法，健全例外适用的启动、审查、批准程序。

第二章公平竞争审查的保障论以激励和约束机制构建为着力点。针对内部自我审查的双重悖论并与外部监督机制相配合，我国应当借鉴澳大利亚的竞争补偿制度，按照激励法定、激励公平、激励公开原则，从财政奖励补助、政绩考核激励两个方面建立我国公平竞争审查的激励机制。公平竞争审查第三方评估具有专业性、独立性、客观性特征，是公平竞争自我审查的重要约束机制，我国应当扩大公平竞争审查第三方评估的对象范围，完善第三方评估机构的遴选，加大第三方评估成果的应用，健全对第三方评估的监督体系。举报是公平竞争审查监督体系的重要组成部分，具有事后监督、外部监督、长效监督的法律性质，有利于加强公平竞争审查中政府与公众的沟通，规范政府及其部门的行为，强化竞争政策的基础性地位，加强责任追究机制。我国应当健全公平竞争审查举报的适用范围、要件，完善举报的接受、处理、回应机制，强化举报奖励、保护等保障。

第三章公平竞争审查的应用论聚焦产业政策、财政补贴、税收政策和政府采购政策等公平竞争审查四个重点领域的实践。产业政策和竞争政策存在一致性和冲突性，公平竞争审查有助于协调两者，确保产业政策尊重市场机制，并落实竞争政策的基础地位。我国应当建立产业政策审查的初步审查和深度审查程序，结合产业政策特点细化公平竞争审查的标准和例外。财政补贴的公平竞争审查有助于事前预防行政垄断，有效节约财政资源，发挥财政补贴功效。欧盟对国家援助确立一般禁止条款及其审查豁免，形成行政审查和司法审查结合的法律审查机制。我国应当借鉴欧盟立法经验，明确财政补贴类型及其构成要件，建立针对财政补贴的合法性审查和合理性审查，确立财政补贴公平竞争审查的应当例外和裁量例外情形。税收政策与公平竞争存在之上、之下、之中三种关系，我国税收政策的公平竞争审查应当建立区域性选择和实质性选择的审查标准，健全税收政策公平竞争自我审查和第三方评估机制。政府采购政策公平竞争审查具有审查对象的限定性、审查主体的特殊性、审查标准的独特性特征，能够强化对政府采购的监督，规范政府采购限制竞争行为，提高政府采购资金的使用效率。我国应当按照货物、服务、工程等政府采购对象细化公平竞争审查标准，与绿色采购、中小企业采购、区域发展采购、科技创新采购等政府采购政策功能相结合，明确公平竞争审查的例外规定。

第四章公平竞争审查的国际论将公平竞争审查和国有企业竞争中立予以国内外融合探讨。国有企业竞争中立近年来受到国际和各国的广泛重视，并体现于一些发达国家的国内立法、欧盟的区域规则、OECD 的政策文件以及 CPTPP、CAI 等区域或双边贸易协定中。尽管国有企业竞争中立存在“国企改革论”“民企发展论”“竞争适应论”等支持观点和“伪概念论”“违反宪法论”和“国企劣势论”等反对观点的分歧，但应凝聚共识，打造中国版的国有企业竞争中立规则。中国版国有企业竞争中立应当以建立科学合理的国企治理结构为基本目标、实现产权平等保护为核心目标、建立公平竞争的市场为根本目标。中国版国有企业竞争中立有助于我国融入国际经济新秩序，改善国有企业竞争非中立现状，加快全国统一大市场建设，同时与全面依法治国相适应，与国有企业改革目标相一致，并且已经落实在各地自贸区实践中。中国版国有企业竞争中立的适用范围应当以实质控制为主体标准，以商业活动为行为标准，豁免原则为例外条款，构建市场准入中立、企业运营中立、信贷融资中立、政府补贴中立、税收优惠中立、政府采购中立等全方位、立体化的行为规则体系。

第一章

公平竞争审查的本体论：自我审查及其例外

第一节　公平竞争的自我审查

一、公平竞争自我审查概述

公平竞争自我审查，又称公平竞争内部审查，是指由政策制定机关担任审查者，以其自身制定的涉及市场主体经济活动的规章、规范性文件和其他政策措施为被审查对象，对具有排除、限制竞争效果的内容进行自查自纠。[①]2016年《国务院关于在市场体系建设中建立公平竞争审查制度的意见》要求政策制定机关对制定市场准入、产业发展、招商引资、招标投标、政府采购、经营行为规范、资质标准等涉及市场主体经济活动的规章、规范性文件和其他政策措施，应当进行公平竞争审查。2022年《反垄断法》修正，将“行政机关和法律、法规授权的具有管理公共事务职能的组织”实施的自我审查模式纳入法律，公平竞争自我审查成为规制行政垄断行为的一种补充和完善，在制度的预防性质、控制手段、保护市场公平竞争属性等方面，实现《反垄断法》的立法目的和手段的相统一。

（一）公平竞争审查模式的比较

市场经济国家均有公平竞争审查或类似的制度，但美国、澳大利亚等采取公平竞争外部审查模式，新加坡和我国等采取自我审查模式，日本、

① 参见孙晋：《公平竞争审查制度：基本原理与中国实践》，经济科学出版社2020年版，第33-34页。

韩国等则采取公平竞争内外双重审查模式。

1. **审查主体**

自我审查模式与外部审查模式的最大不同之处在于审查主体及其机构的区别。采取公平竞争外部审查模式和双重审查模式的国家多数由竞争执法机关担任公平竞争外部审查的主体，例如美国的司法部和联邦贸易委员会、日本的公正交易委员会、韩国的公平交易委员会等，澳大利亚的公平竞争审查主体则首先为各州独立的审查小组，其次为负责对全国竞争政策提供建议和咨询的国家竞争理事会。外部审查由具有专业知识和技能的竞争执法机关担任，能够保持一定程度的客观和中立，但政策信息获取上面临着更大的挑战，同时会导致审查成本增加、效率降低。

2. **审查对象**

在公平竞争的外部审查模式中，审查对象较为广泛。美国公平竞争外部审查的对象包括：（1）对公平竞争具有直接影响的法律；（2）联邦政府和州政府颁布的涉及公平竞争的规范性文件，包括政府规章和经济性举措；（3）司法判例。澳大利亚公平竞争外部审查的对象依据《竞争原则协议》第5条分为法律、条例、立法文件和行政管理文件，涉及7个领域：（1）管理公司或个人进入或退出市场；（2）控制价格或生产水平；（3）限制货物和服务的质量、水平或地点；（4）限制广告和宣传活动；（5）限制生产过程中投入的类型或价格；（6）可能给企业带来重大成本；（7）为一些企业提供了优于其他企业的优势。在我国，《国务院关于在市场体系建设中建立公平竞争审查制度的意见》《公平竞争审查制度实施细则》明确了公平竞争审查对象是市场准入和退出、产业发展、招商引资、招标投标、政府采购、经营行为规范、资质标准等涉及市场主体经济活动的规章、规范性文件、其他政策性文件以及“一事一议”形式的具体政策措施。这些政策措施按规范形式分为行政法规、部门规章、地方政府规章、规范性文件及其他政策性文件。此外，政府部门负责起草的地方性法规、自治条例和单行条例，由起草部门在起草过程中进行公平竞争审查。

3. 审查标准

公平竞争审查的标准是审查时所依据的“参照物”。澳大利亚公平竞争审查的标准为原则性标准，《竞争原则协议》第5条规定，所有的限制不能损害公共利益。[①] 美国认定是否存在限制竞争的影响需要综合考虑受影响人的市场地位、经济实力、文件目的等具体事实和实施效果，不以规范性文件是否违反相关竞争条款作为唯一标准。在我国，公平竞争自我审查的标准按照市场准入与退出、商品和要素自由活动、生产经营成本、生产经营行为四大类分别设定18项基础性标准以及50项次级标准。

公平竞争外部审查模式与我国国情并不相匹配，无法发挥出公平竞争审查的制度优势，虽然自我审查模式存在“自己做自己案件的法官”的先天不足，但仍为符合我国国情的最佳选择：（1）政策制定机关最了解自身制定的规章及规范性文件，以自我纠错方式进行审查，可以予以适当的监督和激励；（2）有利于政策制定机关快速、及时发现问题并进行矫正，能够提高执法效率，确保行政行为的合法性；（3）我国地域辽阔，政策措施种类繁杂，公平竞争自我审查模式能够确保公平竞争审查的覆盖面更广、效果更佳。公平竞争自我审查已经在我国取得了一定效果，被审查主体在发现问题后整改态度积极，改正措施也较为妥当，能够及时调整排除、限制竞争影响的政策措施，但仍存在质量与效率提升的空间。

（二）我国公平竞争自我审查的法律现状

2015年，中共中央、国务院《关于深化体制机制改革加快实施创新驱动发展战略的若干意见》首次提出实施公平竞争审查制度。2016年，《国务院关于在市场体系建设中建立公平竞争审查制度的意见》的颁布标志着

① 参见孙晋：《公平竞争审查制度：基本原理与中国实践》，经济科学出版社2020年版，第57-58页。

公平竞争审查制度的诞生，明确规定我国公平竞争审查采取自我审查模式。2017年发布的《公平竞争审查制度实施细则（暂行）》、2021年发布的《公平竞争审查制度实施细则》为公平竞争自我审查提供了更为明确的依据。2022年《反垄断法》修正引入公平竞争审查，并确定了其法律性质、功能等，与竞争法律制度相辅相成，共同促进了反行政性垄断法律体系的进一步健全。

自《国务院关于在市场体系建设中建立公平竞争审查制度的意见》发布以来，国务院各部门、省级政府及其工作部门在制定有关政策措施时，已按要求开展了公平竞争审查工作。2017年，公平竞争审查在市县级政府及工作部门实施，推进公平竞争审查在全国范围展开。目前，公平竞争审查总体进展顺利，对全国统一大市场建设起到积极保障作用。2016年6月到2018年3月，国家发展改革委共公布了59个公平竞争审查的典型案例。[①]2018年，我国组建了市场监管总局，其成为竞争执法的最高行政机关。2019年7月，市场监管总局又发布了28个典型案例。[②]以上87个典型案例中，3个案例是政策制定机关自我审查启动的，33个案例是通过单位或者个人举报启动，51个案例是竞争执法机关调查启动。截至2019年2月底，国务院各部门、各省级政府、98%的市级政府、92%的县级政府都已开展公平竞争审查工作，全国共审查新发布的文件43万份，对其中2300多份文件做出调整更新，在82万份已出台的文件中，清理或修订了2万多份涉及地方保护、指定交易、市场壁垒等文件。[③]2018年6月至10月，市场监管总局会同各地相关单位对辽宁、黑龙江、广东、广西、新疆五省、自治区进行了督查检查，随机抽检了有关单位自2017年以来发布的175份文件，

---

① 参见朱静洁：《公平竞争审查制度实施情况的实证研究——以国家发改委公布的59个审查案例为样本》，载《竞争政策研究》2018年第4期。

② 参见国家市场监督管理总局价格监督检查和反不正当竞争局：《公平竞争审查制度学习读本》，中国工商出版社2019年版，第101-143页。

③ 参见中国政府网：《今年优化营商环境改革力度更大、精准度更高、节奏更快》，http://www.gov.cn/xinwen/2019-10/25/content_5444864.htm，2024年3月1日访问。

发现其中30份文件严重违反公平竞争审查规范和标准操作规则。[①]公平竞争自我审查发现问题的比例远低于督察发现问题的比例，这反映自我审查存在质量较低这一严重问题。

二、公平竞争自我审查的组织体系

（一）公平竞争自我审查的制审分离

公平竞争审查自我审查存在不可忽视的先天性不足，“任何人不能做自己案件的法官”，政策制定机关既做当事人又做法官、既当运动员又当裁判员，难以保证自我审查结果的客观性及有效性，造成审查行为浮于表面、流于形式的后果。政策制定机关在制定相关政策措施时，已经依据相关法律进行文件起草以确保其合法性，若是在自我审查中确认存在排除、限制竞争情形，将产生诸多不利于自身的后果：（1）“自己否定自己”会严重损害政策制定机关的公信力；（2）政策制定过程是利弊权衡的过程，自我审查对政策措施的否定必然要求利益再次妥协；（3）未落实自我审查的地区在短期内会产生比落实自我审查地区效益好的后果，这造成审查主体积极性不高，乃至消极应对。

《公平竞争审查制度实施细则》第5条规定：“政策制定机关应当建立健全公平竞争内部审查机制，明确审查机构和程序，可以由政策制定机关的具体业务机构负责，也可以采取内部特定机构统一审查或者由具体业务机构初审后提交特定机构复核等方式。”换言之，在坚持公平竞争审查“自我审查”的前提下，还可以通过“决策”与“审查”的“内部分权”予以优化。内部分权是指在自我审查过程中，将权力分为制定、

① 参见国家市场监督管理总局：《2018年市场监管总局公平竞争审查重点督察发现典型问题通报》，载《中国市场监管报》2019年1月30日第3版。

评估、监督3个部分，通过增设内设机构、协调分工、调配资源等方式，达到科学均衡、权责一致的权力分配。需要强调的是，内部分权不是我国竞争执法权在发展改革委、商务部门、市场监管部门之间的跨部门分权，而是内部机制中一定程度地相互牵制，本质在于增加审查环节，预防审查不严，以内设机构间的牵制及协作实现自我审查效果的最优化，即政策制定机关的制定者仅负责草拟，而审核阶段予以回避，由机关其他机构进行审核，最后的审核结果提交给主管部门批准；若主管部门未通过，应当将其提交给公平竞争审查联席会议或本级竞争执法机关进行评议。

（二）公平竞争自我审查的能力建设

政策制定机关在各个领域享有较大的资源配置权，狭隘的地方或部门保护主义会对市场整体公平竞争产生消极影响，存在严重的路径依赖。[①] 在自我审查过程中，政策制定机关会根据行政经验辨别其是否存在排除、限制竞争行为，造成不能或不愿发现问题，加之政策制定机关对公平竞争审查认识不足，专业人员匮乏，也是审查工作效果不佳的重要因素。公平竞争自我审查是一项极具挑战的任务，本身要求较高专业性，需要掌握经济、法律等专业知识的人才对影响竞争的政策进行客观、科学的分析。为了更好地落实公平竞争自我审查，需要分层次、有序地进行培训。同时，执行是最好的法治宣传，在官方媒体平台上对典型案例的公开和专业讲解，能够达到通过个案教育公众，纠正不良竞争行为的目的，促进我国竞争文化的成长。

公平竞争自我审查是对政策措施的合法性、合理性审查，涉及多个学科交叉的专业知识，需要在相关领域具备一定学科背景和经验的专家，亟待建立科学的征求意见机制，对于审查中出现的疑难问题向专家学者或专

① 参见郑和园：《公平竞争审查制度中自我审查的理论逻辑及实践路径》，载《价格理论与实践》2017年第12期。

业机构等征求意见，因此应当建立公平竞争审查的专家库，确保专家意见的独立性与权威性。

三、公平竞争自我审查的标准

较为明确、详细的审查标准是公平竞争自我审查行之有效的重要前提。各政策制定机关依据审查标准进行自我审查，若审查标准不够细化或操作性不强，在自我审查能力不足的情况下，自我审查将难上加难；若审查标准足够细化，政策制定机关逐条对比，将有效避免遗漏自我审查对象。

《国务院关于在市场体系建设中建立公平竞争审查制度的意见》采取原则禁止的态度，明确市场准入和退出、商品和要素自由流动、影响生产经营成本、影响生产经营行为 4 个方面 18 项禁止性标准，《公平竞争审查制度实施细则》在此基础上进一步细化，明确了 50 项次级标准。但是，相关标准尚属于概括性列举，政府对市场竞争予以限制或是排除的行为无法被全部纳入，以致审查结果失之偏颇，违背公平竞争审查的设立初衷。我国应当尽量全面规定限制排除市场竞争的政策措施种类，以详细且可操作的清单方式列明审查标准。根据不同的部门或行业特点，建立“基本标准 + 细化标准”的双层标准体系来增加审查标准的可操作性。细化的标准须经专家咨询、公开听证、社会公开和竞争执法部门效果评估等环节，借鉴韩国等以反问式为主的标准模式，加强自我审查逻辑性及全面性，此外，须定期对标准进行跟踪调整，使其满足不断变化的经济社会需求。

《国务院关于在市场体系建设中建立公平竞争审查制度的意见》《公平竞争审查制度实施细则》的审查标准还存在较多模糊性概念，诸如“明显不必要”“不合理”“歧视性”“一般”等，由于不确定概念，缺乏清晰的判定方法，也没有对具体情形的列举，对自我审查提出较高的专业要求。政策制定机关可能缺乏系统、全面的专业知识，在自我审查过程中存在滥用自由裁量权的漏洞。[①] 加强审查标准中模糊性概念的内涵和外延解释将有效提高政策制定机关实施自我审查的准确性与客观性。

第二节　公平竞争审查的例外

一、公平竞争审查例外概述

传统竞争法以规制市场主体的市场竞争行为为主，但当公权力干预市场的行为与市场竞争秩序相悖，则缺乏有效的救济途径，仅能被动等待公权力的自我觉醒。[②] 为了弥补这种空白，各国纷纷建立起公平竞争审查制度。在我国，公平竞争审查是厘清市场与政府边界、防止滥用行政权力排除和限制竞争的创新性顶层设计，不仅是全面经济改革的重要部署，还是法治政府建设的重要抓手。[③] 为了协调竞争政策与其他政策的关系，使公平竞争审查发挥出最佳效果，公平竞争审查往往规定例外制度，在保证市场公平竞争的基础上，协调政府与市场之间关系，以实现多元化目标。

（一）公平竞争审查例外及特征

一般而言，例外与常规相互矛盾，是对常规的一种偏离形式，例外规则在法律适用上排除常规制度的适用。[④] 一项政策措施若具有排除或限制竞争的效果，原则上不能出台，但政策措施若符合公平竞争审查例外的要

① 参见朱静洁：《我国行政性垄断的公平竞争审查规制研究》，载《价格理论与实践》2017年第6期。

② 参见向立力、俞四海：《公平竞争审查制度的理论梳理与完善建议》，载《中国价格监督与反垄断》2017年第3期。

③ 参见孙晋：《公平竞争审查制度：基本原理与中国实践》，经济科学出版社2020年版，第1页。

④ 参见易军：《原则、例外关系的民法阐释》，载《中国社会科学》2019年第9期。

求，即使具有排除或限制竞争的效果，也可以出台并实施。公平竞争审查例外是平衡管制与放松、控制垄断与竞争的重要方式，既保证市场以竞争为基本原则，也让公权力可以实施合理的干预行为，符合各国建立自由市场的目标，因此在各国立法上均有所体现。例如，澳大利亚的《竞争原则协议》规定，除非能够证明符合法定的条件，否则立法不能限制竞争；欧盟以豁免条款方式，明确了成员国出于保障国家利益或社会公共利益的目的，可以实施一定程度的市场干预行为。①

公平竞争审查例外具有以下特征：

首先，公平竞争审查例外具有补充性。例外对公平竞争审查具有重要的作用，可以补充和修正公平竞争审查。②公平竞争审查主要通过对公权力加以限制的方式来明确公权力干预市场的法律边界，从而保障市场在资源配置中发挥基础性作用。但是，在市场机制难以发挥作用的领域，需要公权力对市场实施合理的干预行为，换言之，例外通过明确公权力实施市场干预的基本条件和具体方式，确保出于国家安全、社会公共利益以及社会保障的目的，对市场实施合法化、合理化、规范化的干预行为。政府的作用和市场的作用既不可偏废，也不可错位。③例外在确保市场公平竞争的同时，更好地发挥政府作用，有效弥补市场失灵。在公平竞争审查的常规制度与例外规则的共同构建和实施下，才能同时克服“市场失灵”和“政府失灵”。

其次，公平竞争审查例外具有协调性。公平竞争审查既是对《反垄断法》的继承，又是对其发展。④《反垄断法》明确规定了行政主体滥用公权力排除、限制市场竞争行为的负面法律评价，并且确立政府反竞争行为

---

① 参见翟巍：《欧盟公平竞争审查制度研究》，中国政法大学出版社2019年版，第57–92页。

② 参见吴太轩、杨婉琪：《我国公平竞争审查例外制度的适用困境与对策》，载《西南石油大学学报》（社会科学版）2022年第3期。

③ 参见孙晋：《习近平法治思想中关于公平竞争的重要论述研究》，载《法学杂志》2022年第5期。

④ 参见黄彦钦：《公平竞争审查例外规定的功能定位与完善路径》，载《深圳社会科学》2020年第4期。

的事后监管机制。[①]《公平竞争审查制度实施细则》第2条第2款规定："经公平竞争审查认为不具有排除、限制竞争效果或者符合例外规定的，可以实施；具有排除、限制竞争效果且不符合例外规定的，应当不予出台或者调整至符合相关要求后出台；未经公平竞争审查的，不得出台。"公平竞争审查例外则重点发挥着预防性目标及其功能，进而与竞争法律制度相互协调，具有相辅相成的关系。

最后，公平竞争审查例外具有灵活性。适用公平竞争审查例外的情形主要包括国家安全、社会公共利益、社会保障及法律行政法规规定的其他情形。立法者不可能罗列出所有可以适用例外的情形，适应经济社会发展不同阶段的不同需求，是公平竞争审查例外的重要体现。随着经济社会的发展，公平竞争审查例外也会呈现动态变化而具有一定灵活性，以此来调节和平衡生产生活的需要与发展之间的矛盾。

（二）公平竞争审查例外的制度意义

1. 实现市场调节和国家干预的有机结合

各国均是通过"看得见的手"和"看不见的手"来进行市场调控，[②]市场调控主要包括市场自身调节机制和国家干预机制两种。坚持市场调节机制的优先性是公平竞争审查的出发点和落脚点，市场在资源配置中的作用是决定性的，但不是起全部作用。[③]虽然市场调节机制呈现规模大、范围广等特点，但其调节的范围和领域不是无处不至、无远弗届的，在市场失灵领域，特别是公共服务、公平竞争、公平分配等方面，国家干预的重要性凸显出来，因为这不仅涉及经济效率，也关

① 参见李俊峰：《公平竞争自我审查的困局及其破解》，载《华东政法大学学报》2017年第1期。

② 参见张守文：《公平竞争审查制度的经济法解析》，载《政治与法律》2017年第11期。

③ 参见习近平：《关于〈中共中央关于全面深化改革若干重大问题的决定〉的说明》，载《人民日报》2013年11月16日第1版。

系到公平、正义等价值的实现。[①] 面对市场失灵引发的众多严重问题，需要作为社会公共利益代表的国家在相关领域进行调节。政府的调节作用是不可或缺的，而公平竞争审查例外为政府更好地发挥作用提供了有效途径。国家治理是多维度的，必须尊重和实现自由、平等、公正、效率、环境保护等多元价值的治理目标，任何追求单方面价值的制度都必须为其他价值的实现提供有效途径。公平竞争审查是实现市场公平竞争的重要途径，对政策措施进行公平竞争审查的同时，又要避免过分强调市场统一和竞争秩序，以致损害其他目标的实现。因此，为了国家安全、社会公共利益、社会保障目的等，公平竞争审查例外在坚持市场调节机制优先的情况下，允许适度地引入国家调节机制，实现市场调节和国家干预的有机结合。

2. 促进竞争政策与其他公共政策的内在协调

竞争是市场经济的核心，给市场带来效率和繁荣，保障经济效率和社会福利。党的十九届四中全会明确提出，强化竞争政策的基础性地位，落实公平竞争审查制度。实施公平竞争审查制度是党中央、国务院深化经济体制改革的重大决策部署。公平竞争审查是竞争政策的主要制度载体，是强化竞争政策基础地位的主要路径依赖，[②] 即经过公平竞争的事前审查，对市场竞争有积极效果的政策措施可以出台实施，但具有排除或者限制市场竞争效果的政策措施不得出台或者经调整满足要求才可以出台，从而在我国建立起竞争友好型的政策措施体系。在常规制度中设置特殊规则协调竞争政策的目标与其他公共政策的目标彼此冲突。例外规则在保证竞争目标实现的同时，可以兼顾其他公共政策目标的实现，从而促进竞争政策和其他公共政策的相互协调。

① 参见张守文：《政府与市场关系的法律调整》，载《中国法学》2014 年第 5 期。

② 参见孙晋：《习近平关于市场公平竞争重要论述的经济法解读》，载《法学评论》2020 年第 1 期。

（三）我国公平竞争审查例外的法律现状

根据《国务院关于在市场体系建设中建立公平竞争审查制度的意见》《公平竞争审查制度实施细则》，公平竞争审查例外规则主要包括例外情形、适用条件和适用程序三个方面的内容。

首先，适用公平竞争审查例外的情形主要包括国家安全、社会公共利益、社会保障目的三种。（1）国家安全主要包括经济、科技、文化和国防四个方面；（2）社会公共利益主要包括节约资源、保护环境、保护公共卫生健康安全三个方面，其中保护公共卫生健康安全是国家根据现实情况对例外情形进行调整，体现例外随着经济社会的变化而不断补充、修改；（3）社会保障目的主要包括扶贫开发、救灾救助两个方面的内容。除了上述明确列举的三种例外情形，还有法律及行政法规规定的其他情形为兜底条款，这一制度设置主要存在两个方面的原因：一是法律和行政法规在出台前，全国人大和国务院会对法律和行政法规是否存在严重限制竞争情况进行审查，即已实现了公平竞争审查的内化；二是作为全国最高行政机关，国务院行使权力指向的目标是维护整个社会的、全局性的利益，是以社会公共利益为中心，而不是为了保护地方利益或部门利益。①

其次，公平竞争审查例外的适用应满足一定条件。根据《公平竞争审查制度实施细则》规定，即使一个政策措施符合上述3种例外情形之一，并不意味着政策制定机关就可以直接让该政策措施出台实施。满足例外情形的政策措施还应符合必要限制条件、程度限制条件和时间限制条件，并经特定程序方可出台实施：（1）必要限制条件是指为实现某个政策目标而不可或缺的，即为实现某种价值不可避免地对竞争秩序产生影响，与比例原则中的必要性类似，在实现同样的行政目标的前提下，选择对竞争影响最小的方案。（2）程度限制条件是指政策措施不会严重限制市

① 参见刘继峰：《论公平竞争审查制度中的问题与解决》，载《价格理论与实践》2016年第11期。

场竞争，即竞争价值可以对其他价值予以一定程度的让步，但让步是有限度的。政策措施产生的正面影响大于对竞争产生的负面影响的情况下，政策措施才可以出台实施。（3）时间限制条件是指必须明确适用例外的政策措施的实施期限，对适用公平竞争审查例外的政策措施规定明确的期限可以在一定程度上降低其对市场竞争产生的不利影响，最大程度地维护市场竞争秩序。

最后，适用公平竞争审查例外的政策措施须经特定程序。根据《国务院关于在市场体系建设中建立公平竞争审查制度的意见》和《公平竞争审查制度实施细则》规定，公平竞争审查例外的适用程序主要包括以下步骤：（1）判断某一政策措施是否属于公平竞争审查的对象，若属于公平竞争审查的对象，须按照《公平竞争审查制度实施细则》规定的审查标准予以逐条审查，对于违反审查标准的，可以开展适用例外的审查；（2）政策制定机关应当明确说明此项政策措施是否适用例外，若是适用例外则须进一步详细地说明符合例外情形类型，以及对是否符合必要限制条件、程度限制条件和时间限制条件予以论证，进而得出相应的书面审查结论；（3）政策制定机关应当在政策措施出台后逐年评估实施效果，形成书面的评估报告，以判断政策措施是否达到了预期效果，若是未达到预期效果，应当及时进行调整，不能调整则需要停止执行。

2020 年，市场监管总局发布了政策措施公平竞争审查的数据（见下表），其中四川省适用公平竞争审查例外的文件最多，其余适用公平竞争审查例外的省份大多在 20 份以下，上海、青海等甚至未适用公平竞争审查例外。根据市场监管总局《中国反垄断执法年度报告（2021）》，仅有四川省、甘肃省和宁夏回族自治区明确提及了适用公平竞争审查例外的文件，分别为 24 份、2 份和 2 份。政策制定机关在适用公平竞争审查例外时，主要通过座谈会了解利害关系人的意见或通过网络向公众征求意见。上海、深圳等要求适用公平竞争审查例外的，应报同级公平竞争审查联席会议备案。[1]

部分省级行政区 2020 年政策措施清理结果

省级行政区	清理文件数量（份）	适用例外规定数量（份）
四川	18110	85
湖南	30200	56
甘肃	99016	32
河北	11320	29
江苏	61591	27
广东	30000	21
广西	9949	21
上海	7574	0
青海	892	0

数据来源：国家市场监督管理总局反垄断局《中国反垄断年度执法报告（2020）》

总之，我国现阶段公平竞争审查例外的适用比例较低，最消极的情况是政策制定机关清理存量文件或者审查增量文件时完全未考虑适用公平竞争审查例外，而是对不符合审查标准的文件予以直接修改或者废止。即使政策制定机关适用公平竞争审查例外，也存在例外适用的情形模糊性、条件不确定以及程序不可操作等问题，而且公平竞争审查例外适用后也普遍未向社会公布具体详细情况，以致外部监督的缺失，政策制定机关滥用例外的概率大增。

二、公平竞争审查例外的适用情形

《国务院关于在市场体系建设中建立公平竞争审查制度的意见》《公平竞争审查制度实施细则》对公平竞争审查例外适用情形的规定具有模

① 参见吴太轩、杨婉琪：《我国公平竞争审查例外制度的适用困境与对策》，载《西南石油大学学报》（社会科学版）2022 年第 3 期。

糊性，一定程度的模糊处理能够满足立法稳定性要求，解决法律规定的滞后性问题，但也造成适用公平竞争审查例外面临着巨大的挑战，影响政策制定机关履行《公平竞争审查制度实施细则》所规定的说明义务，以及公平竞争审查例外的滥用。《国务院关于在市场体系建设中建立公平竞争审查制度的意见》《公平竞争审查制度实施细则》未进一步明确例外情形适用的原则和标准，导致政策制定机关在实践中难以确定某项政策措施是否属于例外情形，更难以在书面审查结论中说明此项政策措施属于例外的具体类型及其理由。一项法律制度的良好实施需要法律规则做好指引，公平竞争审查例外的适用情形可以遵循抽象规则、具体规则并用的方式，即政策制定机关在适用公平竞争审查例外时，既要发挥抽象规则的统领作用，也要关注政策类型的具体化和判断标准的具体化。《国务院关于在市场体系建设中建立公平竞争审查制度的意见》《公平竞争审查制度实施细则》明确规定了 3 种例外情形：包括国家经济安全、文化安全、科技安全和国防建设的国家安全；节约资源、保护环境和维护公共健康安全的社会公共利益；扶贫开发、救灾救助的社会保障目的。3 种例外情形可以作为抽象规则起到统领性的作用，并在具体规则中列举可以例外适用的具体类型。

（一）国家安全相关例外情形的具体化

国家安全的范围十分广泛，公平竞争审查例外主要把国家安全限定在经济安全、文化安全、科技安全和国防建设四个方面，除了国防建设以外均属于非传统安全的范畴，应当坚持审慎判断原则，仅在可能发生极端严重后果的情况下才可以适用国家安全例外情形。

首先，国家经济安全是指一国经济具备抵御外来风险冲击的能力。[①]

---

① 参见顾海兵、沈继楼、周智高、唐帅：《中国经济安全分析：内涵与特征》，载《中国人民大学学报》2007 年第 2 期。

经济安全不同于经济发展或经济稳定，经济安全是经济稳定和经济发展的基石。不能扩大经济安全的外延，将有关经济的政策措施都往“经济安全”这个箩筐里装。我国经济安全政策措施是指保护我国经济主权安全和消灭可能发生经济危机风险的政策措施，具体包括维护产业安全的经济政策措施、维护贸易安全的经济政策措施、维护能源安全的经济政策措施、维护粮食安全的经济政策措施、维护金融安全的经济政策措施等。

其次，国家文化安全是指主权国家的文化价值体系及意识形态等主要文化要素免于内部或外部敌对力量的侵蚀、破坏和颠覆。[①] 文化产品不同于一般产品，其具有广泛的传播性，可以影响国民的思想，对国内政治环境、科技发展以及国家的凝聚力有重大的影响力。为了维护我国的国家文化安全，政策制定机关可以在特定情况下实施排除限制市场竞争的有关国家文化安全的政策措施，具体包括：保护和发展少数民族文化的政策措施、特殊人才培养和激励的政策措施及促进落后地区文化发展的政策措施。

再次，从党的十八大提出“提高社会生产力和综合国力的战略支撑”和“实施创新驱动发展战略”，到党的十九大的“建设现代化经济体系的战略支撑”和“加快建设创新型国家”，再到党的二十大的加快建设“科技强国”和“科技自立自强”，科技创新的重要性不断提高，在一定程度上对综合国力起到决定性作用。科技安全因此应当成为一种例外情形，具体包括：实施创新发展的经济政策措施、保障国家重大科技创新的经济政策措施。

最后，国防建设是维护国家主权领土完整的坚实后盾，也是国家发展经济、改善民生的基础。基于国防建设的政策措施必须具备强制性，强制性才能保证相关政策措施的落实，与国防建设有关的资源投入以及公路、铁路、水利、能源等基础设施建设应当得到保障。

① 参见石中英：《论国家文化安全》，载《北京师范大学学报》（社会科学版）2004年第3期。

（二）社会保障相关例外情形的具体化

《公平竞争审查制度实施细则》列举的社会保障例外为扶贫开发和救灾救助两种类型，救灾救助是社会保障的主要内容，而扶贫开发是我国当前的重要任务。随着我国社会经济的发展，社会保障范围呈扩张趋势，[①]因此在认定某项政策措施属于社会保障例外情形时，应当明确其适用条件。

扶贫开发政策措施适用公平竞争审查例外，应当从两个方面考虑：一是扶贫开发的政策措施对待贫困人口不能有选择性，即所有市场主体参加扶贫开发均应适用相同的市场准入标准和经营条件，扶贫开发政策措施的利益应由贫困人口享有而不是扶贫开发的经营者；二是扶贫开发的政策措施须具有激励效果，即适用公平竞争审查例外的扶贫开发政策措施须使原有的贫困人口脱贫。

救灾救助政策措施主要分为救灾政策措施和救助政策措施。救灾政策措施是指对自然灾害发生造成的损害进行救助的政策措施；救助政策措施是针对没有劳动能力或具有一定劳动能力因客观条件无法取得收入以及因为意外事件无法维持生计的人提供物质资源的政策措施。适用公平竞争审查例外的救灾救助政策措施应当满足以下两个条件：一是政策的临时性，在弥补自然灾害造成的损失后或救助人重新通过劳动获取足够的收入后，应当停止执行政策措施，例如，对经营者因自然灾害受到损害而提供的优惠应至帮助其脱离经营困难为止；二是政策措施具有一定限度，即以自然灾害或者意外事件造成的直接影响为限。

（三）社会公共利益相关例外情形的具体化

社会公共利益例外情形的认定应当具体情况具体分析，其认定应解决两个问题：一是界定社会公共利益的基本内涵；二是明确社会公共利益的认定

---

① 参见侯日云、蒲晓红：《历史视野下的社会保障：概念分歧与规范化》，载《理论月刊》2021年第8期。

标准。现有规定采用不完全列举法，一部分具体社会公共利益类型被列举，为例外适用提供可类比的样板，[①]具言之，政策制定机关在适用列举之外的社会公共利益时，应当说明其与所列举的具体类型的重要性具有相当。

社会公共利益可以分为“具有经济属性的社会公共利益”和“不具有经济属性的社会公共利益”两种：前者是指以维护市场竞争秩序和促进市场一体化为根本目的的社会公共利益；后者是不具有经济性的社会公共利益，主要包括维护公共卫生健康、保护环境、节约资源等。公平竞争审查的根本目标是让市场在资源配置中起到决定性作用，其设置的常规制度和例外规则主要是保证“具有经济属性的社会公共利益”的实现。但是，由于社会环境的复杂性和多样性，常规制度在一些特殊情况下难以实现公平竞争审查的最终目标，甚至出现损害其他受法律保护的利益的情形，其中包括“不具有经济属性的社会公共利益”。因此，在公平竞争审查例外的视角下，社会公共利益的内涵是指“非经济属性的社会公共利益”。

关于适用例外的社会公共利益认定标准应当遵循以下 4 个构成要件：（1）此类社会公共利益是指公众生产生活和发展利益，不仅包括全国公众所享有的普遍性社会公共利益，还包括特定地区或类型的公众所享有的特殊性社会公共利益；（2）此类社会公共利益须具备客观必要性、技术可能性和经济可行性；（3）有关行政机关承担保证此类社会公共利益实现的法律义务；（4）未实现此类社会公共利益所采取的排除限制市场竞争的政策措施须符合公平原则、比例原则和公开原则。

三、公平竞争审查例外的适用方法

对某项政策措施能否适用例外属于目的性判断，即要求目的具有合法性和合理性，但公平竞争审查例外的概念表述具有抽象性、灵活性，难以

① 参见刘风景：《例示规定的法理与创制》，载《中国社会科学》2009 年第 4 期。

通过立法完全明确例外的内涵和外延，须政策制定机关自行判断。政策制定机关在判断某项政策措施是否符合例外情形时可能存在不同的见解，发生过度解释与失序解释的情况，最终导致例外情形向普适性豁免标准的异化，使公平竞争审查在实质意义上丧失预防与禁止行政垄断行为的主导性功能，阻碍全国统一大市场的形成。因此，例外适用的明确化应当通过法律解释，使不确定概念的内涵和外延得以明晰，从而作为个案判断的依据。[①]对于公平竞争审查例外来说，利益衡量是不可或缺的，通过对政策措施进行利益衡量，可以引入比例原则作为适用方法，从而把抽象的标准具体化，合理控制和有效约束例外规则的运行，尽可能避免例外的滥用。

（一）例外情形的目的正当性审查

例外情形的目的正当性审查是指审查主体考察和判断需要适用公平竞争审查例外的政策措施的目的及其正当性，具言之，若是政策措施的目的符合正当性，则相关的程序可以继续推进；相反，则不能适用公平竞争审查例外。目的的正当性审查主要包括两个流程：一是确定政策措施的目的，这是判断政策措施目的正当性的前提，审查主体应采取一定措施确定政策措施的真实目的，即政策制定机关在制定政策措施时欲实现的目的；[②]二是判断政策措施的目的是否具有正当性，《公平竞争审查制度实施细则》规定的 3 种例外情形是判断目的是否具有正当性的依据。

（二）例外情形的目的适当性审查

例外情形的目的适当性审查是指政策措施是否有助于目的的实现，即判断政策措施的手段和目的之间是否具有实际的关联，主要分为主观适当性和客观适当性两种：主观适当性是指以政策制定事前的主观预测来判断

① 参见王利明：《法学方法论》，中国人民大学出版社 2000 年版，第 469 页。

② 参见黄军：《比例原则在公平竞争审查例外制度运行中的适用》，载《财经法学》2021年第1期。

是否具有适当性；客观适当性是指从政策措施的实施效果来判断是否具有适当性。根据公平竞争审查例外适用的特点，采用主观适当性较为合适，具言之，政策制定机关在制定政策措施时，经过综合判断后预测所涉及的手段能够实现或者有助于实现正当性目标，即认为符合比例原则有关手段与目的的适当性。[①] 适当性也是判断《公平竞争审查制度实施细则》所要求的政策手段是否为实现政策目的不可或缺的标准。采用主观适当性也要求有关的预测有相关的证据证明，诸如在预测的过程中采用科学的分析方法，或者通过召开听证会、专业讨论会等具体方式展开。[②]

（三）例外情形目的实现的必要性审查

例外情形目的实现的必要性审查是指审查政策措施对于有关目的的实现是否超过了必要限度，是否采取对市场竞争负面影响最小的措施。对于例外情形适用采取必要性审查，与《公平竞争审查制度实施细则》例外情形的程度限制条件有关，即 “不会严重限制市场竞争”。欧盟、澳大利亚也采取“最小竞争损害原则”，要求在实现相同目的的前提下，不存在对市场竞争损害更小的替代方案。必要性主要审查政策措施是否满足以下两个条件：一是政策措施是实现相关目标所必要的手段；二是在可供选择的手段范围内，此项政策措施对市场竞争造成的负面影响最小。这两个条件也可以作为“不可或缺”和“不会严重限制市场竞争”的判断依据。

（四）例外情形目的与竞争损害之间的均衡性审查

例外情形目的与竞争损害之间的均衡性审查是指审查目的的实现与造成的损害之间是否具有一定的比例，主要是判断实现政策目的带来的正面影响与限制市场竞争所带来的负面影响是否达到了一定程度的平衡状态，

① 参见黄军：《比例原则在公平竞争审查例外制度运行中的适用》，载《财经法学》2021 年第 1 期。
② 参见刘权：《适当性原则的适用困境与出路》，载《政治与法律》2016 年第 7 期。

从而保证公平竞争审查例外不会出现泛化乃至异化。在实践中，准确衡量政策目的实现与竞争损害之间的均衡性可以采取成本—收益分析方法对政策措施导致的成本和收益加以分析。成本—收益分析方法与均衡性审查具有高度的契合性，诸如澳大利亚在深入评估的过程中即采用成本—收益分析方法。应用成本—收益分析方法应注意以下两个问题：一是成本和收益的确定，其在宏观上是政策目的实现的正面影响和对市场竞争造成的负面影响，而在微观上须进一步细化，例如，澳大利亚在实践中通常考虑以下事项：与生态可持续发展相关的立法和政策；社会福利与平等要素，包括社会服务责任；与职业健康与安全、产业关系、产业准入、产业平等相关的立法和政策等，这既包括直接影响，也包括间接影响。二是综合运用定性分析和定量分析，能够将成本和收益量化的，应予以量化并通过货币等方式直接呈现出来，不能予以量化的则需要定性分析。

四、公平竞争审查例外的适用程序

程序是法律制度规范运行的重要保障和制度约束力的具体体现，也是法律制度不可或缺的组成部分，[①] 为了规范公平竞争审查例外的适用，建立和完善相应的适用程序尤为重要。《国务院关于在市场体系建设中建立公平竞争审查制度的意见》《公平竞争审查制度实施细则》仅对公平竞争审查例外的适用程序予以简单描述，属于一种框架性制度安排，欠缺明确的规定。

（一）启动程序

启动是一项法律制度的开端，对程序的顺利进行具有十分重要的意义。

① 参见黄军：《公平竞争审查例外制度适用的程序控制》，载王红霞主编：《经济法论丛》（2021年第2卷），法律出版社2021年版，第3—16页。

在例外适用的过程中，需要相关的申请主体主动提出申请，即由相关主体向特定的受理机构提出申请，受理机构进行受理，因此启动程序可以分为申请阶段和受理阶段。

在申请阶段，应明确适格的申请主体。政策制定机关可以作为适格的申请主体，因为某项政策措施是否可以适用例外会直接影响到政策制定机关的利益。对于某项政策措施，政策制定机关比其他任何机关都了解其真实的目的，因此能够明确此项政策措施是否真正地满足适用例外情形所要求的要件。在明确适格的申请主体之后，还应明确其应提交的申请内容，即《公平竞争审查制度实施细则》规定的政策制定机关对例外适用所具有的说明义务。欧盟对此有明确的规定，根据《欧盟运行条约》（*Treaty on the Functioning of the European Union, TFEU*）规定，成员国在准备实施国家援助计划时，须向欧盟委员会提供一切需要的信息。政策制定机关对某项政策措施适用例外，应要提供以下信息：政策的真实目的、政策的受益对象、政策的受损主体、政策增加的利益、政策对市场竞争秩序造成的负面影响以及实施期限。①

在政策制定机关提出相应的请求后，就进入受理阶段。为了规范例外适用的运行，受理主体的确定是不可或缺的，主要有下列三个具体方案：（1）政策制定机关的上级机关作为受理机关。此种方案的优点是作为政策制定机关的上级机关掌握更多政策措施的有关信息，可提高程序的运行效率，但由于上级机关可能跟政策制定机关存在利益关联，难以保证审查的客观性。（2）竞争执法机关作为受理机关。此种方案的优点在于能够实现审查的客观性和权威性，但会产生较大的实施成本和低效率。（3）在上述两种方案中寻找结合点，设立一个独立的机构作为受理机关，

① 参见黄军：《公平竞争审查例外制度适用的程序控制》，载王红霞主编：《经济法论丛》（2021年第2卷），法律出版社2021年版，第3—16页。

但同样具有高实施成本等缺点。[①] 根据我国的国情和立法，竞争执法机关作为受理主体具有合理性。竞争的实质是利益的竞争，竞争法律制度调整的就是不同主体之间的利益关系，利益调整的公正性需要竞争执法机关具有独立性和权威性。[②]2018 年我国成立了市场监管总局，成为竞争单一执法机关。程序的良好运行还需要专业的人员，判断一项政策措施是否符合公平竞争审查例外的要求是一门专业性工作，而竞争执法机关的工作人员具有较强的专业素养，因此竞争执法机关作为受理主体是一种可行的方案。

（二）审查程序

审查程序是整个适用程序的重中之重，对于程序的良好运行具有最直接的影响。审查是受理主体依据《公平竞争审查制度实施细则》规定的实体标准判断申请主体针对某项政策措施适用公平竞争审查例外的理由是否充分和恰当，在特殊情况下，还需要受理主体对个案的申请材料进一步调查和分析，从而判断此项政策措施是否可以适用例外。[③] 判断某项政策措施是否满足例外的要件，需要审查主体全面掌握与此项政策有关的信息，调查程序是审查程序的关键。欧盟将审查程序分为初步审查和正式审查两个阶段：若是欧盟委员会认为某项国家援助计划存在违法的情况，需要开展初步审查，主要是收集与此项援助计划有关的信息，判断其是否合法；若是欧盟委员会认为此项援助计划与内部市场相一致存疑，需要进入正式审查阶段，进行深入调查和分析，特别是分析其直接受益者和间接受益者。我国在调查阶段也采取两步走策略：通过第一阶段的调查，审查主体可以全面了解和掌握审查所需要的信息，从而判断是否符合例外的有关条款；

---

① 参见孙晋、钟原：《竞争政策视角下我国公平竞争审查豁免制度的应然建构》，载《吉首大学学报》（社会科学版）2017 年第 4 期。

② 参见彭海斌：《公平竞争制度选择》，商务印书馆 2006 年版，第 265 页。

③ 参见钟刚：《反垄断法豁免制度研究》，北京大学出版社 2010 年版，第 159 页。

对需要进一步深入审查的相关政策措施进行第二阶段的全面评估和深入分析，进而得出最后的审查结论。

根据《公平竞争审查制度实施细则》第 7 条规定，政策制定机关应该在审查的过程中征求利害关系人的意见或以公众知晓的方式向社会公众征求意见，但《国务院关于在市场体系建设中建立公平竞争审查制度的意见》《公平竞争审查制度实施细则》未对例外审查加以规定。听证程序是行政主体作出影响行政相对人合法权益的裁决前，行政相对人有权陈述相关的意见和提供相应的证据，而行政机关应当听取意见和接收证据并作出相关决定的程序。① 在例外审查过程中引入听证程序，在给予利益相关方知情权和表达权的同时，也可以提高整个程序的透明度，防止例外的滥用。听证程序应明确以下两个问题：一是听证主体的确定，包括组织者、参加人和听证人，与此项政策措施具有利益关系的直接受益者、间接受益者、直接受损者、间接受损者等均可以参加听证程序；二是听证方式的确定，听证组织者可以选择口头听证、书面听证等具体方式。

（三）批准程序

在审查程序结束以后是批准程序，即审查主体须依据审查过程中获取的信息作出裁决，审查主体应根据政策措施的具体情况作出是否适用公平竞争审查例外的裁决。例如，欧盟委员会可以根据案件的具体情况作出消极的裁决、积极的裁决、附条件的裁决和否定性的裁决。依据《国务院关于在市场体系建设中建立公平竞争审查制度的意见》《公平竞争审查制度实施细则》，审查主体可以作出是否适用公平竞争审查例外的决定，但对具体的裁决类型没有相应的细化。我国可以将裁决的类型分为 3 个类型：（1）积极的裁决，即批准相关的政策措施可以适用例外；（2）消极的裁决，即禁止相关的政策措施适用例外；（3）附条件的裁决，即允许相关的政

① 参见章剑生：《行政听证制度研究》，浙江大学出版社 2010 年版，第 11 页。

策措施适用例外，但为了降低其对市场竞争所产生的不良影响，审查主体作出附加相关条件限制的裁决，包括实施期限、受惠主体、实施范围等方面限制，在保证公平竞争审查严肃性的同时，极大地提高整个程序的灵活性。

第二章

公平竞争审查的保障论：激励与约束机制

第一节 公平竞争审查的激励机制

一、公平竞争审查激励机制概述

为了确保公平竞争审查的落实，《国务院关于在市场体系建设中建立公平竞争审查制度的意见》提出“建立健全工作机制”的要求。激励是一种激活人们的潜力并产生更高绩效的方式，公平竞争审查激励机制是实施公平竞争审查的一种重要保障机制。

（一）公平竞争审查的激励机制与约束机制的比较

“激励”是指利用某种方式，刺激人的内心以产生行为动机的心理过程。[①] 为了调动行为人的积极性或达成特定的目标，而对行为人的内心施加某种内在需要或动机影响，进而引导或改变人的行为。激励机制是将这一机理应用于组织的安排中，通过一套理性化制度来反映激励主体与激励客体相互作用的方式。公平竞争审查激励机制的激励对象为政策制定机关，激励方式包括资金奖励和政绩考核激励等，目的是提高政策制定机关自我审查的主动性和自我审查能力，进而有助于公平竞争审查的更好实施。总之，公平竞争审查激励机制是指为了引导和鼓励政策制定机关积极开展对排除限制市场竞争政策措施的审查，提升自我审查的主动性和审查能力，通过资金奖励、政绩考核等方式，保障公平竞争审查制度的合理运行而设

① 参见俞文钊：《现代激励理论与应用》，东北财经大学出版社2014年版，第2页。

立的一套正向激励机制。

激励的含义具有广义和狭义之分，广义上的含义包括正向激励和负向激励；而狭义上的激励仅指向正向激励，负向激励则被称作约束。公平竞争审查的激励机制所指向的仅是正向激励，不包括负向激励，理由主要两个：一是激励往往产生积极、正面的效果，负向激励不易被公众所接受；二是负向激励可以体现为公平竞争审查约束机制，与公平竞争审查激励机制分属不同的制度体系。公平竞争审查的激励机制与约束机制的本质实际上是正向激励与负向激励之间的关系：

第一，二者内容特征不同。正向激励是对激励对象的肯定、赞扬、奖赏等具有正面意义的激励方式；负向激励则是对激励对象给予否定、惩罚、批评等抑制行为主体实施某种行为的负面意义的激励方式。在公平竞争审查制度中，激励机制则体现为对政策制定机关实施奖励等正面激励方式，促进政策制定机关审查的积极性，约束机制则具有威慑性。

第二，二者适用方式不同。激励机制模式下的激励是主动性激励，适用方式主要有物质奖励、精神奖励等，公平竞争审查激励机制的主要适用方式是资金奖励、考核晋升等，能给政策制定机关带来直接的好处；约束机制下的激励是被动性激励，可以是直接约束行为主体，也可以通过激励其他主体，反过来约束行为主体，在公平竞争审查中可以通过降低薪酬、给予处分等方式约束政策制定机关，也可以通过激励其他监督主体，例如其上级部门、第三方评估机构或社会个人来加强对审查主体的审查监督。公平竞争审查的激励机制往往依靠物质、精神上的激励，使审查主体产生强大的心理动力，积极地去开展公平竞争审查工作；公平竞争审查约束机制则依靠惩罚性措施带来的外部约束力，使审查主体因不愿受到处罚而开展公平竞争审查工作。

第三，二者价值功能不同。公平竞争审查激励机制对政策制定机关具有引导、鼓励的作用。激励所带来的物质、精神上的奖励会对政策制定机关施加某种内在需要或动机影响，激发其公平竞争审查工作的积极性，最终造就一个良性的竞争环境。公平竞争审查约束机制对政策制定机关具有矫正教育、警示的作用，约束意味着处罚，政策制定机关因不愿受到处罚而对自己的行为起到警示的功能。例如，政策制定机关因制定排除限制市场竞争的政策措施而被惩罚和通报，担心上级部门对其认识改变、信任降低，会促进本部门和其他部门自觉遵守公平竞争审查行为准则，约束机制不仅可以阻止产生某种不良动机、实施某种行为，而且可以改变其动机和行为，从而达到矫正和教育的目的。

总之，公平竞争审查的激励机制与约束机制在内容特征、适用方式和价值功能上存在着本质不同，虽然约束机制中也存在负向激励的作用，但二者在公平竞争审查中不应混同，公平竞争审查激励机制的激励视角仅指向正向激励，而不包括负向激励。

（二）公平竞争审查激励机制的制度意义

1. 内部自我审查模式存在双重悖论

公平竞争审查是我国确立竞争政策基础性地位、提高国家治理能力、维护市场公平竞争的重要制度安排，审查主体应拥有专业能力，以确保提供全面专业的公平竞争审查，但我国政策措施的文件量较为庞大，加上政府间权力结构安排，建立一个专门负责公平竞争审查的独立机构只能是一个“理想愿景”，[①] 所以我国公平竞争审查采取自我审查模式。虽然自我审查模式符合我国现实情况，但效果并不理想，最突出的逻辑问题便是动机悖论和能力悖论。

动机悖论是指在公平竞争自我审查模式中，政策制定机关往往具有两种相互对立的动机，一方面被赋予具有限制竞争的主观动机，另一方面被

① 参见赵婷：《论我国公平竞争审查制度的双重悖论与实施激励》，载《沧州师范学院学报》2020 年第 4 期。

赋予具有自我改正的动机。[1] 这产生一种悖论，若是政策制定机关会制定政策措施排除限制竞争以保护自身的利益，应由第三方机构予以公平竞争审查，自我审查模式的公平性令人质疑；[2] 若是政策制定机关没有制定政策措施以保护自身的利益，没必要进行公平竞争审查，因为排除限制竞争的政策措施不存在。动机悖论在实践中主要针对政策制定机关主观故意限制排除竞争的情形，例如，地方政府为了招商引资，对外来投资者给予优惠政策，使得本地投资者和外来投资者无法进行公平的市场竞争。[3] 动机悖论意味着公平竞争自我审查模式对政策制定机关既做了“恶”的假设，也做了“善”的假设，[4] 而两种假设共存于同一个政策制定机关，两者不可能有机平衡，必然呈现对某种假设的倾向性。自我审查模式初衷是“善”的假设大于“恶”的假设，换言之，自我审查模式的有效开展是政策制定机关具备自我修正这一“善”的动机。一旦排除限制竞争这种“恶”的动机存在于政策制定机关，自我审查模式将难以有效开展。我国政策措施文件的数量巨大，实行外部审查模式缺乏现实可操作性，因此亟待相应制度构建来有效矫正动机悖论的审查弊端。

能力悖论是指政策制定机关不愿意由第三方来审查自己制定的政策措施，但由于公平竞争审查是一种专业评估和实质性审查，而政策制定机关缺乏较强的专业审查能力。[5] 能力悖论更多针对的是政策制定机关“无意”损害竞争的情形。在大多数情况下，政策制定机关不知道出台的政策措施会阻碍市场的公平竞争，为了增加税收和促进就业而给予外来投资者政策上的优惠，此时政策制定机关没有考虑对市场公平竞争的阻碍因素。例如，地方政府为吸引外来投资，基于与投资者之间的利益博弈，除了给予其土

---

① 参见李俊峰：《公平竞争自我审查的困局及其破解》，载《华东政法大学学报》2017 年第 1 期。

② 参见时建中：《强化公平竞争审查制度的若干问题》，载《行政管理改革》2017 年第 1 期。

③ 参见贾璐：《公平竞争审查制度的双重悖论与激励机制》，载《中国价格监管与反垄断》2022 年第 6 期。

④ 参见焦海涛：《公平竞争审查制度的实施激励》，载《河北法学》2019 年第 10 期。

⑤ 参见焦海涛：《公平竞争审查制度的实施激励》，载《河北法学》2019 年第 10 期。

地、税收优惠外，往往附加须招收一定比例的当地工人等条件。[①]政府促进当地就业的初衷原本是好意的，但无意间增加了企业在本地劳动成本的支出，限制了市场的正常竞争。

2. 与公平竞争审查的外部监督机制相配合

监督机制是公平竞争审查的一种保障机制，被用于对自我审查不力的政策制定机关的追责，以确保政策制定机关按照要求及时、有效完成公平竞争审查工作任务。但是，制度的引导作用主要通过奖惩来实现，仅有惩罚、没有奖赏的制度注定会人人自危，即通过惩罚来削弱行为，而通过奖励来强化、维持和加强行为。[②]构建一个相对完善的公平竞争审查保障体系，应从两个方面入手：一方面进行监督，主要通过惩罚的形式；另一方面进行激励，主要通过奖励的形式。监督依靠外在的约束，法律后果由外而内，倒逼政策制定机关开展公平竞争审查工作，激励则由内而外，通过奖励引导政策制定机关产生积极的心理，继而促进其主动实施公平竞争审查工作。

从我国公平竞争审查实践来看，监督机制面临着不同程度的困难：（1）法规文件数量多，即使政策制定机关未对法规文件进行公平竞争审查，也难以被监督发现；（2）政策制定机关在自我审查模式的加持下容易隐瞒对其不利的信息和问题，监督机制的强力约束往往造成问题被隐瞒得更深，凸显自我审查模式的弊端；（3）公平竞争审查具有主观性，在审查过程中难免会产生意见分歧，难以依靠监督机制判断是否违背公平竞争审查标准，落实法律责任。因此，激励机制可以依靠其引导性的制度模式和鼓励“自我实施”效果在较大程度上解决公平竞争审查自我模式存在的问题。

① 参见贾璐：《公平竞争审查制度的双重悖论与激励机制》，载《中国价格监管与反垄断》2022 年第 6 期。

② 参见丰霏：《法律治理中的激励模式》，载《法制与社会发展》2012 年第 2 期。

二、澳大利亚的竞争补偿制度

澳大利亚在20世纪90年代末和21世纪初期制定了以公平竞争审查为核心的竞争中立政策，为了确保竞争中立政策的平稳运行，建立了公平竞争审查激励机制——竞争补偿制度，[①] 并且取得了显著成效。竞争补偿制度是对实施竞争中立政策较为积极的州和地区提供特殊竞争奖励的方式，有效地激励各州和地区开展竞争审查的积极性。

澳大利亚联邦政府用于实施竞争补偿的财政预算来源于其竞争中立政策改革所产生的预期红利。从19世纪中期开始的经济改革使联邦政府相信持续改善的竞争性市场环境将带来进一步的经济红利。虽然各州和各地区都能以各种方式、不同程度地直接获得一些利益，但由于严重不平衡的税收制度，大部分税收收入都不同程度地流向了澳大利亚联邦政府。为了合理高效地公平分配这些经济红利，激励各州和地区推动改革，联邦政府认为必须与各州和领地政府分享这些红利。经过科学估测，联邦政府预计1997—2006年期间，这一数额约为50亿澳元。这种做法的好处在于既不会给联邦政府的财政带来很大负担，又保持了一定竞争补偿款总量，对各州和地方的实施竞争中立政策产生足够的诱惑力。[②]

《执行国家竞争政策和相关改革的协议》规定了澳大利亚的竞争补偿制度，并以《竞争政策改革法》确立国家竞争委员会（National Competition Council，NCC）为专门设立的竞争中立政策执行与管理的机构，其中负责根据各州和领地政府所执行竞争中立政策的情况作出进展评估，并提出竞争补偿分配的建议。[③]

---

① 参见郑鹏程、黎林：《澳大利亚公平竞争审查中的竞争支付制度及其启示》，载《价格理论与实践》2017年第11期。

② 参见丁茂中：《公平竞争审查制度研究》，法律出版社2019年版，第173页。

③ 参见郑鹏程、黎林：《澳大利亚公平竞争审查中的竞争支付制度及其启示》，载《价格理论与实践》2017年第11期。

澳大利亚《政府间竞争政策协议》对竞争补偿款发放的目标任务、时间节点作出具体细化，地方政府在规定的时间内完成相应的任务作为竞争补偿款的发放条之一。[①] 获得竞争补偿款的前提条件是各州和地区同意参与相应竞争中立政策改革，有效推动当地竞争中立政策的开展，并在规定时间内完成具体的改革任务。这些条件也会随着不同的考核指标和考核周期而有所变化。虽然根据考核周期的不同有所变化，但会有具体的规定期限，通常以一个自然年为竞争补偿制度的评估周期，具有相应的合理性。如果周期时间太短，因为政策制定主体可清理的存量政策措施有限，造成完成考核任务的难度较大，将导致许多州政府未能达标，或只能获得少量补偿资金，从而影响公平竞争审查的激励功效。在考核判定标准上，联邦政府采取形式审查原则，即各州或地区按照既定要求实施了某种相应竞争政策改革的举措就符合审查要求。例如，对新增法规文件，只要该地政府在合理期限内建立了公平竞争审查机制，即符合考核标准，无论是否对新增法规文件展开实质性审查。[②] 在最终的考核处理结果上，若是 NCC 认为某州或地区达到了判定标准，将提出奖金全额发放的建议；相反，没有达到考核判定的标准，根据该州或地方的实施结果，给予部分暂缓发放或者部分永久扣除的处理建议。最终得到的具体竞争补偿数额由联邦政府的财政部长根据国家竞争委员会的处理建议决定。

竞争补偿制度的实施对于澳大利亚促进地方政府积极履行公平竞争审查起到了显著效果。竞争补偿款对于地方政府而言是一个非常重要的增量资金来源，对地方政府具有极高的吸引力。地方政府将获取竞争补偿款作为推动竞争中立政策的理由，这往往比宣传竞争中立更容易被公众所接受，竞争中立政策也更加容易开展。为了获取竞争补偿款，地方政府对实施竞

① 参见周丽霞：《澳大利亚竞争政策及其审查机制给我国带来的启示》，载《价格理论与实践》2016 年第 9 期。

② 参见丁茂中：《公平竞争审查的激励机制研究》，载《法学杂志》2018 年第 6 期。

争中立改革的积极性也大大提高，截至 2005 年澳大利亚各级政府共审查出 1800 多项限制竞争的法律文件，其中 85% 的文件已修订或废止。根据联邦政府财政决算文件， 1997 年到 2005 年的 8 年间，联邦政府共向地方政府支付竞争补偿款达 55.4 亿澳元。在竞争补偿制度的推动下，澳大利亚公平竞争审查改革举措取得了显著成果，澳大利亚 GDP 保持 3%–4% 的高速增长，失业率下降到 5% 左右，在经济合作与发展组织（*Organization for Economic Co-operation and Development, OECD*）的经济位次也随之升到第 5 位。①

三、公平竞争审查激励机制的构建原则

（一）激励法定原则

激励法定原则要求激励措施的具体设置严格遵守法律法规，激励的方式和内容也要由法律统一规定，禁止地方政府或政策制定机关私自设置激励措施，以免激励机制被用作争夺竞争利益的工具。目前，针对公平竞争审查激励机制仅有《公平竞争审查制度实施细则》第 29 条规定："县级以上地方各级人民政府建立健全公平竞争审查考核制度，对落实公平竞争审查制度成效显著的单位予以表扬激励，对工作推进不力的进行督促整改，对工作中出现问题并造成不良后果的依法依规严肃处理。"因此，要做到有法可依，亟待对公平竞争审查激励机制更为细化的规定，确保激励全过程都有严格的法律规范。

（二）激励适度原则

激励适度原则要求采取的激励措施与设定的激励目标之间具有适度

① 参见郑鹏程、黎林：《澳大利亚公平竞争审查中的竞争支付制度及其启示》，载《价格理论与实践》2017 年第 11 期。

性。既不能滥用激励措施，对政策制定机关过度激励，导致激励效果下降、财政浪费，也不能过分限制使用激励措施，导致激励不足，使激励机制变得毫无意义。[①]公平竞争审查激励机制归根结底是一项维持公平竞争审查平稳运行的保障机制，不能主次颠倒，使其成为相互追逐的竞争利益。因此，必须合理地控制公平竞争审查奖励补助、政绩考核的专项奖励资金，以防止造成激励过度或激励不足。

（三）激励公平原则

公平是激励的第一原则，激励公平原则是激励机制平稳运行的重要基础。激励最重要的是保证相对公平，功而不奖、过而不罚是最坏的一种情况。保持激励公平不仅是制定激励措施一方的目标，也是被激励的行为主体所期待的。只有建立公平的激励机制才能激发公平竞争审查工作，失去公平的激励机制不但无法达到激励效果，还会严重影响公平竞争审查的积极性和创造性。因此，公平原则贯穿于激励的全过程，不仅严格把控程序和结果，也要确保实质上的公平。

（四）激励公开原则

公开是实现平等竞争的前提，激励公开原则要求在激励全过程坚持公开透明。这既能保障激励的公信力，也有利于对激励主体实施监管。仅有获奖的政策制定机关及其上级部门知道奖励结果，激励将丧失一部分价值。建立公平竞争审查激励公示平台，制定公开的程序和标准，确定原则公开和相对公开的范围，与公平竞争审查监督机制相互协同，落实公众知情权、参与权，助力全社会树立竞争意识。

① 参见丁茂中：《公平竞争审查的激励机制研究》，载《法学杂志》2018 年第 6 期。

四、公平竞争审查的财政奖励补助

公平竞争审查的财政奖补数额可以依据公平竞争审查实施产生的预期制度红利确定，但在具体数额设定上可以参考我国其他关于重大措施予以督查激励的做法，例如，《国务院办公厅关于对2021年落实有关重大政策措施真抓实干成效明显地方予以督查激励的通报》（国办发〔2022〕21号）第8条指出，“公路水路交通建设年度投资保持稳定增长、通过车辆购置税收入补助地方资金投资项目完成情况好的地方山东省，河南省，湖南省，广西壮族自治区，云南省”，“2022年对上述地方通过车辆购置税收入补助地方资金各安排5000万元，用于交通项目建设”。财政奖补数量的设置可以参考《国务院办公厅关于对2021年落实有关重大政策措施真抓实干成效明显地方予以督查激励的通报》第13条规定：“金融服务实体经济、防范化解金融风险、维护良好金融秩序成效好的地方北京市，上海市，江苏省，浙江省，山东省”，“2022年支持上述地方或其辖内地区开展金融改革创新先行先试，在同等条件下对其申报金融改革试验区等方面给予重点考虑和支持，鼓励符合条件的全国性股份制银行、保险公司在上述地区开设分支机构，支持符合条件的企业发行‘双创’、绿色公司信用类债券等金融创新产品”。

奖补资金发放在时间跨度上不宜太窄，我国近年来加大了对存量排除限制竞争政策措施的公平竞争审查的力度，基本上做到了有效清理，之后的公平竞争审查对象将以增量政策措施为主。考虑到排除限制竞争政策措施的时间需求，评估周期的时间过短，政策制定主体完成考核任务的难度较大，因任务不达标而无法获得奖补奖金的情况将普遍出现，影响公平竞争审查激励机制的效果。此外，地方各级政府树立竞争中立意识也需要一定时间的转变。①

财政奖补资金的考核条件应采取竞争评估量化打分制，针对存量、增

① 参见丁茂中：《公平竞争审查的激励机制研究》，载《法学杂志》2018年第6期。

量政策措施的公平竞争审查的完成程度、推进成效分别设计分数指标，例如，建立定期评估机制加5分、定期开展实务能力培训加5分、按时完成存量法规文件清理加5分等，综合一年度计算出总分即地区量化的公平竞争审查分数，并根据分数在全国进行排名。考核方式是每年由专门第三方评估机构对各省级政府政策措施的审查情况进行评估审核，对及时完成政策措施审查的省政府给予财政奖补。对财政奖补的激励机制予以延伸使用，省政府仿照中央模式可以将奖补机制延伸至地市级政府间开展，制定符合本省发放条件的审查标准，对地市级政府落实公平竞争审查制度进行督查激励。

五、公平竞争审查的政绩考核激励

公平竞争审查工作在我国全面推行以来，31个省份均已印发实施方案，有序开展审查工作，19个省份明确将公平竞争审查工作纳入政府绩效评价体系。市场监管总局提出："推动将公平竞争审查工作纳入营商环境的评价等考核评价体系。从机制的建设、审查的成效和违反制度情况等方面，要建立一个科学合理的评价标准，对成效显著的表扬激励，对工作不力甚至违反要求的通报批评，进一步来增强正面激励和负面约束。"[①] 但是，在实践中，公平竞争审查的行政考核体系以问责机制为主，缺乏激励机制，仅发挥了约束作用，而未充分发挥激励作用。既然作为政绩考核，不能仅有追责，还应引入奖励措施，奖惩并施。地方或政府领导干部在本地或本部门发展中扮演着非常重要的角色，对于新制度建设起到总领全局的作用，而公平竞争审查是为了营造公平的市场竞争环境、实施与国际接轨的竞争中立政策而推行的新制度。若是领导干部具有良好竞争意识，树立公平竞争理念，将有助于公平竞争审查的贯彻落实。目前，我国领导干部政绩考

---

① 参见杜爱武、陈云开:《公平竞争审查制度理解与适用》，中国工商出版社2021年版，第50页。

核体系不仅包括经济建设指标，还将文化建设、法治建设纳入其中，在实践中已取得较好的效果，可以将公平竞争审查实施的成果作为领导干部政绩考核中经济建设指标下的一个子指标纳入政绩考核制度。[①] 严格执行公平竞争审查，在短期内必会导致经济资源特别是社会投资的减少，由此产生的负面效应会直接体现为本地或本部门生产总值的减少。生产总值是领导干部绩效考核最重要的指标之一，将公平竞争审查纳入领导政绩考核指标，可以化被动为主动，激发领导干部贯彻落实公平竞争审查的积极性。

公平竞争审查涉及的领域广、专业性强，对审查主体提出较高的能力要求。目前，大多数的政策制定机关普遍存在人员专业知识不足、业务素质不高的情况，为了保障公平竞争审查工作的顺利进行，急需增强公平竞争审查能力。《公务员法》第 51 条第 1 款规定："对工作表现突出、有显著成绩和贡献，或者有其他突出事迹的公务员或者公务员集体，给予奖励。奖励坚持定期奖励与及时奖励相结合，精神奖励与物质奖励相结合、以精神奖励为主的原则。"对于公务员或公务员集体的奖励，可以增加对公平竞争审查能力的考核，并将考核结果作为奖励的一个考量因素。具言之，可以定期组织开展业务培训和业务技能比赛，对个人考核优异的作为一项公平竞争审查考核指标计入当年绩效考核，对机构考核优异的，奖励专款专用，用于邀请专家学者讲座培训提升审查人员审查能力或第三方评估审查的一系列支出。

六、公平竞争审查的激励公开

根据法律制度激励理论，激励公开有利于对激励对象形成可信力和驱动力，产生激励效果，发挥激励作用。按照"阳光政府"的要求，我国不

① 参见邹雨庭：《竞争政策视角下公平竞争"内部审查"模式的构建——以政策制定机关激励机制为论》，载《无锡商业职业技术学院学报》2021 年第 1 期。

断推行信息公开制度，并建立信息公示平台。在公平竞争审查激励机制体系中，激励公示平台制度是不可或缺的重要一环，激励相关信息在平台披露，既可以响应互联网政务理念、贯彻数字化服务，又有利于公平竞争审查的奖励补助、政绩考核的开展。

遵循公平竞争审查激励的公开原则，应当及时、全面、准确地公开激励信息：（1）坚持主动公开，充分认识到激励公开对激励的促进作用，主动公布激励具体措施细则；（2）坚持全面公开，以公开为原则，不公开为例外，推动激励公开覆盖公平竞争审查工作各领域和环节；（3）坚持及时公开，迟到的正义非正义，不及时的激励公开也会令激励失去其应有的激励效果。在激励公开的具体措施上，针对公平竞争审查的奖励补助，应当将激励的奖补资金名额、数额及评估结果上传激励公示平台，对获得奖励补助的政策制定机关及奖金的具体流向也应及时予以公开。针对公平竞争审查的政绩考核，将评估考核标准、成绩优异的部门、人员在平台公示，并作为正面示范加以宣传，普及公平竞争审查，培育公平竞争文化。

第二节　公平竞争审查的第三方评估

一、公平竞争审查第三方评估概述

依据2023年修订的《公平竞争审查第三方评估实施指南》第2条规定："第三方评估，是指各级公平竞争审查工作联席会议（或者相应职能机构）办公室或者各政策制定机关（以下称委托单位）根据职责，委托第三方机构，依据本指南规定的标准和程序，运用科学、系统、规范的评估方法，对本地区或者本部门公平竞争审查制度实施情况、有关政策措施以及公平竞争审查其他有关工作进行评估，形成评估报告供委托单位或者其他有关政府部门决策参考的活动。”

（一）公平竞争审查第三方评估及其特征

美国学者莱维特认为，社会组织分为政府组织与私人组织这一二分法过于简单，忽视了处于两者之间且与之不同的社会组织，它们可以做一些国家或企业不能做或者不愿意做的事情，这类社会组织就是第三部门。[①]第三方评估在20世纪的英美国家表现为政策的外部评估，具体方式是引入与参评主体无行政隶属关系的多元社会力量对评估对象进行评价分析，这种评估方式为政策的制定和出台提供了更加客观、独立、专业的视角。[②]在公平竞争审查的语境下：第一方是拥有起草、制定规范性文件权限的国家机关和机构，第一方评估是指政府内部的自我评估，即政策制定部门对其制定的政策措施展开的自我审查；第二方是指公平竞争审查联席会议、竞争执法机关和上级机关等部门，第二方评估是指行政体系内的上级行政机关对下级所制定的政策措施开展的评估监督；[③]第三方是指独立于第一方、第二方主体，与其既无隶属关系又无利益纠葛的第三部门和民间机构，[④]所以亦称“独立第三方”，第三方评估是指第三方评估机构按照公平竞争审查的目标和标准对评估对象进行评估，最终形成高效专业的评估结论，以供委托单位参考的活动。[⑤]在构建和完善全国统一大市场建设的公平竞争审查的大环境下，第三方评估打破了公平竞争审查自我审查的封闭性，在一定程度上可以有效地补充自我审查的缺陷，提高了评估的工作效率，

---

①See Levitt T. The Third Sector: New Tactics for a Responsive Society, AMACIM, 1973: 45-46.

② 参见邓亚当：《我国政府绩效“第三方”评估存在的问题与对策分析》，载《中共珠海市委党校珠海市行政学院学报》2016年第4期。

③ 参见黄彦钦：《公平竞争审查制度中的第三方评估》，载王红霞主编：《经济法论丛》（2020年第1期），社会科学文献出版社2020年版，第33—58页。

④ 参见石国亮：《慈善组织公信力重塑过程中第三方评估机制研究》，载《中国行政管理》2012年第9期。

⑤ 参见黄彦钦：《公平竞争审查制度中的第三方评估》，载王红霞主编：《经济法论丛》（2020年第1期），社会科学文献出版社2020年版，第33—58页。

也为评估的质量提供了更好的保证。公平竞争审查第三方评估具有以下特征：

第一，专业性。公平竞争审查的目的是对将出台的或已执行的政策措施及实施情况的合法性与合理性进行评估，防止其排除限制竞争，影响市场公平竞争秩序。为确保此目的的实现，需要相关人员拥有竞争法等法学专业知识，经济学、社会学等领域的专业素养，能在绿色发展、技术创新、国家安全、国际关系等方面对涉及的行业和产业进行考量与把握。评估工作的每个部分都对技术性提出了严格要求，任意一个部分出了问题，都会影响到评估最终的质量。政策制定机关的行政人员往往缺乏这些专业素养和评估水平，广泛存在依据上级机关下发的典型案例、审查标准“照着葫芦画瓢”的现象，对政策措施的实际效果难以进行实质性审查。评估机构通常拥有多个方面技术人员的配备，评估的队伍由科研院所及律师事务所等社会中介机构的人员构成，他们拥有评估工作所需要的专门技术和丰富经验，能节省时间成本和人力成本，提升公平竞争审查工作效率，对评估对象的专业上的合理性分析，能够确保评估结果的科学可靠，[①] 提高了公平竞争审查工作的质量。

第二，独立性。独立性主要是指评估机构具有良好的组织结构和完善的内部管理，可以承担相应的民事责任，信誉评价较高。独立性对于委托单位而言，是指委托单位没有影响第三方评估的主观动机，因为第三方评估的功能定位并非强制采纳，而是协助公平竞争审查。委托单位不会阻碍评估机构的工作，反而希望评估机构能够提出客观的评估报告，便于其完成任务。[②] 接受委托的评估机构与委托单位之间没有任何的行政隶属关系，彼此独立能够避免受其不当干涉的影响。独立性还表现为评估对象与评估

①参见马旭红、唐正繁：《第三方评估的实证理论与实证探索》，西南交通大学出版社2017年版，第67页。

②参见黄彦钦：《公平竞争审查制度中的第三方评估》，载王红霞主编：《经济法论丛》（2020年第1期），社会科学文献出版社2020年版，第33—58页。

机构之间不存在直接或间接的利益牵扯，所以评估机构不存在主观偏见，也不会受到评估对象的任何影响，可以独立地发表评估意见。

第三，客观性。一项政策措施从制定出台到修订、废止的全过程涉及多方利益，政策制定机关受所处领域的局限性的影响，难以全面地兼顾不同群体的利益诉求，或者出于部门、地方利益最大化的目的，在资料选取、方法选择、结果呈现中产生偏私的做法，自我审查往往欠缺客观中立性。但是，评估机构由于具有前述独立性，其与政策制定机关无行政隶属关系且与评估对象无利益牵扯或利害关系，因此可以站在维护全国统一市场竞争秩序的高度上，在评估的资料选取、方法运用和结果呈现等一系列操作中，从旁观者的中立视角出发，利用完整、准确的数据资料，采用无价值偏向性的评估方法作出最为客观和公正的、没有主观色彩的、依据充分的、能够将各方面的利益诉求融合在一起的评估结果。

（二）我国公平竞争审查第三方评估的法律现状

2016 年，《国务院关于在市场体系建设中建立公平竞争审查制度的意见》首次规定在时机成熟时组织开展第三方评估。2017 年，《公平竞争审查制度实施细则（暂行）》出台，其第 13 条明确鼓励各地通过第三方评估提升审查质量，保障审查效果，促进公平竞争审查制度的进一步落实。2019 年，市场监管总局发布《公平竞争审查第三方评估实施指南》，对第三方评估予以更为全面详细的规定。2021 年出台的《公平竞争审查制度实施细则》较 2017 年《公平竞争审查制度实施细则（暂行）》在审查范围、标准、例外等方面做了较大的修订和调整，其中第五章专门规定了第三方评估，第 22 条规定："对拟出台的政策措施进行公平竞争审查时，存在以下情形之一的，应当引入第三方评估：（一）政策制定机关拟适用例外规定的；（二）被多个单位或者个人反映或者举报涉嫌违反公平竞争审查标准的。"上述两种情况的第三方评估由"鼓励"提高到"应当"，极大地推动了第三方评估工作的开展。2023 年，市场监管总局修订了《公平竞争审查第三方评估实施指南》，修订重点主要为以下方面：（1）新增第三方评估的依据，即增加《反垄断法》和《公平竞争审查制度实施细则》作为第三方评估的依据；（2）拓宽委托单位范围，将第三方评估的委托单位范围由原来的政策制定机关拓展为包括各级公平竞争审查工作联席会议办公室和政策制定机关；（3）明确委托单位进行第三方评估情形，新增各级公平竞争审查工作联席会议办公室可以定期或不定期开展第三方评估的事项；（4）新增第三方评估重点评估的内容，针对拟出台、已出台、适用例外规定出台的政策措施第三方评估，公平竞争审查制度实施情况第三方评估等情形，拓宽重点评估内容；（5）明确评估报告相关要求，评估机构应当提交评估报告，并规范了各种评估情形下评估报告中至少应当包含的内容；（6）细化对第三方评估机构的要求，评估机构应当具备条件，将其从参考条件上升为必要条件，并明确第三方评估机构应当接受委托单位监督。

各级地方政府根据《公平竞争审查制度实施细则》规定广泛地建立了第三方评估制度，例如2021年发布的《中国（海南）自由贸易试验区反垄断委员会办公室公平竞争审查第三方评估办法（试行）》、内蒙古自治区市场监督管理局发布的《内蒙古自治区公平竞争审查第三方评估实施指南》、宁夏公平竞争审查工作联席会议办公室发布的《自治区公平竞争审查第三方评估实施办法》以及2022年发布的《中国（江苏）自由贸易试验区南京片区公平竞争审查第三方评估实施办法》等。在各地的公平竞争审查实践中也形成具有特色的做法：（1）中国（上海）自由贸易试验区临港新片区在强化竞争政策实验试点中健全第三方审查评估机制，鼓励将公平竞争审查的综合情况评估和重点领域专项评估委托给专业咨询机构、高校和科研院，探索评估成果有效利用的方法，并向社会公布相关信息。对于拟使用例外出台的和对可能对社会公共利益有重大影响的政策措施，鼓励政策制定机关优先对其进行第三方评估，全面评估政策措施在市场竞争中的作用，确保审查的质量与成效。[①]（2）四川、重庆两地建立第三方评估交叉互评机制。川渝两地公平竞争审查工作部门联席会议办公室每年选择1至2个区县（市州），按照标准、方法、内容、成果“四统一”的原则，对两个地区的公平竞争审查工作进行全面的相互评估。[②]该机制及时有效地纠正影响成渝地区公平竞争的做法，是推动成渝地区双城经济圈发展的重要内容，有利于优化激发市场活力，清除市场壁垒，提高区域综合竞争能力，促进区域一体化融合与创新发展，川渝首创的公平竞争审查第三方评估交叉互评的做法为其他地区开展第三方评估提供了借鉴。（3）广东省成立粤港澳大湾区竞争政策委员会专家咨询组，成员由粤港澳三地司法、学术、研究机构和实体企业的竞争专家组成，让专家在政策措施的制定和实施中发挥实质性作用，进一步提升粤港澳大湾区的理论水平和实际操作能力，对扰乱统一大市场建设和阻碍公平竞争的规定和做法进行全面彻底的清理。[③]（4）重庆形成了公平竞争审查第三方评估的“六专”模式，即专业机构自主独立评估、专家小组集体讨论、专题会议审查结果、专函催办限期改进、专项跟踪整改成效、专项报告说明情况。根据第三方评审结果，公平竞争审查工作重视程度明显提高，审查质量大幅提升，被评估的单位的内部审查率从2019年的30%上升到2021年度的100%；各区县、各部门的清理率从2019年的66.34%提高到2021年度的93.19%；妨碍公平竞争的文件和政策措施所占比例从2019年的16.25%下降到2021年度的8.46%。[④]

---

① 参见上海市市场监督管理局：《中国（上海）自由贸易试验区临港新片区管理委员会关于在中国（上海）自由贸易试验区临港新片区开展强化竞争政策实施试点的通知》，http://scjgj.sh.gov.cn/919/20200817 /2c9bf2f673ec 89990173fa413fe7178e.html，2023年11月3日访问。

② 参见四川省市场监管局：《四川省深化与重庆市公平竞争审查协作 推进川渝第三方交叉互评》，https://www.samr.gov.cn/jzxts/sjdt/dfdt/202210/t20221027_351064.html，2024年3月3日访问。

③ 参见《广东省人民政府关于印发〈广东省进一步推动竞争政策在粤港澳大湾区先行落地实施方案〉的通知》（粤府函〔2021〕34号）。

④ 参见重庆市市场监管局：《2021年公平竞争审查第三方评估工作圆满结束》，http://scjgj.cq.gov.cn/zwxx225/ bmdt/sj/ 202203/t20220311_10492574.Html，2024年3月3日访问。

二、公平竞争审查第三方评估的对象范围

依据《公平竞争审查制度实施细则》第22条，应当强制评估的范围仅限于两种情形：（一）政策制定机关拟适用例外规定的；（二）被多个单位或者个人反映或者举报涉嫌违反公平竞争审查标准的。其中第二种情形要求限制过多，既要求反映或举报，又在数量上要求多个单位或个人，一些单位或个人因为担心遭受打击报复而不愿反映，使得具有涉嫌违反公平竞争审查标准的政策措施因难以满足强制评估的标准而被置之不顾。我国应当参考《内蒙古自治区公平竞争审查第三方评估实施指南》《中国（江苏）自由贸易试验区南京片区公平竞争审查第三方评估实施办法》等，对应当强制评估的范围予以标准放宽，诸如把“存在较大争议、部门间意见难以协调一致的”“社会舆论普遍关注、对社会公众利益影响重大的”也列为应当强制评估的情形。

依据《公平竞争审查制度实施细则》第21条：“政策制定机关在开展公平竞争审查工作的以下阶段和环节，均可以采取第三方评估方式进行：（一）对拟出台的政策措施进行公平竞争审查；（二）对经公平竞争审查出台的政策措施进行定期评估；（三）对适用例外规定出台的政策措施进行逐年评估；（四）对公平竞争审查制度实施情况进行综合评价；（五）与公平竞争审查工作相关的其他阶段和环节。”换言之，对经公平竞争审查出台的政策措施进行定期评估属于自愿选择评估的范畴。《公平竞争审查制度实施细则》第11条规定：“政策制定机关应当对本年度公平竞争审查工作进行总结，于次年1月15日前将书面总结报告报送本级联席会议办公室。地方各级联席会议办公室汇总形成本级公平竞争审查工作总体情况，于次年1月20日前报送本级人民政府和上一级联席会议办公室，并以适当方式向社会公开。”既然要向上级报告公平竞争审查制度的实施情况，若是能够在此过程中加入第三方评估将有助于提升专业性和客观性，应当强制报告第三方评估实施情况显得顺理成章。

三、公平竞争审查第三方评估的机构遴选

（一）公平竞争审查第三方评估机构的资格条件

2023年修订的《公平竞争审查第三方评估实施指南》第12条规定，“本指南所称第三方评估机构，是指与政策制定机关及评估事项无利害关系，且具备相应评估能力的咨询研究机构，包括政府决策咨询及评估机构、高等院校、科研院所、专业咨询公司、律师事务所及其他社会组织等”；第13条规定：“第三方评估机构应当具备以下条件：（一）遵守国家法律法规和行业相关规定，组织机构健全、内部管理规范；（二）在法学、经济学、公共政策等领域具有一定的影响力和研究经验，完成项目所必备的人才等保障，具备评估所需的理论研究、数据收集分析和决策咨询能力；（三）在组织机构、人员构成、经费来源上独立于评估涉及的政策制定机关；（四）与评估事项无利害关系；（五）能够承担民事责任，具有良好的商业信誉和健全的财务会计制度；（六）具体评估所需的其他条件。”在公平竞争审查第三方评估工作中，评估机构遴选是极其重要的一步，也是提高评估质量的关键所在。[①]《公平竞争审查第三方评估实施指南》第13条规定的六项资格条件中第一、二、三、五项分别涉及评估机构应具有的规范性、专业性和独立性，但这些资格条件过于笼统宏观。这造成委托单位拥有较大的自由裁量权，选择偏向自己的评估机构，评估机构也会为了迎合委托单位的需要而放弃客观公正，出具不实的评估意见或与委托单位共同造假以实现双方利益的双向交换。[②]“劣币驱逐良币”，真正有能力独立进行公平竞争审查第三方评估的机构反而未能入选。委托

① 参见吕明瑜、朱汝月：《优化我国公平竞争审查第三方评估制度的思考》，载《河南财经政法大学学报》2022年第5期。

② 参见徐则林：《论第三方评估在公平竞争审查制度中的引入》，载《广西政法管理干部学院学报》2017年第6期。

单位在选择过程中的自主权越大，评估成果的预期独立性就越低。[①]

公平竞争审查第三方评估机构的资格标准应当充分体现专业性、规范性和独立性要求：（1）专业性方面要求应当包括评估机构拥有专业的评估团队，对其组成人员的专业技能、工作经验、职业素养应予以明确要求，应当综合考虑第三方机构的评估资质、评估人员的配置、信用情况。此外，基于行业特点的考量，针对某些评估对象所涉及的市场、行业、领域的特殊性，为了防止评估成果的片面性，应当吸纳具有特定行业背景的专业人士，适当拓宽评估机构的备选范围，以增强公平竞争审查第三方评估的专业性。（2）规范性方面要求评估机构的组织机构健全，拥有一支丰富专业知识和完善数据分析的队伍，优先考虑囊括多个领域人才的专业评估团队。此外，还应注意评估机构在从事同类工作时，存不存在与工作内容有关的严重违背职业道德乃至违法犯罪的问题，并且根据其行为的严重程度，决定暂时不接受或永久不接受其评估工作。（3）独立性方面要求评估机构应当确保不与委托单位存在依附关系，不与市场主体发生利益冲突，能够独立承担民事责任，以便在最大程度上保证评估成果的客观性。

（二）公平竞争审查第三方评估机构的遴选机制

《公平竞争审查第三方评估实施指南》第14条第2项对如何选择评估机构规定如下："委托单位通过政府购买服务开展第三方评估工作，确定第三方评估机构，签订委托协议，明确评估事项、质量要求、评估费用、评估时限、权责关系及违约责任等。按照本指南有关规定对政策措施进行事前评估后，再对同一项政策措施进行事后评估，原则上不得委托同一个或者具有隶属关系的第三方评估机构。"政府采购是遴选公平竞争审查第三方评估机构的基本机制，但依据《政府采购法》第26条规定，政府采

① 参见徐则林：《论第三方评估在公平竞争审查制度中的引入》，载《广西政法管理干部学院学报》2017年第6期。

购可以采用公开招标、邀请招标、竞争性谈判、单一来源采购、询价及采购监管部门认定的其他采购方式，但单一来源采购等非竞争性政府采购方式不宜采用。《政府采购法》第31条规定，“符合下列情形之一的货物或者服务，可以依照本法采用单一来源方式采购：（一）只能从唯一供应商处采购的；（二）发生了不可预见的紧急情况不能从其他供应商处采购的；（三）必须保证原有采购项目一致性或者服务配套的要求，需要继续从原供应商处添购，且添购资金总额不超过原合同采购金额百分之十的”，但是公平竞争审查第三方评估机构并非仅有一家，评估工作也没有不可预见的紧急性。

遴选公平竞争审查第三方评估机构，应综合考虑评估经验、评估队伍、社会评估等因素，通过公开招投标、邀请招标、竞争性谈判等方式进行，其中招投标应当是评估机构遴选的基本形式。委托单位发出的招标公告，是一种要约邀请；评估机构根据招标公告参与竞标，是一种要约行为；委托单位作出定标决定是一种承诺；一经定标，就意味着委托关系的建立。[①]在达成一致意见后，招标、投标各方要签署一份委托合同，明确了各方的权利和责任，确保各方都能主动地遵守。此外，评估机构可以多样化组成并采用多元评估方法，从不同角度开展评估工作，进而提供多层次的评估报告。

（三）公平竞争审查的第三方交叉互评机制

川渝开展的市场监管公平竞争审查第三方交叉互评也是公平竞争审查第三方评估一般性机构遴选之外的新机制。各级政府等可以开展区域性公平竞争审查工作第三方交叉互评，即选派公平竞争审查第三方评估专家团队进驻对方政府及相关部门开展交叉互评，以线上线下多种方式齐头并进，

①参见范卫红、肖相玲：《我国公平竞争审查第三方评估主体制度研究》，载《绍兴文理学院学报》（人文社会科学）2020年第3期。

互通裁量标准，互相取长补短，互认评估成果，进行区域交流总结，对于妨碍双方公平竞争的做法进行及时有效的纠正。

各级政府可以分别设立公平竞争审查第三方评估专家库，由相关专家学者、从业人员组成：(1)专家库人员应以专业领域和从业时间为重点，同时还可以对其在所属领域的影响力及个人声誉等予以要求；(2)专家库应包括多学科、多领域人才，因为对竞争影响的分析涉及诸多利益考虑，通过综合分析比较，才能获得科学结论和优先替代方案，所以专家库至少应包括竞争法、经济学、公共政策、统计学、评估学等方面的专业人士；(3)在综合专家的活动领域及其经验的基础上，根据需要对专家进行重新分类，在专家数据库中的相关类别中随机选择一组专家，作为评估专家团队；(4)要注重培养未来的专业评估人员，邀请专家库成员对评估人员进行经常性培训，增强其评估能力和技巧。通过第三方交叉互评，用活用好异地专家资源，有助于促进区域之间的交流，在整体上提升公平竞争审查工作的质量和水平，推动地域之间的区域融合。

四、公平竞争审查第三方评估的成果运用

《公平竞争审查制度实施细则》第 23 条规定："第三方评估结果作为政策制定机关开展公平竞争审查、评价制度实施成效、制定工作推进方案的重要参考。对拟出台的政策措施进行第三方评估的，政策制定机关应当在书面审查结论中说明评估情况。最终做出的审查结论与第三方评估结果不一致的，应当在书面审查结论中说明理由。"《公平竞争审查第三方评估实施指南》第 18、19 条采取类似的规定。

（一）公平竞争审查第三方评估成果的法律效力

公平竞争审查第三方评估成果被实际运用是制度实施的价值目的所在，但现行规定未就评估机构出具的评估意见运用做出强制性要求。"开

展公平竞争审查、评价制度实施成效、制定工作推进方案的重要参考依据”，说明第三方评估成果被置于辅助、补充地位。《公平竞争审查第三方评估实施指南》第19条对于拟出台的政策措施的第三方评估成果，特别强调，“评估成果不能代替政策制定机关的公平竞争审查结论”，也仅是要求，“最终作出的审查结论与第三方评估结果不一致或者未采纳第三方评估相关意见建议的，应当在书面审查结论中说明理由”。总之，评估成果的法律效力主要由委托单位决定，最终能否被采纳实施缺乏法律保障。评估成果无法得到实际应用，不能发挥预期的作用和功能，从而导致第三方评估难以实现改善行政机关自我审查弊病的效能，沦落为一种泛泛而谈的机制，成为一张“空头支票”。

我国应当赋予评估成果强制性应用的法律效力，改鼓励性的“重要参考”为强制性的“应当”，提升评估成果应用的刚性约束，避免了选择适用的被动局面，进一步发挥第三方评估的效用价值。对于无正当事由拒不采纳第三方评估意见的，经依法查实后作出严肃处理并追究相关人员责任。对于自愿选择第三方评估，其评估成果也应当成为委托单位的重要参考和判断依据，若是最终审查结论和第三方评估成果不符，应当在书面审查结论中注明原因。

（二）公平竞争审查第三方评估成果的更新反馈

公平竞争审查第三方评估后，委托单位有众多事务需处理，难以顾及政策措施的后续执行情况，评估机构在评估完毕后即退出，与政策措施的执行状况没有任何关系，也不对执行状况进行调整或补充评估。这造成经第三方评估而颁布的政策措施执行了数年之后，没有第三方评估进行后续跟踪。由于缺乏第三方评估反馈机制，各项政策措施一经推出便一成不变，而一项好的政策措施要适应新形势，必须适时地作出相应的修改和改进，否则在执行中也可能对竞争发生排除限制的消极作用，因此需要对第三方评估成果进行及时的更新和反馈。

评估机构在政策措施实施后，应定期报告政策措施的后续实施情况，并由委托单位视执行成效而定，选择再安排一次评估或对原有评估进行追加补充。政策措施公布实施之后，委托单位应将结论的实际运用情况反馈给评估机构并及时记录在册，出现问题及时与评估机构进行交流沟通。评估机构应重点了解和收集政策措施的执行情况和效果，并定期向政策制定部门反馈，根据实际情况对政策措施进行一年1—2次的后续评估。评估成果更新反馈机制的建立使得评估成果不是静止不变的，而是根据实际情况随时更新调整的，让第三方评估真正能起到为政策措施运行保驾护航、及时纠偏的作用。

五、公平竞争审查第三方评估的监督体系

虽然第三方评估具有独立性，但评估机构也有自身利益，为避免因为自身利益追求而掉进道德风险的陷阱，必须针对第三方评估构建一个完整的监督体系。

（一）公平竞争审查第三方评估的行政监督

《国务院关于在市场体系建设中建立公平竞争审查制度的意见》《公平竞争审查制度实施细则》均未明确规定公平竞争审查第三方评估的行政监督，《公平竞争审查第三方评估实施指南》第23条规定政策制定机关对第三方评估的报告制度。由此可见，政策制定机关对第三方评估具有法律上的监督义务。政策制定机关与受委托的评估机构接触较多、联系较为密切，应当发挥全程监管的功能，对评估机构履行监管责任，具体如下：（1）在第三方评估工作初期，政策制定机关应当要求评估机构出具合理、具体的评估规划，并且督促评估机构严格履行规划的各项规定；（2）在评估工作的中间阶段，评估机构对于评估进展情况应当定期进行报告，保证政策制定机关能够更好地了解第三方评估工作进度，促进评估机构按时、

保质、按量的完成评估任务，否则难以对其进行行之有效的监督；[①]（3）政策制定机关发现评估机构存在违法操作现象，应当要求其进行解释说明并及时纠正,未及时纠正的,须向联席会议报告。第三方评估涉及争议较大、对市场竞争影响较大的政策措施，应加强监督力度，对其重点监督。总之，政策制定机关在组织开展评估、信息交流、评估反馈等各环节对第三方评估工作进行全流程监督，对评估机构施加正向影响力，进一步督促其做好评估工作。

（二）公平竞争审查第三方评估的社会监督

《公平竞争审查第三方评估实施指南》第17条规定：“评估成果所有权归委托单位所有。未经委托单位许可，第三方评估机构和有关个人不得对外披露、转让或者许可他人使用相关成果。”评估过程、成果透明公开可以促进社会监督，以保证评估成果的公正性，并且社会监督范围广、成本低，若能有效地发挥作用，能够节约大量社会资源。为了健全公平竞争审查第三方评估，应当加强外部监管，提高第三方评估的水平，克服制度运行中的“自拉自唱”问题。

公平竞争审查第三方评估过程、成果引入社会监督，利用声誉机制提高公众对第三方评估的监督参与度，是约束第三方评估、确保评估成果客观合理的有效途径。强化信息公开是开展社会监督的有效措施，应当定期汇总并向社会公开披露第三方评估的机构、方案、程序和成果等信息，以此作为社会监督的依据，形成第三方评估工作的外部有效监督。

（三）公平竞争审查第三方评估的责任追究

评估机构在公平竞争审查第三方评估中应当履行不透漏评估信息的

---

①参见倪斐、逯鑫赫:《完善我国公平竞争审查第三方评估制度研究》,载《中国市场监管研究》2022年第10期。

保密义务、接受教育和考核评估的义务、报告公开的义务、回避义务、质量保证义务、遵守法律法规和纪律义务等。[①] 若是评估机构未履行相关义务，依据《公平竞争审查第三方评估实施指南》应主要承担以下法律责任：（1）第 22 条规定的，“委托单位有权解除评估委托，由评估机构承担相应法律责任”；（2）第 23 条第一款规定的，“有关政策制定机关应当及时向本级联席会议报告，由本级联席会议逐级上报部际联席会议，由部际联席会议进行通报”；（3）第 23 条第 2 款规定的，“对存在失信行为的，推送至全国信用信息共享平台，记入其信用档案”。评估机构的责任追究表述模糊，惩罚力度不痛不痒，具体的责任承担方式、追责力度均未涉及。[②] 第三方评估的责任追究是确保评估成果质量的最后一道防线。为了保证第三方评估有序运行，要加强责任追究制度的构建，建立起涵盖信用责任、传统责任全方位的问责体系。

《公平竞争审查第三方评估实施指南》第 23 条第 2 款信用责任规定太过宽泛模糊，约束作用有限，违规评估成本和责任较轻，以致不能对不诚信、不规范、不公正的评估机构予以有效识别，以致通过虚假宣传、隐瞒情况等做法挤压评估行为良好、效率高、满意度高的评估机构，出现“劣币驱逐良币”的现象。《天津市公平竞争审查第三方评估工作办法》第 25 条规定：“第三方评估机构存在失信等行为的，由市市场监督管理委员会将该机构从天津市公平竞争审查第三方评估机构推荐目录中移除，两年内不得再次申请进入目录，并将失信信息推送至企业信用信息公示系统、信用中国等信用信息共享平台，记入其信用档案。”对于第三方评估工作中出现履行情况不良、分析评估不到位的评估机构，应当将其列入黑名单，暂时限制或取消其参与第三方评估的资格直至其信用恢复，并将黑名单情

①参见范卫红、肖相玲:《我国公平竞争审查第三方评估主体制度研究》,载《绍兴文理学院学报》（人文社会科学）2020 年第 3 期。

②参见倪斐、逯鑫赫:《完善我国公平竞争审查第三方评估制度研究》,载《中国市场监管研究》2022 年第 10 期。

况定期向社会公众公开。评估机构的信用状况应当是委托单位选择评估机构的重要因素之一，使评估行为好、评估效率高、评估满意度高的第三方评估机构获得优先选择。[1]

评估机构存在各种各样的违规违纪行为，如违反保密义务、违反回避义务、接受被评估主体不当干预、虚构市场调研资料、篡改真实评估数据、评估报告严重失实、利用评估从中牟利等。[2] 随着公平竞争审查第三方评估的持续开展和深入推进，违规违纪行为也将更多出现。[3] 我国应当立法规定评估违规的法律责任，对于评估机构不按法律法规进行评估的，吊销其执照并处以罚款，同时与事实不符的评估报告不予接受，不支付未支付的评估费，偿还已经依法支付的评估费。对于评估机构违反规定泄露商业秘密和个人隐私行为构成犯罪的，对其予以刑事处罚。通过对评估机构增加处罚措施，加大追责力度，全面落实违规责任追究，保障第三方评估工作的质量与效率。

第三节　公平竞争审查的举报机制

一、公平竞争审查举报机制概述

公平竞争审查的监督体系主要包括社会监督、自我监督等，其中举报往往具有较强的监督力度，即社会公众向有关机关举报影响公平竞争的政

---

① 参见李鑫：《公平竞争审查第三方评估机制之优化路径》，载《黑龙江工业学院学报》（综合版）2021 年第 2 期。

② 参见范卫红、肖相玲：《我国公平竞争审查第三方评估主体制度研究》，载《绍兴文理学院学报》（人文社会科学）2020 年第 5 期。

③ 参见吕明瑜、朱汝月：《优化我国公平竞争审查第三方评估制度的思考》，载《河南财经政法大学学报》2022 年第 5 期。

策措施。2016年《国务院关于在市场体系建设中建立公平竞争审查制度的意见》正式建立了公平竞争审查制度，并且规定了4项公平竞争审查保障措施，其中“加强执法监督”规定，“对涉嫌违反公平竞争审查标准的政策措施，任何单位和个人有权举报，有关部门要及时予以处理”。《公平竞争审查制度实施细则》第25条予以细化，“政策制定机关涉嫌未进行公平竞争审查或者违反审查标准出台政策措施的，任何单位和个人可以向政策制定机关反映，也可以向政策制定机关的上级机关或者本级及以上市场监管部门举报。反映或者举报采用书面形式并提供相关事实依据的，有关部门要及时予以处理。涉嫌违反《中华人民共和国反垄断法》的，由反垄断执法机构依法调查”。此外，《公平竞争审查制度实施细则》第9条、第22条也对举报作出相应规定。

（一）公平竞争审查举报机制及其性质

公平竞争审查举报机制是指任何单位和个人认为政策制定机关所出台的政策措施在实体上不符合公平竞争审查标准或在程序上未经公平竞争审查，而向政策制定机关反映或向政策制定机关的上级机关、竞争执法机关举报，接收举报的部门自行或交由其他部门按照一定程序进行受理，对举报人进行回应，并将反馈的结果向社会公开的一种监督机制，其具有以下性质。

第一，举报机制是一种事后监督机制。事后监督属于一种特定时间阶段的监督，即在行政机关作出行政行为之后，对其行为的正确性和有效性进行判定的监督。公众不仅参与事后监督，在公平竞争审查事前和事中某些具体环节也可以参与，例如《国务院关于在市场体系建设中建立公平竞争审查制度的意见》规定对于政策措施影响公平竞争审查的情况，鼓励委托第三方开展评估，评估报告应当向全社会征求意见，评估结果也应向全社会公开；《公平竞争审查制度实施细则》规定政策制定机关开展公平竞争审查，应当征求利害关系人意见或者向全社会公开征求意见，并在书面审查结论中说明征求意见情况。我国公平竞争审查采取自我审查模式，是一种对内部审查流程进行事先防范的方式，亟待事后监督的保障。一项政策或者立法的瑕疵与滞后更多的是在事后实施过程中才能逐渐暴露出来。[①]举报机制与事前防范、事中监督不同，属于事后监督机制，可以及时纠正因法律或政策的滞后性所引发的一系列不公平的问题。一项政策能够持续满足公平竞争审查的标准，事后监督一般比事先防范更加可靠，更能发挥出监督的真正作用。

第二，举报机制是一种外部公众监督机制。目前，公平竞争审查外部监督的主体主要包括社会公众、联席会议、媒体部门等，公众监督是一种非常重要的监督形式。[②]《国务院关于在市场体系建设中建立公平竞争审查制度的意见》《公平竞争审查制度实施细则》均明确表示公众应成为我国公平竞争审查的外部监督主体。目前是我国公平竞争审查推进的关键时期，需要社会公众合力参与，“任何单位或个人”均可以进行监督。需要注意的是，利害关系人举报的内容一般是因限制排除竞争而影响到自身利益的政策措施，所提的问题真实性较高，并能够提供一定证据。所以，利害关系人对存在违反公平竞争审查的情形往往有更敏锐的判断。此外，通过外部公众的举报，政策制定机关能够快速对存在问题的政策措施进行定位，有针对性地进行重新审查。对于一部分在颁布时符合市场竞争规则而后出现违背公平竞争的政策措施，难以被重新一一审查，若与此项政策措施有关的利害关系人进行举报，并将问题向有关部门指出，可以帮助政策制定机关找到瑕疵填补漏洞，进一步推动公平竞争审查的有效落实。

第三，举报机制是一种长效监督机制。公平竞争审查的政府建构具有长效性，《国务院关于在市场体系建设中建立公平竞争审查制度的意见》《公平竞争审查制度实施细则》均肯定了举报机制作为保障公平竞争自我

① 参见苗沛霖:《公平竞争审查的模式选择与体系建构》,载《华东政法大学学报》2021年第3期。

② 参见徐志群:《论完善地方性法规、规制的立法监督机制》,载《中国法学》1999年第3期。

审查模式的合法性。举报机制应成为公平竞争审查的一项长效机制，在审查的不同阶段发挥其自身的价值，应当加快推进公平竞争审查公众投诉制度的常态化建设。[①] 常态化建设要求举报机制与自我审查制度共同推进，二者的重要性均不可忽视，推进的过程是长期的。例如，在欧盟，任何人均可以向竞争主管机关对国家援助进行投诉，但由于国家援助的性质，个案分析需要一定调查时间，欧盟委员会致力于在12个月内完成审查，但实际上，处理国家援助投诉的案件平均周期为17个月。[②]

（二）公平竞争审查举报机制的制度意义

1. 有利于加强政府和公众之间的沟通

2020年施行的《优化营商环境条例》要求政府及其有关部门应当构建亲清新型政商关系，建立畅通有效的企业沟通机制，采取多种方式及时听取市场主体的反映和诉求，了解市场主体生产经营中遇到的困难和问题，并依法帮助其解决，第49条规定："政府及其有关部门应当建立便利、畅通的渠道，受理有关营商环境的投诉和举报。"公平竞争审查举报机制作为一种公众参与机制，同时保障了公众的知情权和参与权，举报人通过政府搭建的举报通道进行监督，行政机关及时了解有关政策措施违反公平竞争审查的事实与依据，并对此作出回应。举报人通过与政府部门之间的沟通和交流，可以认识到我国对改善市场竞争环境所做的努力，制度设计致力于保障公众的正当利益，减少不规范的行政行为对公众利益的损害，从而促进公众与政府之间的良性互动。

2. 有利于规范政府及其部门的行为

公平竞争审查为政府对市场进行不当干预敲响了警钟，举报机制的产

① 参见赵永康：《长三角区域一体化中公平竞争审查投诉机制构建》，载《科学发展》2022年第8期。

② 参见周海涛：《欧盟国家援助制度的现代化及其借鉴》，载《河北法学》2016年第8期。

生和优化表明了国家反行政性垄断的决心。《国务院关于在市场体系建设中建立公平竞争审查制度的意见》赋予举报人对政策制定机关涉嫌未进行公平竞争审查或是违反审查标准出台新政策措施的违法举报权，以倒逼政策制定机关谨言慎行，积极履行审查义务。[①]举报机制从源头起到一定的警醒作用，公众可以依靠自身力量，对行政行为进行监督。这种监督有利于引起政府对公平竞争审查的高度重视，也可反向以权利制约政府干预市场的权力，[②]避免行政行为的随意性。

3. 有利于强化竞争政策的基础性地位

“无竞争，无市场”，市场经济的本质特征就是公平竞争，良好的竞争环境有助于市场经济的可持续发展。竞争本身是一种微观经济行为，竞争政策旨在保护、促进和规范市场竞争，党的十九届四中全会明确指出，强化竞争政策基础地位是实现要素市场化配置的一项重要制度安排。我国已出台的政策措施数量较大且多数是改革开放以来为适应当时经济社会发展而颁布的，具有阶段性和历史性。举报机制为了平衡竞争政策和其他政策的关系，将部分已不适应现阶段经济社会发展的政策措施筛出，或者根据新的竞争秩序要求进行更改，在竞争和管制之间更推崇竞争。通过举报机制的应用，不断提高竞争政策的基础性地位，在大力改善营商环境的过程中增强政府及其部门的竞争意识，从而形成自下而上的竞争倡导文化。

4. 有利于加强责任追究

社会监督和责任追究是公平竞争审查的重要保障，[③]以尽可能弥补我国公平竞争自我审查模式的弊端。公众通过提供相关的事实和证据进行举报，若经审查认定举报的政策措施确实违反公平竞争审查的相关标准，

① 参见张玉洁、李毅：《公平竞争审查制度构建的价值维度与实践进路》，载《学习与实践》2018 年第 6 期。

② 参见王贵：《论我国公平竞争审查制度构建的基准与进路》，载《政治与法律》2017 年第 11 期。

③ 参见林至人：《减少竞争中的政策壁垒：国际经验与教训》，中信出版社 2019 年版，第 35 页。

上级机关应责令政策制定机关进行改正，拒不改正或者不及时改正的，对直接责任人员依照相关法律法规给予处分。举报机制的产生使政府及其部门接受社会监督，将行政行为与其内部考核相挂钩，并探索外部监督实质化，可以促使政府认真贯彻落实公平竞争审查工作，稳步推进公平竞争审查的制度建设。由于我国公平竞争审查的举报、受理、回应机制是一个整体的流程，接收到举报之后，关于举报信息应第一时间处理、反馈及公开。

（三）我国公平竞争审查举报机制的法律现状

《国务院关于在市场体系建设中建立公平竞争审查制度的意见》将举报机制表述为是公平竞争审查的保障措施，《公平竞争审查制度实施细则》共 3 个条文涉及“举报”：（1）第 25 条是公众对公平竞争审查进行举报的合法依据，赋予举报人合法性权利。举报机制的主体为“任何单位和个人”，举报情形为政策制定机关出台政策措施涉嫌“未进行公平竞争审查”和政策制定机关出台政策措施涉“嫌违反审查标准”。

接收举报的机关为“政策制定机关的上级机关”“政策制定机关的本级市场监管部门”以及“政策制定机关的上级市场监管部门”。此条还说明了举报采用书面形式且提供相关事实依据的，有关部门要及时予以处理，但对于处理的具体程序以及期限并未规定。（2）第 9 条规定了举报可以引发联席会议办公室主动干预政策制定。一般而言，联席会议办公室不主动参与政策制定机关所进行的公平竞争审查工作，政策制定机关可就公平竞争审查的具体问题向联席会议办公室进行咨询，但对涉及重大公共利益、在制定过程中被多个单位或者个人反映或举报涉嫌排除、限制竞争的政策措施，联席会议办公室可以主动提出审查意见。《公平竞争审查制度实施细则》未强制要求联席会议办公室干预，而是根据具体情形由联席会议办公室自行选择。（3）第 22 条规定对于拟出台的政策措施进行公平竞争审查，若是被多个单位或者个人反映或举报涉嫌违反公平竞争审查标准的，应当引入第三方评估。此种情形下，举报机制将联合第三方评估机制共同发挥保障作用。

《反垄断法》第 46 条规定，“反垄断执法机构依法对涉嫌垄断行为进行调查。对涉嫌垄断行为，任何单位和个人有权向反垄断执法机构举报。反垄断执法机构应当为举报人保密。举报采用书面形式并提供相关事实和证据的，反垄断执法机构应当进行必要的调查。”从举报针对的行为来看，涉嫌垄断行为的举报和公平竞争审查举报存在竞合。行政机关和法律、法规授权的具有管理公共事务职能的组织，通过制定具有排除限制竞争效果的政策措施导致行政权力的滥用，对于涉嫌垄断行为举报和公平竞争审查举报均可成为纠正行为的监督方式。

《公平竞争审查制度实施细则》关于公平竞争审查举报的规定存在大量建议性的条款，给各地落实公平竞争审查举报机制提供了发挥的空间。截至 2022 年 10 月，我国 18 个省级行政单位出台了公平竞争审查举报机制的政策性文件，一些较大的市或区也发布了有关公平竞争审查举报机制的文件。例如，重庆市有 14 个区发布了涉及举报机制的文件，8 个区以下设财政局、国有资产监督委员会、民政局等为主体发布了建立举报机制的通知。2022 年 5 月，市场监管总局及时回应市场主体关切，在广东省、安徽省分别正式开展公平竞争审查举报处理试点。两地均发布通知设置运行方案，促进举报机制的实施。安徽省市场监管局发布了《安徽省公平竞争审查举报处理工作试点方案》，明确了试点范围、工作内容、进度安排及保障措施。广东省市场监管局发布了《广东省市场监督管理局关于在珠三角九市开展公平竞争审查举报处理试点工作的通知》（粤市监反垄断〔2022〕430 号）。此外，2022 年中国（海南）自由贸易试验区反垄断委员会办公室制定的《中国（海南）自由贸易试验区反垄断委员会办公室公平竞争审查举报处理暂行办法》，明确了受理机关、处理程序、结果公开反馈的要求以及处理举报的程序和时限规定；2021 年川渝公平竞争审查工作联席会议办公室发布了《川渝涉公平竞争审查举报处理办法（试行）》，共 22 条，分别界定了涉公平竞争审查举报的概念，确定了涉公平竞争审查举报的受理、办理、告知、整改程序；2022年杭州市公平竞争审查工作部门联席会议办公室出台了《杭州市公平竞争审查举报受理回应机制》，明确了举报范围、举报方式，受理机关以及处理程序。[①] 但是，仅个别省市出台的举报机制较完整，大部分省市的规定存在一定模糊性。考虑到各地营商环境的差异性，公平竞争审查制度实施的进度也不一致，在制定公平竞争审查举报机制时会有所不同，但完整的内容、流畅的程序是举报机制得以运行的重要因素。一些地区仅将《国务院关于在市场体系建设中建立公平竞争审查制度的意见》《公平竞争审查制度实施细则》关于举报机制的内容照搬下来，未设计出适应本地区发展现状的举报机制，未具体规定各部分内容。

我国公平竞争审查正稳步推进。市场监管总局发布2018年查处的16起行政垄断典型案例，其中有7起案件是举报引起竞争执法机关的重视并展开调查的。[②]2021年，反垄断局公布的滥用行政权力、排除限制竞争共38起案件，明显高于前两年，其中仅2起行政垄断案件是源于举报线索。[③] 公平竞争审查的举报监督机制比较笼统，尚不能对政策制定机关形成有效监督。[④]

二、公平竞争审查举报的范围要件

依据《公平竞争审查制度实施细则》规定，公平竞争审查举报在宏观上对适用范围的界定仍模糊不清，在微观上未明确公众举报的要件。

---

① 参见杭州市市场监督管理局：《杭州市公平竞争审查举报受理回应机制出台》，http：//scjg.hangzhou.gov.cn/art/2022/2/23/art_1693483_58922719.html，2022年10月4日访问。

② 参见国家市场监督管理总局：《市场监管总局关于发布2018年市场监管部门制止滥用行政权力排除、限制竞争行为典型案例的公告》，https：//gkml.samr.gov.cn/nsjg/bgt/201902/t20190216_288690.html#，2024年1月6日访问。

③ 参见上海市方达律师事务所：《中国竞争法年度回顾2021》，https：//www.fangdalaw.com/wp-content/uploads，2024年1月6日访问。

④ 参见焦海涛：《公平竞争审查制度的实施激励》，载《河北法学》2019年第10期。

（一）公平竞争审查举报的适用范围

《国务院关于在市场体系建设中建立公平竞争审查制度的意见》规定，“对涉嫌违反公平竞争审查标准的政策措施”可以举报，《公平竞争审查制度实施细则》则是规定，“涉嫌未进行公平竞争审查或者违反审查标准出台政策措施的”，可以反映或举报。质言之，《国务院关于在市场体系建设中建立公平竞争审查制度的意见》仅将举报机制的适用范围限定为违反公平竞争审查标准的政策措施，即在实质上不符合审查标准，而未提及程序上未进行公平竞争审查出台的情形。此外，《公平竞争审查制度实施细则》第22条规定对于拟出台的政策措施，若被多个单位或个人反映或举报，应引入第三方评估。换言之，即使是拟出台的政策措施，也可能成为举报机制的适用范围。一项政策措施在事先征求意见或成为草案的过程中会存在被公开征求意见的情况，若公众认为部分内容涉嫌违反公平竞争审查，也可以进行举报。

举报机制是一种公众自下而上启动的监督机制，明确举报机制的适用范围，将各项政策措施全面覆盖，有利于举报机制的构建。我国公平竞争审查举报机制的适用范围应当既包括已出台并且现行有效的政策措施，还包括已出台但尚未生效的政策措施，也包括草案或者待征求意见的拟出台的政策措施。在时间顺序上，应当既包括存量政策措施，也包括增量政策措施；在内容上，既包括程序上未进行公平竞争审查的政策措施，也包括实质上不符合公平竞争审查标准的政策措施；对于尚未出台的但因征求意见而公开的草案，也应成为举报适用的对象，将其纳入举报机制适用的范围，可以更加了解公众的意见，若发现有排除限制竞争的内容，可以直接更改拟出台的政策措施。

（二）公平竞争审查举报的适格要件

《公平竞争审查制度实施细则》第23条规定，公平竞争审查举报应采取书面形式并提供相关事实和证据，但适格举报要件并不明确。举报虽是赋予公众的权利，但也不能恣意行使。举报内容若无价值，抑或是政策制定机关已在调查，为了提高工作效率、节省成本，受理部门可以驳回请求。

通过举报适格要件的设定，进行事先筛选，在一定程度上减轻了接收和处理举报部门的负担，也有利于举报人一次性成功举报，避免反复提交材料的麻烦。关于举报的适格要件的规定，可以参考其他领域举报的相关规定，例如《工商行政管理部门处理消费者投诉办法》第11条规定，“消费者投诉应当符合下列条件：（一）有明确的被投诉人；（二）有具体的投诉请求、事实和理由；（三）属于工商行政管理部门职责范围”，又如《信访工作条例》第19条，“信访人一般应当采用书面形式提出信访事项，并载明其姓名（名称）、住址和请求、事实、理由。对采用口头形式提出的信访事项，有关机关、单位应当如实记录。信访人提出信访事项，应当客观真实，对其所提供材料内容的真实性负责，不得捏造、歪曲事实，不得诬告、陷害他人。信访事项已经受理或者正在办理的，信访人在规定期限内向受理、办理机关、单位的上级机关、单位又提出同一信访事项的，上级机关、单位不予受理。”我国公平竞争审查举报的适格要件应当包括：（1）明确的被举报的政策措施；（2）被举报的政策措施公平竞争审查适用范围的；（3）明确政策措施违反的公平竞争审查的具体标准；（4）违反相关公平竞争审查标准的事实及理由。

三、公平竞争审查举报的运行程序

程序公正是保证实体公正的前提，[①] 举报机制的有效运行需有完整的程序设计，主要包括接收和处理的主体、回应机制。

（一）举报的接收和处理机关

公众对涉嫌违反公平竞争审查标准的政策措施进行举报，应先明确接

① 参见段葳：《优化营商环境视阈下公平竞争审查制度改进研究》，载《理论月刊》2021年第9期。

收和处理机关。《国务院关于在市场体系建设中建立公平竞争审查制度的意见》《公平竞争审查制度实施细则》规定不详尽且与实践中各地方的做法有差异。《国务院关于在市场体系建设中建立公平竞争审查制度的意见》仅规定“有关部门要及时予以处理”，涉嫌违反《反垄断法》的，由反垄断法执法机构依法调查。《公平竞争审查制度实施细则》规定举报人可以向政策制定机关反映，也可以向政策制定机关的上级机关或竞争执法机关举报，但未明确具体的接收和处理机关的划分。在实践中，各地规定存在较大差异且多数未对具体程序予以规定。例如，通辽市《公平竞争审查投诉举报受理回应机制》第 4 条明确规定，举报人向政策制定机关的本级办公室投诉举报的，由本级办公室负责受理；向政策制定机关的上一级办公室投诉举报的，由上一级办公室分送其本级办公室受理；对依据上级文件规定出台的政策措施，或重大、复杂的政策措施，本级办公室可以提请上一级办公室受理。投诉举报受理机关应当与政策制定机关进行沟通、核实，即接收的主体为通辽市公平竞争审查工作联席会议办公室。又如，绥化市《关于建立公平竞争审查投诉举报和处理回应机制的公告》第 4 条规定，举报人向绥化市公平竞争审查工作联席会议办公室投诉举报的，可将材料送至市场监督管理局反垄断科（代收）或发送至邮箱。再如，辽宁省将各类政策措施分类，由厅级单位分别发布关于建立公平竞争审查投诉举报处理回应机制的公告，涉及全省农业农村系统的行政执法违法违纪及违反公平竞争审查的，在公平竞争审查工作联席会议办公室的安排下，应向辽宁省农业农村厅进行举报；辽宁省工业和信息化厅规定，公众可以向其投诉举报由省工信厅制定（包括牵头制定）的涉及市场准入、产业发展、招商引资、招标投标、政府采购、经营行为规范、资质标准等有关市场主体经济活动的规章、规范性文件、其他政策措施以及“一事一议”形式的具体政策措施，存在应审未审、违反审查标准出台情形。

总之，在横向上，大多地方由公平竞争审查工作联席会议办公室负责审查，由于其主要设置在竞争执法机关内，部分地区在反垄断部门设置代收材料点，但总接收主体应较为明确；在纵向上，中央机关一般在各自法制部门设立一个新的公平竞争审查办公室 / 部门，接收和处理本部门和各下级机关的公平竞争审查报告。各地接受处理机关为政策制定机关的上一级机关负责审查举报的模式是值得推广的。由工作联席会议办公室的竞争执法人员和法制部门人员共同对举报进行处理，可以有效减少规避政策制度机关既当守门员又当裁判员的情形给予公众的不信任感，确保工作具有独立性，审查判断也更加全面客观。

（二）举报的处理机制

举报人向政策制定机关表示政策措施违反了公平竞争审查标准，政策制定机关在接到通知后，由其法制部门工作人员对举报进行审查，若是未发现违反公平竞争审查的标准，将编写审查报告，并向举报人反馈结果；若是发现违反了公平竞争审查的标准，须及时调整或撤销政策措施，并在审查和调整过程中向举报人反馈。在审查过程中，举报方可以提交补充材料，政策制定者也可以向举报方提供补充资料，同时可以收集第三方意见或听取专家意见，合力对举报的政策措施进行评估。

当举报人向政策制定机关的监督部门告知某项政策措施违反了公平竞争审查的标准，收到举报的内部机构应先对举报进行审查，确认其是否具有举报的适格要件。举报内容和形式均不符合要件的，可以要求举报方补充材料或澄清情况，并直接表示暂时不予受理；举报符合适格要件的，向政策制定机关的相关监督部门提交报告。监督部门将继续审查具体细节，并书面答复举报受理机关。举报受理机关整合举报情况，对政策制定机关的监督部门回复的书面意见进行审查，认为回复意见成立，则向举报人进行回应；若认为回复意见不成立，则举报受理机关对举报重新进行调查，在此调查期间，可以向举报人和政策制定机关询问有关材料信息、听取意见，也可引入第三方评估对举报内容进行评估，最终形成审查报告。审查报告应包括反馈结果和处理过程，即对所涉政策措施调整修改或废止的决定、对政策制定机关所作的回复意见的重新审查情况及举报受理机关最终出具的审查认定内容。举报受理机关在形成审查报告后将其转送给内部专门机构，由其向举报人反馈。

（三）举报的回应机制

对举报予以回应、反馈处理结果是保证公平竞争审查举报机制有效运行的关键。举报的回应机制缺失会影响社会监督效果，可能挫伤公众参与监督的积极性。[①]在公众举报后，回应机制也是监督的重要组成部分，及时反馈结果才能保障制度科学良好运行。[②]此外，提高信息处理的透明度也有利于审查主体谨慎高效完成工作，突出外部监督对于公平竞争审查的意义。

举报接收和处理机关可以在内部设立专门的举报处理机构，负责接收、初步审核、传送、反馈举报整个过程。专门机构结合举报人提供的案件事实和证据线索进行初步严格审核，在此基础上再由审查主体进行审查。对于审查处理的结果，专门机构也要及时回复：（1）在举报的接收阶段，专门机构可以将举报的适格要件涉及的政策措施、受理机关及举报的形式要件等主要信息上传至信息公布平台；（2）在处理过程中，专门机构也应及时关注审查进度，并在信息公布平台上开放咨询窗口，让公众获悉处理的进展，公众在此阶段若有需要补充的信息可以在网上留言；（3）在反馈结果的阶段，专门机构应仔细审阅处理结果，对审查主体所做的是否违反公平竞争审查的判断以及调整措施进行整合统一。

举报的回应机制要保障举报权利人在提出举报后享有的权利：（1）举报人有在一定期限内获得回应的权利。专门机构对举报内容评估是否符合

① 参见朱静洁：《我国公平竞争审查监督机制的现存问题及其对策研究》，载《竞争政策研究》2022年第1期。

② 参见孙晋：《公平竞争审查制度：基本原理与中国实践》，经济科学出版社2020年版，第262页。

审查内容，原则上至少应该在3个月内将举报信息的接收和受理情况发布在信息公布平台上。（2）举报人可以根据平台上更新的信息享有补充材料或者撤回举报的权利。对于专门机构认为不合格的举报，需要向举报人出具书面的不予处理的回执，回执中应包含具体的原因。（3）举报人有权对审查机关出具的审查报告发表意见。

四、公平竞争审查举报的保障机制

（一）公平竞争审查举报的奖励制度

举报机制的主体是社会公众，一般是与政策措施有关的利害关系人。公平竞争审查举报机制中设立奖励制度，不仅能够提高公众举报的积极性，也是对公众有效举报的肯定。在社会公共利益和举报人个人利益双赢的情况下，公众社会监督的作用将得到有效发挥。

在奖励内容上，应当物质奖励与精神奖励并用：物质奖励即奖金，对于举报人而言，奖金是最直接的收益，可激励其参与公平竞争审查的积极性；精神奖励即荣誉证书等非物质层面的表彰。

在奖励条件上，可以根据公平竞争审查举报的成效设立奖励类别和登记。举报物质奖励的设立可以根据举报适格要件的完整性及审查结果，分为以下三个等级：（1）一级是明确被举报的政策措施、违反标准并能够提供相关事实及理由，经证实此项政策措施确实在程序上未经公平竞争审查或内容上违反公平竞争审查标准；（2）二级是明确被举报的政策措施，对违反标准及相关事实理由的证据材料不足但后续补充完整的，经证实此项政策措施确实在程序上未经公平竞争审查或内容上违反公平竞争审查标准；（3）三级是明确被举报的政策措施，但其提供的具体违反标准及相关事实理由经查事实不清、证据不足，后经重新调查取证证实此项措施确实在程序上未经公平竞争审查或内容上违反公平竞争审查标准。若是同一政策措施由两个以上举报人分别举报，奖励第一时间举报人，其他举报人若对公平竞争审查提供有益帮助，可以酌情给予奖励。举报人联名举报同一政策措施，按同一举报予以奖励，不可重复奖励，奖金由举报人协商分配。

在奖励审核方面，相关工作人员的主要任务是对其是否符合相应的奖励条件进行审核，同时参考制定的标准对适用的奖励形式及具体金额进行确定。事实上，公平竞争审查已完成了对相关案件的审核工作，确保其符合事实且证据完整，应当缩短审查时间，在提高效率的同时简化工作。案件的奖赏金额相对较低的，举报人通过指定途径提出申请，也可以向相关部门提供身份证明来领取奖励；案件奖赏金额相对较高的，或涉及案情相对复杂的，为了确保线索的真实性，举报人应当按照要求配合部门工作，提供证明材料并签署文件，之后才可领取奖金。

在领取期限方面，鉴于部分提供线索的举报人不愿公开，为了能够为其提供保障，可以将其领取有效期设定为最高3年。举报人可自行选择时间进行领取，同时若有正当理由需要延长期间，可按规定提交申请并经相关部门审批。

（二）公平竞争审查举报的保护制度

对举报人进行保护也是一种变相的激励，建立健全的举报人保护制度，可以有效降低社会公众因善意举报而遭遇不利后果的风险，构建有力的外部监督保障，促进公平竞争审查的发展。

较为完善的保密制度是顺利推行公平竞争审查举报的重要基石，通常情况下与举报人自身的安全息息相关。[①]为举报人的安全提供一定程度保障，可以让更多公众分享自己了解的线索。有关部门可以结合公平竞争审查举报的实际需求，对保密制度予以进一步细化与完善：（1）对于接收材料与举报信息的部门，要完善其保护举报人信息的监督机制，不仅限于个人信

① 参见沈福俊：《建立与政府信息公开制度相适应的保密制度》，载《法学》2009年第9期。

息部分，其中的举报内容及获奖金额都应给予严格保密；（2）对于案件的媒体报道，应对涉密地方进行及时处理，避免信息泄露；（3）改进匿名举报形式，匿名举报人通常不愿意表明自己的身份，但这对其所提供内容的真实性不会产生影响，同时相关部门也不会因为没有及时出示个人的身份信息就对举报线索置之不理。

第三章

公平竞争审查的应用论：四大重点领域

第一节　产业政策的公平竞争审查

一、产业政策的公平竞争审查概述

产业政策在我国经济社会发展中举足轻重，发展中国家通常会以产业政策推动有关产业蓬勃发展，以弥补市场机制的缺陷，[①]并带动经济社会的快速增长。产业政策往往具有排除限制竞争的倾向，为了兼顾市场公平竞争秩序，产业政策公平竞争审查应运而生，即主管机关对已经实施或者正在出台的产业政策，按照相关标准进行公平竞争审查，分析产业政策是否会限制市场竞争机制。

（一）产业政策与竞争政策的关系

产业政策是指各国为了实现经济和社会目标而对特定产业的形成和发展进行干预的各种政策和措施的总称。[②]竞争政策则是各国为修复或弘扬市场机制而促进或优化竞争的以市场为导向的政策，[③]也被认为是各国竞争法所体现出的为维护公平竞争的一套规则体系。[④]进入20世纪80年代后，我国实行社会主义市场经济体制，竞争政策比重逐渐增加，对于经济社会

① 参见江山：《产业发展的政策选择与法律治理——以竞争法为中心展开》，法律出版社2017年版，第4页。

② 参见孙晋：《公平竞争审查制度：基本原理与中国实践》，经济科学出版社2020年版，第323页。

③ 参见于良春：《中国的竞争政策与产业政策：作用、关系与协调机制》，载《经济与管理研究》2018年第10期。

④ 参见徐士英：《竞争政策研究——国际比较与中国选择》，法律出版社2013年版，第3页。

转型具有重要作用。公平竞争审查是落实竞争政策的一种重要法律机制，产业政策的公平竞争审查的内在实质是产业政策和竞争政策的关系。

1. 产业政策和竞争政策的一致性

国家和市场是资源配置的两种基本方式。产业政策采取资源的国家配置，通过制定政策措施来促进有关产业朝着特定目标发展，从而达到某种经济或社会的公益目的；竞争政策则通过保护市场的公平竞争，以实现市场对资源的合理配置，两者具有一致性：（1）产业政策和竞争政策的目标都是为了经济社会健康发展。产业政策通过促进产业的发展，调整合理布局，促进结构升级，快速促进经济社会发展。竞争政策通过维护市场公平竞争秩序，保障市场主体在市场竞争中享有平等的地位，从而保障经济社会健康发展。（2）不合理的竞争政策或产业政策均会造成市场失灵。自由放任的市场无法避免经济体陷入经济波动之中，政府须主动地对经济的运行进行干预，[①]但产业政策或竞争政策在资源配置过程中都会出现失效现象。政府若对有关产业了解不充分，则会制定不合理的产业政策，对市场经济造成损害。此外，地方政府往往出于保护地方产业目的，制定一些排除限制其他地方企业的产业政策。竞争政策的设计和执行若不得当，也将导致市场失灵的结果。[②]（3）合理的产业政策或竞争政策都可以促进市场竞争。在推动经济社会发展的过程中，产业政策和竞争政策相辅相成。竞争政策可以将产业政策对市场的影响限制在容许范围之内，既促进有关产业的迅速发展，又保障市场竞争。竞争政策维护了市场竞争机制，极大地释放了市场主体活力，促进了产业发展。

2. 产业政策和竞争政策的冲突性

产业政策和竞争政策又存在冲突性：（1）产业政策和竞争政策的发

---

① 参见干春晖、郑若谷、余典范：《中国产业结构变迁对经济增长和波动的影响》，载《经济研究》2011年第5期。

② 参见韩乾、洪永淼：《国家产业政策、资产价格与投资者行为》，载《经济研究》2014年第12期。

展背景不同。产业政策是国际竞争的产物，反映一国的赶超战略，[①]通过对重要产业的资源倾斜，让其迅速发展，达到特定的经济或社会的公益目标。例如，新兴大国抢抓战略性新兴产业发展的"机会窗口"，试图借助后发优势推进战略性新兴产业的赶超发展。[②]竞争政策依赖市场竞争机制，让市场主体公平竞争，并通过创新等方式在竞争中获胜。（2）产业政策和竞争政策的适用主体不同。产业政策的适用主体是有关产业的市场主体，集中资源而促进其快速发展。竞争政策的适用主体是所有的市场主体，给予其平等对待，提高各类主体参与市场竞争的积极性。（3）产业政策与竞争政策的运作机制不同。产业政策主要依靠公权力，其制定和实施均须依靠政府，政府将资源给到特定产业，可以快速实现资源配置的最优化而促进经济社会发展。竞争政策的运作机制则是市场丛林法则，依靠市场进行资源配置，在竞争中取得优势的企业胜出，难以在短时间内促进经济社会发展。

（二）产业政策公平竞争审查的制度意义

1. 协调产业政策和竞争政策

产业政策是国家运用宏观调控的手段对某一产业进行资源倾斜。竞争政策是市场调控，发挥市场的竞争作用，提高资源配置效率。竞争政策是针对产业政策的有效制衡机制，对于避免产业政策破坏市场经济的根基具有重要作用。[③]产业政策公平竞争审查能够有效地协调产业政策和竞争政策，使产业政策融于竞争政策为主导的市场机制中，实现产业政策和竞争

① 参见高帆：《行政权力与市场经济——政府对市场运行的法律调控》，中国法制出版社1995年版，第140页。

② 参见黄永春、祝吕静、沈春苗：《新兴大国扶持企业实现赶超的政策工具运用——基于战略性新兴产业的动态演化博弈视角》，载《南京社会科学》2015年第6期。

③ 参见孙晋：《国际金融危机之应对与欧盟竞争政策——兼论后危机时代我国竞争政策和产业政策的冲突与协调》，载《法学评论》2011年第1期。

政策的透明性、协调性和一致性。[①] 产业政策将资源倾斜到特定产业，往往会排除限制竞争，在产业政策出台前进行公平竞争审查，可以从源头上制止损害市场竞争的产业政策出台，避免产业政策沦为有关产业规避正当市场竞争的工具。[②] 竞争政策强调市场对资源的配置作用，产业政策强调政府对经济的调控作用，两者共同构成一国的公共政策，保持一国经济社会发展的高速步调，必须协调好两者的关系。[③]

2. 确保产业政策尊重市场机制

在我国，除了自然垄断领域之外，市场是资源配置的基本方式，不合理的产业政策严重损害了市场的竞争机制。产业政策公平竞争审查应尊重经济民主、意思自治和现代法治等法治原则，[④] 以保障市场主体享有平等的市场竞争地位，促使产业政策尊重市场竞争机制。

3. 落实竞争政策的基础地位

目前，我国在全球位居经济总量第二，经济社会发展模式由快速发展转变为高质量发展，市场经济显得十分重要，要让市场竞争机制充分发挥作用。产业政策公平竞争审查是在确立竞争政策基础地位的基础上，对政府的政策措施进行公平竞争审查，[⑤] 从而在源头上防止出台排除限制市场竞争的产业政策，确保全国统一大市场的建设。[⑥]

---

① 参见王先林、丁国峰：《反垄断法实施中对竞争政策与产业政策的协调》，载《法学》2010 年第 9 期。

② 参见石达：《公平竞争审查视角下产业政策与竞争政策的协调机制研究》，载《市场周刊》2019 年第 8 期。

③ 参见于良春、张伟：《产业政策与竞争政策的关系与协调问题研究》，载《中国物价》2013 年第 9 期。

④ 参见孙晋：《新时代确立竞争政策基础性地位的现实意义及其法律实现——兼议〈反垄断法〉的修改》，载《政法论坛》2019 年第 2 期。

⑤ 参见孙晋：《公平竞争原则与政府规制变革》，载《中国法学》2021 第 3 期。

⑥ 参见倪斐：《政策与法律关系模式下的公平竞争审查制度入法路径思考》，载《法学杂志》2021 年第 8 期。

（三）我国产业政策公平竞争审查的法律现状

《反垄断法》第 5 条规定，“国家建立健全公平竞争审查制度。行政机关和法律、法规授权的具有管理公共事务职能的组织在制定涉及市场主体经济活动的规定时，应当进行公平竞争审查”，这是我国产业政策公平竞争审查最重要的法律依据，公平竞争审查也从行政规范性文件上升为法律。《反垄断法》第 45 条规定行政机关“不得滥用行政权力，制定含有排除、限制竞争内容的规定”，也对行政机关市场规制权予以原则性规范，增强公平竞争审查对于产业政策的法律威慑力，[①] 此外《反垄断法》第 5 章“滥用行政权力排除、限制竞争”的 7 个条文也明确列举了与产业政策相关的滥用权力而损害市场竞争的具体情形。《海南自由贸易港法》第 24 条规定，“强化竞争政策的基础性地位，落实公平竞争审查制度，加强和改进反垄断和反不正当竞争执法，保护市场公平竞争”，在法律层面将“强化竞争政策的基础性地位”与“落实公平竞争审查制度”有机结合。

2018 年，国家铁路局出台《国家铁路局公平竞争审查制度实施办法（暂行）》，明确对铁路有关产业政策进行公平竞争审查，并且在 2021 年根据《公平竞争审查制度实施细则》又制定了《国家铁路局公平竞争审查制度实施办法》，以保障国家铁路局全面落实公平竞争审查制度，健全公平竞争审查机制，规范有效开展审查工作。在实践中，产业政策公平竞争审查推进缓慢。例如，浙江省海宁市住房和城乡建设局 2021 年印发《关于在建筑施工领域推行安全生产责任保险工作的通知》《关于海宁市建筑施工领域安全生产责任保险共同体项目的公开招标采购公告（非政府采购项目）》，明确排除了本地保险公司以外的保险人参与海宁市建筑施工安全保险市场竞争，严重违反《公平竞争审查制度实施细则》不得“直接规定外地经营者不能参与本地特定的招

① 参见陈林：《公平竞争审查、反垄断法与行政性垄断》，载《学术研究》2019 年第 1 期。

标投标活动”的规定。[1]又如，安徽省滁州市城乡建委会同市财政局、市公共资源交易监督管理局、市国土资源和房产管理局、市交通运输局、市水利局联合印发《关于进一步促进本地建筑业企业发展的通知》(建管〔2018〕217号)，限制外地建筑企业在滁州本地施工，严重违背《公平竞争审查制度实施细则》不得“限定经营、购买、使用特定经营者提供的商品和服务”的规定。[2]

二、产业政策公平竞争审查的程序

《公平竞争审查制度实施细则》第6条规定：“政策制定机关开展公平竞争审查应当遵循审查基本流程，识别相关政策措施是否属于审查对象、判断是否违反审查标准、分析是否适用例外规定。属于审查对象的，经审查后应当形成明确的书面审查结论。审查结论应当包括政策措施名称、涉及行业领域、性质类别、起草机构、审查机构、征求意见情况、审查结论、适用例外规定情况、审查机构主要负责人意见等内容。政策措施出台后，审查结论由政策制定机关存档备查。未形成书面审查结论出台政策措施的，视为未进行公平竞争审查。”质言之，目前产业政策公平竞争审查程序主要是政策制定机关对照审查标准的审查，这一程序简单易懂，对审查人员的专业性要求不高，适合产业政策文件多、地区差异大的现实。但是，有些产业政策较为复杂，涉及产业政策和竞争政策的平衡，这一公平竞争审查程序往往走过场。[3]OECD的竞争评估分为三个步骤：（1）初步审查。由政策制定机关对比《应用于识别限制竞争法律的核对清单》确认政策措

① 参见浙江省市场监督管理局：《浙江省市场监督管理局依法调查处理海宁市住房和城乡建设局等滥用行政权力排除、限制竞争行为》，http：//zjamr.zj.gov.cn/art/2022/6/9/art_1229540792_59022935.html。

② 参见安徽省市场监督管理局：《安徽省纠正滁州市住房和城乡建设局等部门滥用行政权力排除、限制竞争行为》，https：//amr.ah.gov.cn/xwdt/gsgg/117117162.html。

③ 参见张叶姝、耿启幸：《我国公平竞争审查模式的构建与启示》，载《价格理论与实践》2017年第7期。

施是否限制了市场竞争，经初步审查，若是政策存在排除限制竞争的，须进入第二步。（2）深度审查。由专门审查部门预测政策措施实施后对市场的影响，分析其合理性，包括产业政策能否达到经济社会发展的目的、是否严重影响了市场公平竞争、评估相关的替代方案。[①]（3）事后审查。定期对经过竞争评估的政策措施进行事后审查，以确定选择的方案是否达到了预期的效果。[②]我国产业政策公平竞争审查程序借鉴 OECD 的做法，将公平竞争审查分为初步审查和深度审查。

（一）初步审查

初步审查程序由产业政策制定机关进行审查。产业政策制定机关在制定产业政策前，往往会进行充分的市场调研以明确产业发展目标、现状，因而公平竞争审查的效率会更高。产业政策制定机关应先分析审查对象是否构成产业政策，再对照审查标准，逐条分析产业政策是否违反其中任一标准。最后形成初步审查结果分为四种：（1）产业政策不会排除限制竞争；（2）产业政策会排除限制竞争；（3）产业政策是否排除限制竞争存在不确定；（4）产业政策会排除限制竞争但符合例外情形。若审查结果是上述第 2 种，产业政策制定机关应当修改或废止产业政策。若审查结果是上述第 3、4 种，产业政策制定机关应形成书面结论，移送进行深度审查。

（二）深度审查

深度审查程序由竞争执法机关进行审查。《公平竞争审查制度实施细则》第 3 条第 2 款规定："以县级以上地方各级人民政府名义出台的政策措施，由起草部门或者本级人民政府指定的相关部门进行公平竞争审查。起草部门在审查过程中，可以会同本级市场监管部门进行公平竞争审查。

① 参见张占江：《中国法律竞争评估制度的建构》，载《法学》2015 年第 4 期。

② 参见孙晋：《公平竞争审查制度：基本原理与中国实践》，经济科学出版社 2020 年版，第 71 页。

未经审查的，不得提交审议。”市场监管部门的竞争执法机关行使国家竞争执法权，[①]较为了解竞争政策，具有相关的专业知识，可以有效分析产业政策是否排除限制市场竞争。深度审查的重点是分析产业政策排除限制竞争的合理性，即产业政策是否以对市场公平竞争影响最小的方式实现了产业政策的目的，应就初步审查中的产业政策制定机关认为产业政策是否限制竞争不确定和适用例外的情形予以重点审查，可以分为两个步骤：（1）对产业政策实施后对市场的影响进行综合评估，分析其是否合理，推断产业政策能否达到经济社会的发展目的，虽然产业政策达到目的，但严重影响市场公平竞争的也不得实施；（2）分析产业政策是否还有可替代的方案，若有可替代的方案，则选择对市场公平竞争影响最小的替代方案。

三、产业政策公平竞争审查的标准

我国产业政策大多以规范性文件形式存在，而规范性文件的法律效力不高且制定程序不够严密。一般而言，中央各部门制定某一产业的政策，对此产业予以整体性、全局性的规划，再由地方各级政府机关根据中央产业政策文件予以细化规定。中央产业政策文件往往过于笼统，仅明确某一产业的发展目标，具体举措则需地方各级政府机关出台，而由于地方利益保护、产业政策制定机关的水平或地方经济社会情况复杂等，地方各级政府机关在落实中央产业政策时会产生偏差，出台形形色色的产业政策来支持本地发展。目前，产业政策公平竞争审查标准是《国务院关于在市场体系建设中建立公平竞争审查制度的意见》《公平竞争审查制度实施细则》的相关规定，与产业特征结合并不紧密，直接援用难以兼顾产业政策和竞争政策的要求。产业政策实现其经济社会发展目的过程较为复杂，不同的产业之间存在较大差异，应当依据《国务院关于在市场体系建设中建立公平竞争审查制度的意见》《公

① 参见李剑：《试论我国反垄断法执行机构建立的可行性》，载《现代法学》2004年第1期。

平竞争审查制度实施细则》确定具体产业政策的审查标准。中央各部门应当针对主管产业的特点，结合公平竞争审查实践，通过公平竞争审查工作部际联席会议机制，制定出各产业政策的专门审查标准，再由地方各级政府的产业政策制定机关对各产业政策的专门审查标准予以细化规定。随着经济社会发展，产业政策应当随之改变，也要及时更新产业政策公平竞争审查专门审查标准。此外，中央各部门还应加强产业政策公平竞争审查专门标准中专业术语的解释以及示例工作，防止产业政策制定机关错误适用审查标准。

OECD高度重视产业政策的竞争评估，较为详细地制定了竞争评估的原则、指南等规定，并总结各成员经验，将排除限制竞争做法类型化为《应用于识别限制竞争法律的核对清单》。[①]核对清单即OECD的公平竞争审查标准，其中高度关注消费者权益受损害的情形，具体包括减少消费者获得产品信息渠道、增加消费者转换产品的成本、妨碍消费者选择产品供应企业等。《反垄断法》《反不正当竞争法》均有保护消费者权益的规定，但《国务院关于在市场体系建设中建立公平竞争审查制度的意见》《公平竞争审查制度实施细则》涉及消费者权益保护的，仅有商品和服务自由流通的规定。市场经济的最终获益者是消费者，影响了消费者权益的产业政策，必然也影响市场竞争，因此可以用消费者权益保护的标准来衡量产业政策是否存在排除限制竞争的情况。我国产业政策公平竞争审查标准应当加入消费者权益保护的内容。

四、产业政策公平竞争审查的例外

产业政策的目标为产业结构升级、产业规模扩大、保护民族产业、提高国际竞争力等，这些目标与我国经济社会发展一致，都有助于增强国家的综合实力。因此，产业政策即使产生了排除限制竞争的情形，也存在合理性，产业政策公平竞争审查落实的关键在于例外情形，适用例外给了某

① 参见孙晋:《公平竞争审查制度：基本原理与中国实践》，经济科学出版社2020年版，第69页。

些产业政策在特定情况下通过公平竞争审查的豁免，申言之，适用例外是产业政策和竞争政策在管辖领域上的一种妥协。但是，产业政策制定机关为了保护地方和部门利益，将排除限制竞争的产业政策统统归于国家安全、社会保障及社会公共利益等例外，会导致产业政策公平竞争审查形同虚设。[①] 因此，我国应当将例外情形结合产业政策实践予以明确化，通过法律解释的过程，使不确定概念的内涵和外延得以明晰。[②]

（一）国家安全的例外规定

《公平竞争审查制度实施细则》第 17 条规定，国家安全例外标准包括“国家经济安全、文化安全、科技安全以及涉及国防利益”。国家安全的范围很广，包括政治安全、国土安全、军事安全、经济安全、文化安全、社会安全、科技安全、网络安全、生态安全、资源安全、核安全以及海外利益等。[③] 产业政策的主要目标是为了经济社会的发展，并不是维护国家安全最有效的手段，因此仅在国家遭遇严重危机，其他保护手段无法及时保护国家安全，产业政策作为备用手段才能使用。除了国防利益属于传统安全领域，其余属于非传统安全领域，传统安全影响直接，对国家安全的影响较大；非传统安全影响间接，对国家安全的影响相对较小。因此，对非传统安全应当予以更加严格的解释，以控制其适用。

（二）社会保障的例外规定

社会保障的外延呈现扩张趋势，[④] 包括但不限于就业保障、基本社会保险、弱势群体保护等，属于社会公共利益，但我国尚处于发展中国家，农民

① 参见易军：《原则、例外关系的民法阐释》，载《中国社会科学》2019 年第 10 期。

② 参见王利明：《法学方法论》，中国人民大学出版社 2000 年版，第 469 页。

③ 参见李建伟：《总体国家安全观的理论要义阐释》，载《政治与法律》2021 年第 10 期。

④ 参见侯日云、蒲晓红：《历史视野下的社会保障：概念分歧与规范化》，载《理论月刊》2021 年第 8 期。

占据国家人口多数，弱势群体较多，将其单列为产业政策公平竞争审查例外，能够更有效发挥产业政策的功能。在不同的经济社会发展阶段，社会矛盾不尽相同，社会保障的侧重点也有所不同。除了《公平竞争审查制度实施细则》第 17 条第 1 款第 2 项明确列举的"扶贫开发""救灾救助"，社会保障例外情形还应当包括老年人权益保护，我国生育率持续降低，老龄化严重，将来养老压力加剧，应当将保护老年人等弱势群体纳入社会保障例外。

（三）社会公共利益的例外规定

《公平竞争审查制度实施细则》第 17 条第 1 款第 3 项明确规定的社会公共利益例外包括节约能源资源、保护生态环境、维护公共卫生健康安全等，并不全面。社会利益基本上包括经济秩序和社会公德两方面，[①] 目前欠缺经济秩序，乃是严重疏漏。澳大利亚公平竞争审查的公共利益例外关于经济秩序的规定较为完善，包括统筹各州经济发展、提高国际竞争力、合理配置资源、维护市场秩序、提高收入分配等。[②] 我国社会公共利益例外也应将经济秩序纳入，具体包括优化市场资源配置、提高收入分配、提高地区经济水平等。

第二节　财政补贴的公平竞争审查

一、财政补贴的公平竞争审查概述

财政补贴具有推动经济社会发展的作用，但不合理的财政补贴也对市

① 参见孙笑侠：《论法律与社会利益——对市场经济中公平问题的另一种思考》，载《中国法学》1995 年第 4 期。

② 参见郑鹏程、黎林：《澳大利亚公平竞争审查中的竞争支付制度及其启示》，载《价格理论与实践》2017 年第 11 期。

场公平竞争秩序造成重大影响，产生排除限制市场公平竞争的效果，进而阻碍全国统一大市场的建立。财政补贴迫切需要进行改革，通过财政补贴法治化，使财政补贴发挥实质性作用，达到政策预定目标，减少政府干预的不良影响。我国公平竞争审查起步较晚，对于公平竞争审查的认识尚处于起步探索阶段，同时财政补贴自身所具有的隐蔽性和复杂性，导致财政补贴公平竞争审查流于形式。不合理的财政补贴扭曲市场公平竞争秩序，对财政补贴进行公平竞争审查是校正竞争失衡、维护市场公平竞争秩序、协调产业政策和竞争政策的重要举措。

（一）财政补贴公平竞争审查的制度意义

财政补贴所涉及的因素包括资金赠予、税收优惠、低息贷款、资本注入、低成本要素投入等，同时财政补贴还是一种由政府部门到私人部门的转移支付，政府转移财政资金，但不要求获得等价回报。申言之，财政补贴是政府或公共机构提供的财政资助或任何形式的收入或价格支持，财政补贴对象因此而获得利益。政策制定机关在对于有关财政补贴的政策措施制定或实施时，经过公平竞争审查，发现财政补贴产生或可能产生排除限制竞争效果且不符合例外规定的，不予出台或撤销。财政补贴公平竞争审查具有重要的制度意义。

1. 事前预防行政垄断

与经济垄断不同，行政垄断是指行政机关及其授权机构滥用行政权力，对市场主体之间的合法竞争进行排除、限制或者妨碍。[①]行政垄断的实施主体是行政机关，行政垄断行为包含滥用行政权力和排除限制竞争两个要素。我国行政垄断的法律规制方式主要包括行政立法后评估、行政诉讼和行政复议、竞争执法以及公平竞争审查：（1）行政立法后评估是指依据一定标准对行政规范性文件的制定和实施进行评估。立法后评

① 参见王保树：《企业联合与制止垄断》，载《法学研究》1990年第1期。

估的对象是已生效的规范性文件，评估指标包括已生效的规范性文件对经济社会产生的影响、实施中的问题、执法效果等。由于行政立法评估是一种“重后评估轻前评估”的审查，使得抽象行政垄断的产生难以得到规制和避免。（2）行政诉讼和行政复议主要针对行政垄断的事后规制。《行政诉讼法》第 12 条、《行政复议法》第 11 条均将行政机关滥用行政权力排除限制竞争行为纳入受理范围，即在制度设计上行政诉讼和行政复议制度对于规章以下规范性文件涉及的行政垄断行为具有规制作用。但是，针对行政垄断的行政诉讼和行政复议面临较多障碍。首先，就诉讼主体资格而言，《行政诉讼法》第 25 条规定与行政行为有利害关系的行政相对人才有权提起行政诉讼，“利害关系”通常是指直接利害关系，而财政补贴引发的行政垄断行为不仅影响行政相对人利益，还会影响与之处于同一相关市场的消费者和竞争者，这些主体不是行政相对人和直接利害关系人。其次，就审查对象而言，行政诉讼和行政复议不受理对行政法规、规章或行政机关制定、发布的具有普遍约束力的决定、命令，仅能对规章以下的规范性文件提起附带行政诉讼和行政复议。最后，行政诉讼仅审查规范性文件的合法性，行政复议可以审查规范性文件的合理性和合法性，使得行政诉讼程序的功能相对小于行政复议。[①]（3）《反垄断法》第 5 章“滥用行政权力排除、限制竞争”列举的行政垄断行为既包括具体行政行为，也包括抽象行政行为，第 45 条特别禁止抽象行政垄断，但因缺乏配套制度而被长期束之高阁。《反垄断法》第 61 条规定行政垄断法律责任，由上级机关责令改正，对相关责任人给予处分，竞争执法机关可以向上级机关提出处理建议。总之，行政立法后评估、行政诉讼和行政复议以及竞争执法均对行政垄断发生规制作用，但基本上以事后规制为主，难以修复财政补贴等行政垄断破坏的公平竞争秩序。因此，由政策制定机关在财政补贴出台前进行公平竞争审查的自我审查，

① 参见黄彦钦：《行政垄断规制体系再生长》，载《经济法学评论》2020 年第 1 期。

"谁起草、谁审查、谁负责"，有助于政策制定机关树立公平竞争意识，有效防止出现公平竞争的"先破坏，后保护"现象。

2. 有效节约财政资源

财政支出是指政府基于提供公共服务的目的，通过补助、采购和投资的形式，将财政资金向企业、个人等社会主体转移的行为，[①] 财政补贴在本质上是一种财政支出。由于财政支出关系一般具有受益性，财政支出的相对方不仅不会受到利益侵害，反而能从中获益，因此除了《政府采购法》外缺乏法律的有效干预，致使财政支出权的行使具有较大的自由裁量空间。财政补贴对于受补贴对象属于一次性收益，获得补贴后，受补贴者是否将补贴的财政资金投入研发等，往往取决于其对长期与短期绩效的权衡或对成本与收益的考量。[②] 更甚之，对于国有企业的长时期、大规模的财政补贴不仅未能转化为竞争优势，还会削弱国有企业创新的积极性。换言之，财政补贴可能无法实现其追求的经济社会目标，造成了大量财政资源的浪费。《公平竞争审查制度实施细则》第15条第1款第1项规定，没有法律、行政法规或者国务院规定，不得给予特定经营者财政奖励和补贴，在一定程度上限缩政府制定财政补贴的权力，在制度层面上防止不当财政补贴的出台，从源头节约财政资源。

3. 发挥财政补贴功效

财政补贴是一种国家宏观调控的经济手段，本质上是国家对经济运行的干预。国家干预仅应出现在有限的空间或时间中，前者最典型是为社会提供公共物品，后者可以指经济危机等特殊时期。作为国家干预经济的方式，财政补贴在范围与时机上皆应遵循"弥补市场"这一基本准则。[③] 财政补贴往往与产业政策配套实施，财政补贴在国民经济增长、工业化体系

① 参见刘剑文、熊伟：《财政税收法》（第8版），法律出版社2019年版，第29页。

② 参见喻贞、胡婷、沈红波：《地方政府的财政补贴：激励创新抑或政策性负担》，载《复旦学报》（社会科学版）2020年第6期。

③ 参见孙晋：《公平竞争审查制度：基本原理与中国实践》，经济科学出版社2020年版，第169页。

建设、产业结构优化、技术研发创新、改善民生等方面发挥了重要作用。[①] 但是，盲目的财政补贴在加强某一行业或企业竞争实力的同时，势必会阻碍其他同类行业或企业的公平竞争。因此，财政补贴的无序实施会对市场竞争带来阻碍，加之财政补贴所具有的隐蔽性，使得政策措施带来的负面效果难以被发现。通过财政补贴公平竞争审查，规范政策制定机关的财政补贴行为，能够破解行政垄断难题，更好地发挥财政补贴的功效。

（二）我国财政补贴公平竞争审查的法律现状

财政补贴一般以抽象行政行为方式实施，若缺乏对经济社会的整体把握，其对市场竞争的不利影响往往被忽视。财政补贴本身具有形式合法而实质产生排除限制竞争效果的特点，应当加强对财政补贴的公平竞争审查。目前，我国财政补贴的法律规制屈指可数，尚不存在规制财政补贴行为的专门法律法规。财政补贴通常以政府制定规范性文件的方式发布，容易造成抽象行政垄断，在公平竞争审查实施以前主要通过《反垄断法》《行政诉讼法》等对行政垄断行为进行规制，但规制效果明显不足。

2016 年《国务院关于在市场体系建设中建立公平竞争审查制度的意见》明确提出有关财政补贴的规定，“不得对外地和进口商品、服务实行歧视性价格和歧视性补贴政策”，此外，影响生产经营成本标准规定，“不得违法给予特定经营者优惠政策”，“优惠政策”应当包括财政补贴。2017 年《公平竞争审查制度实施细则（暂行）》对四个方面审查标准逐条予以细化，其中第 15 条第 1 款第 1 项和第 2 项、第 4 款第 4 项以及第 16 条第 1 款第 1 项，均与财政补贴有关，但财政补贴的规定散布在不同的标准项下，各项规定之间的含义又存在重合。虽然 2021 年颁布的《公平竞争审查制度实施细则》在一定程度上增强了审查标准的操作性，但

① 参见蒋悟真、罗雅文：《迈向实质正义的公平竞争审查进路——以财政补贴为例》，载《学习与实践》2022 年第 6 期。

有关于财政补贴的规定仍散落于不同标准之中，未能形成系统化、类型化的划分，无形之中增加了政策制定机关的审查难度。2022年《反垄断法》修改后，明确将公平竞争审查纳入《反垄断法》，为财政补贴公平竞争审查的顺利实施提供了法律上的支持。

目前，公平竞争审查的规范性文件数量非常可观，但在财政补贴的公平竞争审查进展并不明显。市场监管总局和有关省级市场监管局披露的信息显示：2021年前10个月，北京市审查增量文件3665件，经审查作出修改文件38件、废止8件；① 辽宁省在2021年开展的反垄断“清源”专项行动中，清理政策措施文件50675件，废止1067件；② 截至2022年10月27日，重庆市各区县、市级各部门共清理政策措施文件14370件，修订废止86件。③ 但是，上述均未披露废止、修订的规范性文件或其他政策措施涉及违反公平竞争审查的具体行为情形。

鉴于《反垄断法》和《公平竞争审查制度实施细则》对于滥用行政权力排除限制竞争的行政垄断行为的查处存在重合，因此针对行政垄断的竞争执法情况可以作为公平竞争审查实施的替代性视角。2022年6月9日和2023年1月1日市场监管总局先后发布5批共63个滥用行政权力、排除限制竞争的案例，④ 其中都涉及限定交易以及制定含有排除限制竞争内容的规定，仅3宗涉及财政补贴。例如，在重庆市市场监管局查处的合川区农业农村委员会滥用行政权力排除、限制竞争行为一案中，合川区农业农村委员会以下发通知的形式规定仅对使用在合川区生产的或者在合川区注

① 参见《北京实现市区两级政府公平竞争审查全覆盖》，https：//www.samr.gov.cn/xw/df/202201/t20220106_338889.html，2023年12月10日访问。

② 参见《辽宁：以公平竞争审查为抓手 推动构建全国统一大市场》，http：//scjg.ln.gov.cn/xw/xwfb/202205/t20220506_4553641.html，2023年12月10日访问。

③ 参见《重庆市多措并举确保妨碍统一市场和公平竞争政策措施清理到位》，https：//www.samr.gov.cn/jzxts/sjdt/dfdt/202210/t20221027_351063.html，2023年12月10日访问。

④ 参见《滥用行政权力排除、限制竞争案件》，https：//www.samr.gov.cn/jzxts/tzgg/qlpc/，2024年3月1日访问。

册并销售合川区企业生产的有机肥的企业进行补贴，这一财政补贴明显构成对外地同类商品和同类企业的歧视，违反《公平竞争审查制度实施细则》第 14 条第 1 款的有关规定，目前该文件已经予以废止。又如，在江西省市场监管局查处的赣州市石城县人民政府滥用行政权力排除、限制竞争一案中，赣州市石城县人民政府印发《石城县文旅产业扶持政策（修订）》，其中规定扶持的对象仅限于在该县登记注册、纳税的旅游类经营主体，将在石城县投资作为享受扶持政策的必要条件，违反《公平竞争审查制度实施细则》第 14 条第 4 款第 4 项规定。再如，在福建省市场监管局纠正三明市清流县人民政府滥用行政权力排除、限制竞争一案中，清流县向所辖的乡镇政府和各部门发布《清流县人民政府关于进一步促进建筑业高质量发展措施（试行）的通知》（清政文〔2022〕17 号），其中规定投资者选择县内的建筑承包人才能享受奖励，还规定在县内注册的施工企业须在主管部门登记，变相地设置了市场准入的障碍，对不同区域的市场主体区别对待。限定交易是竞争执法查处数量最多的违法行为，这与限定交易的违法认定难度低及其相对长期的规制历史密切相关。政策制定机关通过发布指令，或者采取先指定后招标的形式将市场交易的机会直接下达给个别企业，通过行政手段排除限制竞争，直接剥夺了其他企业的公平竞争权。以上三宗涉及财政补贴的竞争执法案例反映了政策制定机关的财政补贴主要以抽象行政行为的方式实施，主要目的在于保护地方市场主体的利益，但财政补贴的竞争执法案件较为罕见，与财政补贴政策大量存在且具有较强反竞争效果的事实不相匹配。财政补贴的竞争执法面临着违法认定难度大、执法阻力强等因素：就违法认定的难度而言，我国长期坚持推行产业振兴和扶持政策，加上地方政府具有较大权限决定财政支出，因此财政补贴成了国家干预经济的常见手段；就执法阻力而言，财政补贴与地方经济利益和主要官员政绩直接相关，同时公平竞争审查机关在组织上与地方政府的隶属关系也会影响到竞争执法力度。

二、欧盟国家援助的法律审查

1957年欧盟国家签署的《欧洲经济共同体条约》序文提出，“消除分割欧洲的壁垒”“确保稳定的扩张、平衡的贸易与公平的竞争”，公平竞争是欧盟共同体市场持续稳定发展的基本准则。国家援助属于欧盟法的概念，对于国家援助的法律审查是控制补贴数额、提升补贴针对性、维护内部市场公平竞争，从而提升欧盟经济在国际上的整体竞争力的重要制度。[①]欧盟虽未创设以公平竞争审查冠名的形式意义上的公平竞争审查，但却存在实质意义上的国家援助的法律审查。国家援助和财政补贴均是由公权力主体实施，二者核心都涉及公权力主体对于公平竞争市场合法干预的界限与程度。欧盟所建立的国家援助的行政审查方式与我国财政补贴公平竞争审查中政策制定机关自我审查方式具有相似之处，都为构建各自内部统一大市场服务。国家援助和财政补贴都能为政策对象提供在正常条件下所不能具备的竞争优势，因此欧盟国家援助的法律审查对于我国财政补贴公平竞争审查具有重要的借鉴意义。

（一）欧盟国家援助的一般禁止条款

欧盟对于国家援助采取原则禁止与例外豁免的模式，《欧盟运作条约》第107条第1款规定了一般禁止性条款，即除各项条约所规定的例外措施外，成员国政府提供的或者利用成员国资金，优待相关企业或者促进产品生产，扭曲或产生扭曲竞争风险的援助，若此项援助已妨碍各成员国之间的贸易，则此项援助就与市场相抵触。由此可知，欧盟成员国实施的政策措施符合以下6点构成要件，即构成了《欧盟运作条约》第107条第1款所规定的应当予以禁止的国家援助：（1）国家援助的实施主体为成员国政府，该项

① 参见周牧：《欧盟对国有企业补贴的定性和量化分析——论国家援助“市场经济经营者测试”等规则的适用》，载《欧洲研究》2022年第2期。

条件是指成员国给予或利用成员国资金以任何形式给予的援助行为，强调实施主体具有公权力。（2）国家援助的实施对象为具有企业性质的组织。欧盟委员会对此处的“企业”一词做出了扩大解释，认为应从受援助主体就所从事的具体事务出发做出判断，即只要在市场上提供商品或服务的主体就应当被认定为企业，对企业的性质认定不受其法律组织形式的限制。[①]（3）企业获得国家援助具有纯受益性质，包括财政补贴、税收优惠或低息贷款等无须企业支付对价的国家资助，排除了为保障普遍经济利益服务的供给。（4）国家援助具有选择性。国家援助的选择性可以通过援助企业的数量加以判断，一项国家援助的受益者若是仅为个别企业或极少数企业，那么可以认定此项国家援助具有选择性。（5）国家援助行为产生排除限制公平竞争的不良后果。一项国家援助行为改善了受援助主体的市场竞争地位，使其在相关市场内相对于其他竞争者获得了援助前不具有的竞争优势，那么此项国家援助应视为被禁止的国家援助行为。（6）维护欧盟成员国之间市场的公平竞争。换言之，若是成员国对本国企业实施国家援助，受援助企业仅获取本国内的竞争优势，则不属于欧盟国家援助法律审查的对象。

（二）欧盟国家援助法律审查的豁免

欧盟国家援助法律审查的豁免是指同欧盟内部市场相兼容的国家援助和可认为同欧盟内部市场相一致的国家援助，即应当豁免和裁量豁免两大类型。判断一项国家援助是否与欧盟内部市场相兼容时，通常考量此项国家援助是否能够确保产生以下结果：此项国家援助给予一项共同利益目标而产生的正面影响大于该项国家援助对于贸易与竞争产生的可能的负面影响。欧盟委员会颁布的《关于援助法现代化的通讯》规定了合法性国家援助的7项标准：（1）有助于共同体利益目标的实现；（2）存在国家干预的必要性；（3）国家援助具有适当性；（4）国家援助应当具有激励效果；

① 参见翟巍：《欧盟公平竞争审查制度研究》，中国政法大学出版社2019年版，第42页。

（5）国家援助应当具有相称性；（6）国家援助对竞争和贸易的正面影响必须大于负面影响；（7）国家援助具有透明度。[①] 这实际上是运用比例原则来判断国家援助行为的实施是否必要、目的是否正当，以及手段是否适当。

1. 应当豁免的国家援助

《欧盟运作条约》第107条第2款规定了与共同体内部市场相兼容的援助，包括以下3项：（1）给予个体消费者的不因产品产地而有所区别的社会性质援助；（2）为救助因自然灾害或其他突发事件造成损害的援助；（3）为经济受分裂影响的德国特定地区提供的援助。由于第3项规定在当今已失去实际意义，《欧盟运作条约》第107条第2款第1项和第2项构成了应当豁免的基本法律条款，但在欧盟国家援助法律实践中只有极少的案例适用于应当豁免标准。《欧盟运作条约》第107条第2款第1项规定，“给予个体消费者的具有社会性质援助，且此项援助不因产品的产地有所区别”。若此项应当豁免规定应符合以下要件：（1）援助的对象为个体消费者而不是企业；（2）援助的产品没有产地歧视，所有生产相关产品的企业不分地域在竞争地位上一律平等；（3）援助具有社会性，基于社会稳定发展的援助才属于此种情形。

《欧盟运作条约》第107条第2款第2项规定：“为救助因自然灾害或其他突发事件造成损害的援助。”自然灾害一般是指地震、山崩、洪水、雪崩、龙卷风、飓风、火山爆发和自然原因导致的火灾，由霜冻、冰雹、冰、雨或干旱等经常发生的不利气候条件造成的损害不应被视作此项应当豁免所提到的自然灾害。但是，《欧盟委员会关于农业与林业援助指南》也指出，霜冻、冰雹、冰、雨或干旱等不利气候条件造成的农业损失达到正常生产值的30%时，也可对其进行援助。突发事件包括战争、内部动乱或罢工、导致广泛损失的重大核事故和火灾。虽然符合此项规定的国家援助属于应当豁免的范畴，但欧盟委员会也规定了严格的适用条件：（1）仅适用于

① 参见翟巍：《欧盟公平竞争审查制度研究》，中国政法大学出版社2019年版，第93-94页。

直接损失，所造成损失与自然灾害和突发事件之间具有直接因果关系，间接损失不适用于此项规定；（2）援助的金额应当经过精确核算；（3）援助的目的是弥补损失，不应超出遭受损失的范围；（4）援助具有非歧视性。

2. 裁量豁免的国家援助

《欧盟运作条约》第 107 条第 3 款规定了可以被认定为与欧盟内部市场相一致的援助，具体包括以下内容：（1）《欧盟运作条约》第 107 条第 3 款第 1 项是指体现了欧盟作为“社会欧盟”与“保障联盟”的基本诉求，是欧盟社会市场经济体制框架下社会属性的功能性体现。[①] 此项规定的援助对象为经济欠发达地区的企业，判断标准的关键在于目标地区是否为经济欠发达地区，是否足够落后。（2）《欧盟运作条约》第 107 条第 3 款第 2 项规定，欧盟成员国在“研究、发展与创新”等“符合欧洲整体利益”领域实施的援助可以依据该项规定得到豁免。为救助某一成员国经济出现的严重动荡而给予的援助同样可以被豁免，例如 2008 年金融危机期间，欧盟各成员国采取包括救助银行在内的干预措施，欧盟委员会根据《欧盟运作条约》第 107 条第 3 款第 2 项规定批准了若干成员国实施的救助银行援助计划。[②]（3）《欧盟运作条约》第 107 条第 3 款第 3 项是指欧盟成员国向经济欠发达地区提供援助，与第 1 项不同，此项援助对象是经济欠发达地区，所以对于援助地区整体经济水平没有要求，但与第 2 项规定共同构成为应对经济衰退而提供大规模经济干预的依据。（4）《欧盟运作条约》第 107 条第 3 款第 4 项是指成员国在文化和历史方面提供的援助可以得到豁免。（5）《欧盟运作条约》第 107 条第 3 款第 5 项规定了其他种类的援助，事实上构成了兜底条款，这些援助由欧洲委员会提议并经欧洲理事会决定，通过不同主体的互相制约，最大程度保证援助中立。

① 参见翟巍：《欧盟公平竞争审查制度研究》，中国政法大学出版社 2019 年版，第 56 页。

② 参见［美］威廉·科瓦西奇、［英］林至人、［英］德里克·莫里斯：《以竞争促增长：国际视角》，中信出版社 2017 年版，第 123—124 页。

（三）欧盟国家援助的审查机制

欧盟国家援助法律审查的实施机制包括行政审查和司法审查，前者由欧盟委员会实施，后者由欧洲法院主导实施。

1. 欧盟国家援助的行政审查

欧盟委员会是处理欧盟国家援助日常事务的行政执行机关。作为一个超越主权国家的实体，欧盟委员会做出的各项决定不受各成员国意志的左右，具有独立地位。欧盟成员国对企业进行国家援助之前会预先进行合法性审查，主要包括三个步骤：（1）判断是否构成《欧盟运作条约》第107条第1款规定的禁止性国家援助，若是不构成，就不属于国家援助法规定的对象；（2）若是判定一项国家援助构成了国家援助法意义上的国家援助行为，应当继续判断是否属于豁免适用的对象，若属于豁免适用对象则成员国可以自行实施；（3）若是一项国家援助属于国家援助法意义上的国家援助行为，并且不属于豁免对象，那么应当向欧盟委员会通报，由欧盟委员会判断该措施的合法性。这一审查流程包括成员国事前初步审查和欧盟委员会外部审查两方面，较为全面地对国家援助行为进行规制。欧盟委员会不仅对事前通报的国家援助措施做出决定，对于通过个人、企业投诉或媒体报道等途径获知的未履行事先通报程序的国家援助措施也可以主动进行审查和监督。若是某成员国实施的国家援助措施经审查被确定违反欧盟法律规定，那么此项援助将被要求停止实行，并且收回已经发放的援助款。

《欧盟运作条约》第107条第2款规定的应当豁免的国家援助与欧盟内部市场相兼容，欧盟委员会无权对涉及国家援助的应当豁免条款适用的合目的性进行评判，但有权在具体案例中审查所列举的国家援助行为应当豁免的前提条件是否存在。一项国家援助行为若符合条款所列举的豁免前提条件，那么欧盟委员会有义务批准此项援助的实施。

对于《欧盟运作条约》第107条第3款的国家援助裁量豁免情形，

欧盟委员会拥有广泛的自由裁量空间。欧盟委员会对此项国家援助的审查可以确认特定行为属于国家援助行为，并确认此项援助是否符合裁量豁免情形。

2. 欧盟国家援助的司法审查

欧洲委员会调查和制止成员国违反竞争政策的权力受到欧洲法院的监督和制约。欧盟各级法院对于欧盟委员会的决定具有司法审查权，对于欧盟委员会有关国家援助的所有决定措施，都可以在发布后的两个月内将其诉至欧盟两级法院。个人、公司或某些组织认为欧盟委员会关于国家援助的决定侵犯自身合法权益，可以向欧盟法院寻求司法救济。欧盟国家援助的司法审查机构包括欧盟普通法院和欧洲法院：欧盟普通法院主要管辖一般案件的一审；欧洲法院是欧盟的最高法院，负责针对欧盟普通法院裁判的上诉案件、欧盟机构不作为案件以及欧盟机构与成员国之间的法律纠纷案件。同时，作为权威性司法机关，欧洲法院通过对国家援助相关法律作出解释，为欧盟委员会的行政审查提供指引，还可以通过判例法的形式完善欧盟国家援助法律审查的细则与裁判标准。

欧盟成员国以及相关被援助企业，对于欧盟委员会不批准国家援助计划的决定或者对附加前提条件与义务不服的，可以向欧盟普通法院起诉。被援助企业的竞争对手认为欧盟委员会批准国家援助计划的决定或者附加前提条件与义务侵害自身合法权益且影响公平竞争秩序的，也可以提起诉讼。在司法实践中，欧洲法院明确区分成员国主权活动和经济活动，主权活动不构成欧盟国家援助法意义上的经济活动。根据欧洲法院司法实践，成员国行使主权活动属于行使基本国家职能的范畴，或者根据活动本质、目的以及适用规则判定其活动与国家基本职能相关，那么该类活动不具有经济活动属性。因此，被援助企业因相关国家援助计划违反欧盟国家援助法律审查，而向提供国家援助一方主张信赖利益损害赔偿的请求，原则上不会得到欧盟法院的支持。

三、财政补贴公平竞争审查的对象

我国缺乏对财政补贴的概念、外延及构成要件的清晰界定，以至于《公平竞争审查制度实施细则》第 15 条第 1 款第 1 项“给予特定经营者财政奖励和补贴”，其中“特定经营者”“财政奖励和补贴”等均须加以明确，各地各级政府在大规模减税降费背景下出台的财政补贴政策措施能否适用例外规定均面临不确定性。[①] 因此，明确财政补贴的构成要件是财政补贴公平竞争审查顺利实施的前提。

（一）基于实际受益主体的财政补贴类型化

以市场供需结构分析，财政补贴的实际受益主体可以分为供给方和需求方。公平竞争审查的目的在于维护社会整体利益，市场机制提供公共物品通常存在失灵现象，财政补贴政策就是克服市场失灵的重要手段。鉴于需求方为实践受益主体的财政补贴往往具有普惠性质，一般不纳入财政补贴公平竞争审查的对象。但是，政策措施落实难免存在与初衷背离的情况，[②] 继而出现政策目标与实际受益主体不一致的情形，因此不能绝对排除对实际受益主体为需求方的财政补贴的公平竞争审查。

基于实际受益主体为供给方维度，财政补贴可分为以下几类：（1）亏损性补贴。此类财政补贴主要对象为政府认可的重要企业。在市场经济中，企业作为市场主体应当自负盈亏，对企业予以弥补亏损的财政补贴是一种违反市场竞争秩序的行为，也会让实际受益主体产生严重的政策依赖。若是弥补亏损的财政补贴成为企业维持经营的唯一途径，则企业的内生激励机制无法发生作用，市场竞争能力会持续下降。从社会整体福利来看，财

① 参见李胜利、张亚飞：《论财政补贴公平竞争审查》，载《中国物价》2021 年第 9 期。

② 参见李扬：《财政补贴经济分析》，上海人民出版社 2017 年版，第 40 页。

政补贴没有产生任何正向效益，而是一种资源减损。[①]（2）奖励性补贴。此类财政补贴表现为政府为了经济社会发展而给予企业的经济激励，通常与产业政策相结合，例如，国家为扶持光伏产业、新能源汽车产业等发展所提供的财政补贴。（3）保护性补贴。为保护特定产业或地区企业，给予财政补贴支持，根据《公平竞争审查制度实施细则》第14条商品和要素自由流动标准，应当予以禁止。（4）通过对需求方提供财政补贴而间接使供给方受益的财政补贴。此项财政补贴通过补贴消费者等需求方刺激需求量增长，通过供需双方交易将财政补贴利益转移给供给方。由于对需求方财政补贴因地区、行业存在差别，难免产生地区、行业的财政补贴失衡，也会产生排除限制公平竞争的效果，对此项财政补贴应纳入公平竞争审查范围。总之，财政补贴的实质受益主体若是供给方，应当是公平竞争审查的重点。[②]

（二）财政补贴的构成要件

目前，我国对财政补贴的概念及其构成要件缺乏明确规定，鉴于财政补贴的多样性和隐蔽性，可以参考欧盟国家援助立法和实践的经验，对我国财政补贴构成要件加以规范：（1）财政补贴的实施主体为政策制定机关及其被行政授权的组织。（2）财政补贴是针对特定企业实施，且具有可选择性。“企业”应当做扩大解释，任何财政补贴对象只要从事经济活动就应被认定为“企业”，其法律组织形式不影响对“企业”性质的认定。可选择性是指财政补贴是给予某家企业或特定行业、地区的企业，并且获得财政补贴的企业或行业在市场竞争中将得到与财政补贴前更加优越的地位，即可认定此项财政补贴具有可选择性。（3）财政补贴的客体涵盖各

① 参见孙晋：《公平竞争审查制度：基本原理与中国实践》，经济科学出版社2020年版，第169页。

② 参见蒋悟真、罗雅文：《迈向实质正义的公平竞争审查进路——以财政补贴为例》，载《学习与实践》2022年第6期。

种由政府所有与控制的资金，既包括直接的资金给予，也包括间接的经济利益转移行为。（4）财政补贴不以实际受益主体企业履行某种义务为前提。换言之，财政补贴应当是一种无对价的资金拨付。财政补贴直接提高实际受益主体的市场竞争力，与其存在竞争关系的其他主体未能获得同等待遇。

四、财政补贴公平竞争审查的方式

《公平竞争审查制度实施细则》对审查标准均以“不得”二字进行规定，政策制定机关在审查过程中对照《公平竞争审查制度实施细则》规定的标准逐一对照审查。这种罗列式审查标准类似于负面清单，可能造成公平竞争审查的形式化，仅注重对标准明确的行为加以规制。① 加之，我国采取公平竞争自我审查模式，为了规避公平竞争审查，政策制定机关制定的财政补贴会尽力避开审查标准，但隐蔽性排除限制竞争的补贴政策将会越来越多。② 政策制定机关在审查过程中容易基于“应付心理”致使审查效果流于形式，既无法真正发挥财政补贴的功效，又不能真正实现公平竞争审查促进和保护市场公平竞争的目的。公平竞争审查的重心在于衡量政府干预行为对于市场公平竞争本身以及整体社会利益所产生的积极或消极影响，从而调和自由公平竞争和提升社会经济效益的矛盾，因此财政补贴公平竞争审查不仅要进行合法性审查，还应结合成本收益分析进行合理性审查，从实质正义观出发，通过定量分析方，法对财政补贴进行更加有效的审查。

（一）合法性审查

财政补贴公平竞争的合法性审查是指政策措施若违反上位法以及《公

① 参见张一武：《公平竞争审查制度的形式化问题研究》，载《中国价格监管与反垄断》2020年第8期。

② 参见黄勇、吴白丁、张占江：《竞争政策视野下公平竞争审查制度的实施》，载《价格理论与实践》2016年第4期。

平竞争审查制度实施细则》明确禁止性规定，无须结合具体案情进行考察，即认定政策措施本身违法。财政补贴公平竞争审查需要具有一定专业能力，出于行政效率考虑，对所有的财政补贴全面、系统地公平竞争合理性审查势必造成审查效率低下。因此，以合法性审查对财政补贴政策进行公平竞争审查的初步分析，若是合法性审查即可确定财政补贴排除限制竞争，则此项政策措施可以认定无法通过公平竞争审查，直接不予出台或进行调整后出台。

为避免政策制定机关滥用自由裁量权，财政补贴应当中性化和非地方化。财政补贴中性化指政策不得具有特定的指向性，主要涉及以下方面：（1）给予财政补贴对象的性质。财政补贴是否对企业的类型有所要求，明确规定仅对国有企业、民营企业或其他类型的企业提供补贴。但是，参照欧盟国家援助对小微企业3年最低20万欧元国家援助豁免的规定，对于小微企业的有限度财政补贴应当予以豁免，因为小微企业主要集中在劳动密集型产业，对于促进就业等社会利益具有积极影响，加之对市场竞争的影响极其微小。（2）给予财政补贴对象的规模。一些奖励性财政补贴政策对企业年度纳税额、利润或收入设置一定规模要求，未达到门槛的企业不能获得补贴，在竞争中处于劣势。（3）给予财政补贴对象的地域。若是财政补贴仅给予本地企业或在本地投资的企业，则受财政补贴的企业相对于未受财政补贴企业在市场竞争中取得正常情况下无法获得的优势，即可判定此项财政补贴违反公平竞争审查的规定。

（二）合理性审查

财政补贴兼具正负面效应，财政补贴在公平竞争合法性审查中难以发现对竞争的影响，但政策措施与预期目标却产生严重偏离，因此即使通过合法性审查，还应当进行实质合理性判断，即根据预期目标来选择适当的政策手段，若多种政策手段均能实现预期目标，也应从中选择利益最大化的手段，唯此才能视为具备实质合理性。公平竞争合理性审查关注的是政策措施所要实现目的与实施手段是否妥当，而不仅停留于对目的本身的质疑，主要是在目的与手段之间的权衡。[①]诸如“适当”“合理”等弹性术语或须权衡对立目标，往往须诉诸比例原则予以判断。[②]但是，比例原则存在精确性方面的缺失，因此可以结合成本收益分析，对财政补贴的政策目的和实施方式予以量化分析，以降低比例原则的主观性和不确定性。成本收益分析要求财政补贴的目的必须能够证明实施政策措施成本是正当的，如果效益与成本不相称就是不正当的，这同比例原则中的目的性原则和均衡性原则相似。成本收益分析还要求财政补贴对经济社会的影响最小，即成本最小化，这同比例原则中的必要性原则相似。[③]因此，应当结合成本收益分析辅助比例原则进行合理性审查，以破除比例原则缺少定量分析的不足。

在目的正当性方面，比例原则要求财政补贴的目的必须符合公共利益要求，政策制定机关在公平竞争合理审查过程中应结合经济社会需求综合考量财政补贴的实际目的，重点审查财政补贴目的是否具备正当性，是否以促进市场弱势群体、产业发展等为主要目的，促进和实现底线公平。[④]但是，不能因财政补贴目的具备正当性便自动认定其一定具有良好的实施效果。[⑤]财政补贴出台之初具备正当目的，但在实施过程中，随着经济社会形势的变化，难免出现偏离初衷的可能，因此对财政补贴的政策效果进行定期评估显得尤为重要。

在适当性审查方面，比例原则需要解决的是手段与目的之间是否具有实际关联性，这是一种客观因果关系判断。因此，可以将公平竞争审查指

---

① 参见王磊：《竞争评估的合理性标准研究》，载《时代法学》2016 年第 12 期。

② 参见秦策：《理念、制度与方法：比例原则的法教义学面相》，载《法治现代化研究》2017 年第 1 期。

③ 参见刘权：《比例原则的精确化及其限度——以成本收益分析的引入为视角》，载《法商研究》2021 年第 4 期。

④ 参见吕清正、郭志远：《我国政府补贴的法律治理》，载《江淮论坛》2017 年第 3 期。

⑤ 参见冯辉：《新能源汽车产业政府补贴的法律规制研究》，载《政治与法律》2017 年第 12 期。

标分为可量化和不可量化两类，分析待审查财政补贴的预期成本和收益。分析待审查的财政补贴直接或间接对公平竞争产生影响，从而评估此项财政补贴是否对竞争造成损害。同时，关注此项财政补贴是否能够实现既定的公共利益目标，若难以实现既定目标，同时对竞争造成损害，此项财政补贴明显不合理，应当考虑废止原方案，制定替代方案。若是财政补贴能够实现既定目标，但对竞争造成损害，则应当进一步审查有没有对竞争损害更小的替代方案，并衡量替代方案对竞争的影响。

在必要性审查方面，借助成本收益分析有助于政策制定机关客观选择最小损害政策，但比较损害大小的同时，不能忽视不同政策的有效性差异，有些政策虽然对于公平竞争的损害较小，但其政策效果也更低，因此可以通过固定财政补贴有效性方式分析政策措施的损害后果。在政策措施发布前，在财政补贴有效性相同的情况下，政策制定机关应当尽可能通过相关指标确定待审查的财政补贴与替代性政策措施对竞争的限制。若是替代性政策措施不能减少对竞争的影响，那么待审查的财政补贴就是合理的；相反，若是替代性政策措施能够减少对竞争的影响，那么待审查的财政补贴就是不合理的，应当予以调整或废止。在政策措施发布后，将财政补贴实施期间获得的实际收益与政策措施发布前的预期收益对比，并分析其对公平竞争的影响，当实际收益大于发布前的预期收益且对竞争影响可控，则财政补贴可以继续执行。若是财政补贴在实施过程中产生排除限制竞争的效果，则再次对政策措施进行评估，对其予以调整或废止。

五、财政补贴公平竞争审查的例外

《公平竞争审查制度实施细则》第 17 条规定："属于下列情形之一的政策措施，虽然在一定程度上具有限制竞争的效果，但在符合规定的情况下可以出台实施：（一）维护国家经济安全、文化安全、科技安全或者涉及国防建设的；（二）为实现扶贫开发、救灾救助等社会保障目的；

（三）为实现节约能源资源、保护生态环境、维护公共卫生健康安全等社会公共利益的；（四）法律、行政法规规定的其他情形。”公平竞争审查例外情形采取立法列举方式，主要包括国家安全、社会保障和社会公共利益，但其规定过于宽泛，欠缺可执行性，造成政策制定机关自我裁量的权限过大，可以借鉴欧盟做法将财政补贴分为应当例外和裁量例外，并予以进一步细化。财政补贴公平竞争审查例外的细化容易使政策制定机关依赖定性描述，应以此为基础并结合定量分析方法，破除传统的法律解释方法，避免陷入循环论证中。

（一）应当例外的财政补贴

结合《公平竞争审查制度实施细则》第 17 条规定，应当例外的财政补贴主要包括以下几项：（1）以救济为目的对需求方个人的财政补贴。此类财政补贴严格限定为给需求方个人的财政补贴，并且排除限定交易，因此不会对市场竞争产生不利影响。此类财政补贴应当明确满足以下条件：第一，财政补贴的对象只能是需求方个人；第二，财政补贴的范围应当是特定的，针对某一区域全部需求方的财政补贴不属于此种情况；第三，通过财政补贴提供给需求方的产品未予以地域限制；第四，财政补贴具有社会性，所谓社会性是指一种非经济性受益，基于社会稳定的财政补贴属于此种情形，例如以工资补贴的形式支持残障人士就业。（2）为应对自然灾害或特殊事件的财政补贴。因发生自然灾害或特殊事件所实施的财政补贴应当明确满足以下条件：第一，自然灾害包括地震、洪水、干旱、山体滑坡、台风以及非人为原因产生的火灾等情形，特殊事件包括战争、严重社会动荡以及突发公共卫生事件等；第二，相关部门依据相关规定和程序已将此事件认定为自然灾害或特殊事件；第三，被补贴对象产生的损失与自然灾害或特殊事件之间具有直接的因果关系。（3）有关国家安全的财政补贴。在国家安全方面实施的财政补贴属于政策制定机关的主权活动，不属于经济活动，《公平竞争审查制度实施细则》

第 17 条例外规定列明的国家安全包括国家经济安全、文化安全、科技安全以及国防建设。涉及国家安全的财政补贴制定机关的层级通常较高，一般地方政府无权管理国家安全事务，同时能够从事国家安全事务的企业不参与市场竞争，相关市场开放程度有限，未开放市场也就不存在竞争，因而无需进行公平竞争审查。

（二）裁量例外的财政补贴

裁量例外的财政补贴不同于应当例外，表现为此种财政补贴虽然实现了特定的经济社会目的，但对市场公平竞争可能会造成直接或者间接的影响，本身具有排除限制竞争的可能性，主要包括以下方面：（1）为促进特定地区或行业发展实施的财政补贴。财政补贴作为产业政策的重要手段，对于促进区域经济发展和特定产业发展具有重要作用。我国幅员辽阔，地区和城乡发展严重不平衡，为促进在全国平均水平以下的经济欠发达地区发展，可以通过财政补贴鼓励在此地区投资、就业。在促进行业发展方面，诸如农业补贴等，对支持行业的所有经营者平等对待，财政补贴的对象不是特定经营者。（2）为鼓励中小企业发展而提供最低限度的财政补贴。中小企业与国有公司、上市公司相比，在信息获取、银行贷款等方面不具有优势，应当对其提供一定优惠政策，但应遵循最低限度原则，提供的财政补贴不会产生排除限制竞争的效果，需要政策制定机关根据本地区经济社会发展水平，科学划定相关财政补贴的金额标准及实施期限。（3）为促进研究、创新提供的财政补贴。对研发项目、相关可行性研究、更新研究基础设施等财政补贴主要是为了解决企业的信息不完善、不对称问题。通过对企业创新活动提供财政补贴，使得企业可以聘用高素质人才，获取更多的无形资产。此种财政补贴公平竞争审查的对象应是开展经济活动并从事研究、创新领域的企业，不应包括不从事经济活动的科研机构。不从事经济活动的科研机构虽然获得财政补贴，但因其不参与市场竞争，所以不会产生排除限制竞争的效果。（4）社会公共服务领域提供的财政补贴。

社会公共服务领域提供的财政补贴类似于欧盟在普遍公共利益服务领域的国家援助，包括教育、卫生、科技、体育等公共事业的发展。社会公共服务涉及社会公共利益各方面，但又存在一定的社会资本参与竞争，因此不应当将社会公共服务领域确立为公平竞争审查的应当例外。因为行政机关及其获得行政授权的组织在社会公共服务领域实施的附属性扶持措施，不仅包括具有合理性与必要性的行政保障行为，还存在体现狭隘的部门或地方本位利益的行政垄断行为。[①] 对于投资回收周期长、投资见效慢，社会资本因而不愿进入的社会公共服务领域，政策制定机关若给予一定程度财政补贴扶持，可以适用例外，但若此项财政补贴将严重损害市场机制或将损害社会公共利益，则应当被排除在例外情形之外。

第三节 税收政策的公平竞争审查

一、税收政策的公平竞争审查概述

税收是国家为了满足社会公共需要，凭借政治权利，按照法律的规定，强制、无偿地取得财政收入的一种形式。税收不仅是经济领域的问题，还是政治领域、社会领域的大问题。税收政策对纳税人行为具有指引作用，能够影响市场主体的经营活动，从而对市场经济发展产生重要的调整。过多或滥用的税收政策会对市场经济产生消极影响，破坏公平竞争秩序，因此应当对税收政策进行公平竞争审查，确保其适应市场经济的发展，既契合税收政策的内在目的，又满足税收政策体系化的现实需求。

① 参见翟巍：《欧盟公平竞争审查制度研究》，中国政法大学出版社2019年版，第168页。

（一）税收政策与公平竞争的关系

税收政策在形式意义上除了包括税收法律、行政法规、地方性法规、部门及地方规章外，还有各级政府及其机关出台的规范性文件及其他抽象行政行为等。公平竞争审查在税收领域中的运用，主要体现在没有专门的税收法律、法规和国务院规定依据，不得给予特定经营者税收优惠，税收政策与公平竞争存在之上、之外、之中三种关系。[①]

1. 税收政策处于公平竞争之上

税收是公共管理的一项重要工具，[②]其重要职能之一是配置资源。以税收政策配置资源的前提是市场自由调整失效，市场在自由竞争中一般按照需求进行自我调节，但在垄断或公共利益等领域，需要运用税收政策进行调控。当市场的自我调整失效时，税收政策在宏观上进行调整和引导，此乃是税收政策处于公平竞争之上。

依据收入分配次序的不同，分配方式分为初次分配、二次分配、三次分配。充分发挥市场在资源配置中的决定性作用，即市场在初次分配中按照各市场主体所拥有的资金、固定资产、无形资产、劳动力等生产要素多少来进行分配。因为经济基础及所处的行业环境等诸多不同，市场主体的盈利能力、市场控制力等存在明显差距，在市场自由竞争的条件下，盈利能力强的主体滚雪球式地发展壮大，从而对弱小主体的生存空间形成了挤压。因此，国家通过税收等政策来实现收入二次分配，并在税收公平原则之下，采用有效手段进行收入调节，使税收在国民收入再分配中充分发挥作用。有效的税收政策有利于实现宏观调控目标，国家通过税收政策来调整市场，使其竞争更具有公平性，从而调整国民收入的再分配。一方面，国家是税收调控的主体，须站在维护市场整体有效性的高度，同时兼顾保护最广大纳税人的利益，制定合理、有效的税收政策；另一方面，负有纳

① 参见邓伟：《税收政策公平竞争审查制度的问题及其对策》，载《法商研究》2021年第6期。

② 参见邓伟：《消费税的立法逻辑及其展开》，载《河南财经政法大学学报》2021年第5期。

税义务的个人和单位是税收调控的客体，纳税人在追求自身利益最大化的同时，会根据相关税收政策，适时调节自身生产经营活动，进而使得在税收政策之下的市场竞争具有公平性和有效性。

就税收政策与公平竞争二者之间的关系而言，在市场失灵时，会体现出市场调节的局限性，如调节范围有限，在不具有竞争性与排他性的公共产品领域无法充分发挥市场机制的有效性，且无法解决外部性问题；调节具有消极效应，易引起垄断与经济波动，还会引起收入的分配不公。因此，对于市场这只“无形的手”难以解决的问题，则须政府这只“有形的手”进行外部干预，运用税收政策等宏观调控手段介入，以恢复市场的有效竞争，提升效率。在税收调控过程中应遵循量力而行的行为准则，对于市场机制失灵，税收调控并不是万能之法，应当合理确定税收调控的范围、时点。在“尽力”的同时兼顾“量力”，尽可能发挥税收政策的积极效用，并注重与其他财政政策或产业政策相结合，防止滥用税收调控扰乱公平竞争秩序。[①] 税收调控应当兼顾公平与效率，通过确保有利于资源的有效配置和市场经济体制的有效运行，以此体现税收效率，同时符合税收公平原则。税收负担必须根据纳税人的负担能力来分配，负担能力相同的税负相同，即横向公平；负担能力不同的税负不同，即纵向公平。

2. 税收政策处于公平竞争之外

市场主体基于逐利动力开展生产经营活动，也作为纳税人处于公平竞争之中，税收政策在公平竞争之上给予调节作用。政府部门、非营利组织从事公益性活动合理享受税收优惠，此项税收政策不再体现公平竞争，而是处于公平竞争之外，应当不被包含在公平竞争审查范围之内。非经济领域不属于课税禁区，若是非营利组织从事生产经营活动而取得收入，也应当遵守税收政策，依法纳税；相反地，非营利组织在享受优惠政策的同时

① 参见冯海波：《供给侧结构性改革背景下的减税逻辑》，载《华中师范大学学报》（人文社会科学版）2017 年第 7 期。

参与市场竞争，将带着税收优势，引起不公平竞争，其享有税收政策不再处于公平竞争之外，应当进行公平竞争审查。

3. 税收政策内含于公平竞争之中

为促进市场经济发展，竞争政策的基础性地位应受重视，市场机制对个体自由、自治的尊重以及对公权力的制约，是保障公平竞争得到有效落实的前提。量能课税原则属于公平原则在税法中的具体应用，税收公平要求根据纳税人的税收负担能力进行，以此来调节收入分配，维护社会稳定。[①] 税收公平原则包含横向公平与纵向公平，该原则落实在税法中主要体现为不得给予特定纳税人以优惠性待遇，也不得给予特定纳税人的歧视性待遇。税负横向公平是指负担能力相同的纳税人应当承担相同水平的税负，即以同等方式对待条件相同的纳税人，而不以纳税人的地位、等级、种族等区别实施歧视性待遇；税负纵向公平是指负担能力不同的纳税人应当承担不同水平的税负，即以不同方式对待条件不同的纳税人。当市场充分发挥对资源配置的决定性作用之时，表明市场竞争有效，可以最大化自由公平竞争的市场环境，无需政府运用税收政策进行调控。在有效市场的环境下，对纳税人进行区别对待，采取不同的税收政策，将使市场主体不在同一起跑线上公平竞争，破坏市场自我调节作用。在税收政策处于公平竞争之中时，应当对选择性税收优惠政策予以重点进行公平竞争审查。

（二）我国税收政策公平竞争审查的法律现状

2016 年发布的《国务院关于在市场体系建设中建立公平竞争审查制度的意见》提出建立公平竞争审查制度，2021 年《公平竞争审查制度实施细则》印发，全面落实包括税收政策在内的公平竞争审查，其中《公平竞争审查制度实施细则》第 15 条规定“没有专门的税收法律、法规和国务院规定依据，给予特定经营者税收优惠政策”，构成影响生产经营成本。2022 年发布的

① 参见刘剑文、熊伟：《财政税收法》（第 8 版），法律出版社 2019 年版，第 145 页。

《中共中央、国务院关于加快建设全国统一大市场的意见》明确要求：“建立涉企优惠政策目录清单并及时向社会公开，及时清理废除各地区含有地方保护、市场分割、指定交易等妨碍统一大市场和公平竞争的政策，全面清理歧视外资企业和外地企业、实行地方保护的各类优惠政策，对新出台政策严格开展公平竞争审查。”2022 年修订的《反垄断法》第 5 条明确了竞争政策的基础性地位和公平竞争审查制度的法律地位。总之，我国税收政策存在较为突出的不公平竞争现象，对税收政策进行公平竞争审查是构建全国统一大市场的迫切要求。

1991 年《外商投资企业和外国企业所得税法》和 1994 年《企业所得税暂行条例》实施后，因为地区发展不均衡，各地税收制度差异较为明显，东南沿海地区因获得税收政策倾斜而急速发展，同时造成了内陆地区招商引资困难、人才流出的后果，东西部经济社会发展水平被拉开距离，给各地纳税人公平地参与市场竞争设置了障碍。随着 2007 年《企业所得税法》实施后，推动企业所得税税制合并统一，减少了地区及行业差异，但某些税收优惠仍在各地此起彼伏，形成了一个个“税收洼地”。为了吸引外部企业及资金，促进本地区经济社会发展，地方政府往往想办法单独制定某行业或者某地区的税收优惠，甚至通过会议纪要等非正式文件方式下发，在一定时期一定范围内实施，尽可能逃避监管，具有一定隐蔽性。地方税收优惠由于符合地方政府决策的内在动机而持续存在，造成了对税收政策进行公平竞争审查的困境。例如，具有代表性的霍尔果斯经济开发区的恶性税收优惠，为吸引外部企业短期内进入本地区投资设厂，利用给予企业极高税收优惠的政策手段，实现政府业绩与地区经济的双重上升，而损害其他地区的经济利益与本地区的长期利益，打破了地区间市场竞争的公平秩序。[①]

---

① 参见楼晴昊：《竞争中立视阈下地方税收优惠政策的治理》，载《安徽商贸职业技术学院学报》2019 年第 1 期。

区域税收政策对税收法律制度而言存在负作用，不仅降低了税法的权威性，也降低了税法的公平性，同时减少了国家的税收收入。第十八届三中全会通过的《中共中央关于全面深化改革若干重大问题的决定》明确要求深化财税体制改革、完善税收制度，“按照统一税制、公平税负、促进公平竞争的原则，加强对税收优惠特别是区域税收优惠政策的规范管理。税收优惠政策统一由专门税收法律法规规定，清理规范税收优惠政策。完善国税、地税征管体制”。税收政策涉及市场经济活动的每个角落，一项税收政策的出台和执行，往往会给市场经济发展及人民生活带来直接或间接的影响。近年来，我国逐步建立公平竞争审查，加快了对影响市场竞争的税收政策进行清理与规范的步伐，着重对于具有地方保护色彩、设置市场壁垒以及指定交易等税收政策进行审查。

二、税收政策公平竞争审查的标准

税收政策公平竞争审查其核心在于采取的标准，《公平竞争审查制度实施细则》第三章规定市场准入和退出标准、商品和要素自由流动标准、影响生产经营成本标准和影响生产经营行为标准四大类标准，同时第四章规定具有排除限制竞争效果的政策措施符合例外规定的，也可以得到实施。但是，相关规定对于税收政策的针对性和有效性存在明显不足，一方面，因缺乏专业指引而过度审查税收政策，进而侵犯税法的基本逻辑；另一方面，因未能触及深层次问题，往往流于形式，注重文字规范、表面合规，而损失了合理性，造成的不良后果在税收政策出台后逐渐凸显了出来。

欧盟旨在建立欧洲单一市场，为规范各成员国的税收政策，逐渐形成税收政策公平竞争审查的选择性标准。税收选择性标准首次出现于意大利纺织品案，欧洲法院在案件中指出，一项税收政策若是豁免经营者根据普遍适用的一般税制应承担的纳税义务，则此项税收政策被认为具有选择性。[1]欧盟通过分析优势和可选择性两个标准，来判断特定行业或企业是否被赋予不当竞争优势或劣势。实践表明，欧盟在税收政策公平竞争审查中运用选择性审查标准取得较为显著的成效，在单一年度内，欧委会处理的涉及税收政策的非法国家援助案件占比高达34.3%。[2]在有效市场竞争环境中，应当以税收公平为根本，予以普遍性纳税，减少税率区分层次。选择性是指税收政策仅在某些地区、行业适用，而不是适用于所有的纳税人。在原本有效市场竞争环境中，对特定主体的区别征税，将赋予这一主体不合理的竞争优势或劣势，即将企业的地域标准、规模标准或技术标准等作为选择性依据。我国税收政策公平竞争审查可以借鉴欧盟做法，在法律或事实方面具有可比性的行业或企业作为“特定经营者”的细化标准，采取选择性审查标准，进而分为区域选择性标准和实质选择性标准。

（一）区域性选择标准

欧盟对税收政策的区域选择性判断的重点是税制参考标准的选择，即判定税收政策是否具有区域选择性，应先确定通用税制，即以某一通用税制为基础，若是特定经营者因税收政策而获得更有力的竞争优势，则此项税收政策被认为具有选择性措施。目前，我国地方税收政策几乎涵盖现行全部税种及行业，对全国统一大市场的建立与发展产生不利影响，应当借鉴欧盟有益经验，确立正常的参考税制，识别区域性税收政策是否会对市场竞争秩序造成破坏。地方税收政策通常以税收优惠方式对竞争秩序及市场机制造成最为直接且明显的损害，这也是对税收政策进行公平竞争审查的首要原因。一般而言，全国范围内通用税制为正常参考税制，并以此为标准，对各地方税收政策进行识别，从权利来源、决策程序、后果承担三个层面来构建区域选择

① 参见郑德群：《论欧盟税收措施公平竞争审查中的选择性标准及其对我国的借鉴意义》，载《邵阳学院学报》（社会科学版）2019第3期。

② 参见李娜：《欧盟竞争法实施的新扩张——适用国家援助制度来审查成员国的税收征管行为》，载《欧洲研究》2016年第1期。

性标准，对地方政府制定的税收政策是否违反公平竞争予以判断。

（二）实质选择性标准

欧盟的实质选择性标准是指同一区域纳税人在税收政策实施中体现出来的不公平待遇，包括但不限于：（1）确立各成员国无差别适用的正常参考税制，该税制既可以是公司税制，也可以是产业税制；（2）在正常参考税制之外，考虑是否有其他特殊规定，此项特殊规定是否会使同一区域、类似条件的纳税人承担不同的纳税义务；（3）对于采取选择性税收政策而引起的税收差异化，成员国有义务说明其事实原因，证明其正当性、合理性。实质选择性是与表面选择性相对而言的，税收政策具有表面选择性并不意味着就会损害公平竞争；相反地，不具有表面选择性的税收政策也不一定不会损害公平竞争，因此应当结合实质选择性标准进行考量。实质选择性标准又分为法理实质选择性和事实实质选择性：前者是指法定标准直接导致的选择性国家援助，诸如满足确定的规模、行业或法律形式；后者是指由于成员国设定的某些条件或壁垒而在事实上形成的选择性国家援助，诸如只针对超过某一标准的投资行为给予税收优惠。①

我国众多税收政策既有福利性税收政策，又有激励性税收政策，应当通过可比性检测来判断是否给予经营主体不当的竞争优势或劣势：（1）确定税收政策的目的；（2）从事实和法律层面判断是否存在与此项税收政策的适用对象处于相同或相似环境的经营主体；（3）审查此项税收政策实施是否会使得其中某些经营主体获取额外优势；（4）此项税收政策是否符合例外予以审查。为提高实质选择性标准的针对性和可操作性，可以运用竞争中性给予方向化、明确化，以最大化消除不公平的竞争。以竞争中性分析税收政策，应当力求简化税制，尽可能采用宽税基和低税率，让纳税人

① 参见励贺林：《对欧盟国家援助调查的逻辑梳理和动向评析——以欧盟开启对耐克的国家援助调查为视角》，载《财政监督》2019 第 8 期。

在不考虑税收因素的前提下自主决定生产经营，相关决策只受到价值规律和竞争机制的影响。税制设计应当让纳税人在不同形式的消费支出、风险偏好、融资方式等差异化选项之间自由选择。

构建全国统一大市场，各市场主体应当在基础层次面对同等政策，不因税收区别对待而存在不当的劣势或者优势。我国曾在税法层面对不同性质的企业适用差异化的税收政策，例如，在企业所得税领域实行内资不同于外资、内资不同于内资的制度模式。税收领域中内外资及地区差异化对待正逐步减少，给予国有制企业的税收优惠也随着企事业单位改制重组而逐步退出，但仍存在个别偏向性税收优惠政策，例如《关于继续实施文化体制改革中经营性文化事业单位转制为企业若干税收政策的通知》（财税〔2019〕16 号），对文化体制改革中经营性文化事业单位转制为企业的纳税人予以增值税、企业所得税、房产税等方面的税收优惠政策。在税收政策公平竞争审查中，应当对此类面向特定主体制定的优惠政策予以严格的实质性审查。此外，党政机关不能从事经营性活动，而部分机关所属的事业单位，其业务性质与企业经营相类似，而事业单位收费往往不征税，给市场公平竞争带来不利影响，还冲淡了公益、服务等主要职能作用。因此，对于具有市场化业务的部分事业单位应当改制为国有企业，在实质选择性标准下，对于国有企业和私营企业同样的生产经营行为予以统一的税收政策，但在其提供公益性服务、履行社会事务时可给予一定税收优惠，减少运行成本，从而促进经济社会健康发展，构建友善、和谐的社会生活环境。

三、税收政策公平竞争审查的机制

随着税收法定原则的贯彻实施，我国税制逐步完善，对税种、税率、纳税人等基本税收构成要件逐步由法律予以明确，一些细则制定也须由主管机关来进行。地方政府无权对税收基本要件进行创设、更改，但为了地方经济社会发展，存在对本地企业实施税收优惠以降低整体税负、吸引企业入驻和投资资金流入的倾向。地方政府在制定税收政策时出于地区利益考量，会以制定个别税收优惠规范方式避开中央税收立法的相关规定，在地方税收自主权限范围内调整或降低本地企业的税负，以刺激本地经济社会发展。在实践中，通过税收政策赋予本地企业竞争优势的做法主要有以下两种：一是税收政策中减免税等优惠待遇只对在本地注册登记的企业适用，使本地企业获得优于外地企业的竞争优势，从而在本地市场竞争中占据有利地位；二是在对外资企业招商引资的过程中，使其享有超过内资企业的税收优惠，变相吸引外资企业在本地投资设厂，赋予其不当的市场竞争优势。随着部分地区的自由贸易试验区建设和《外商投资法》出台，我国内外资企业基本上已处于一个相对公平的市场竞争环境之中，对外资企业适用超额税收优惠的时代已不复存在，但我国税收政策的地方保护主义现象并未得到根本性改善，也成为公平竞争审查工作的一大难题。税收优惠方式除了常见的税收减免之外，地方政府还可能采用暂缓缴税、退税、税额抵扣、税收饶让、投资抵免、加速折旧等具有高度碎片化与地方差异性的税收政策。① 正是由于受地方保护主义影响下出台的税收优惠政策丛生，对全国统一大市场建设产生了不良影响，税收政策公平竞争审查具有紧迫性，但就目前实际状况而言，还存在一个个税收洼地，由此可见，税收政策公平竞争审查效果还不明显，未来任重道远。《公平竞争审查制度实施细则》第二章“审查机制和程序”明确了政策制定机关自我审查机制，第五章“第三方评估”规定政策制定机关可以委托高等院校、科研院所、专业咨询公司等第三方机构实施公平竞争评估，但第三方评估结果仅作为政策制定机关在开展公平竞争审查的参考。

（一）税收政策的公平竞争自我审查

税收政策的公平竞争自我审查是由法律授权制定、解释税收政策的

① 参见熊伟：《法治视野下清理规范税收优惠政策研究》，载《中国法学》2014 年第 6 期。

行政机关担任审查主体，对有关排除限制竞争的税收政策进行审查。税收政策的公平竞争自我审查难以保障审查的公平性且效率较低，可能造成公平竞争审查流于形式。[①] 例如，个别地方政府出于招商引资目的，在投资协议中约定，对在本地登记办厂的企业在一定期限内施行税收返还，变相降低税负，以获得不当竞争优势，扭曲市场机制。税收政策制定机关在公平竞争自我审查时，往往出于地方经济发展、单位荣誉、个人发展等方面的考量，不会轻易将自身制定的政策措施定性为存在妨碍公平竞争的情况。

政策制定机关自我审查仍是我国公平竞争审查的主要机制。一项税收政策的出台，审查切入点以是否不合理地增加或者减轻个别市场主体的税收负担，以致对广大市场主体的公平竞争存在不利影响，同时还需要深层次地考虑未来对市场主体的导向，是否因存在税收问题引起市场主体流向某一地区或者某一产业。因此，税收政策制定机关进行公平审查时，除要明确税收政策规定外，还需要具有其他相关专业知识和前瞻性。税收政策制定机关可以向上级机关或者主管政府请示，会同其他专业机关、机构对某项准备出台的税收政策进行共同研究，提出意见，上级机关或者主管政府应当发挥监督、指导的作用。除发挥监督、指导等作用外，对于层级较高的税收政策制定，上级机关或者主管政府也可以主动参与，以保障税收政策的科学性与专业性，确保税收政策更好发挥对市场经济的积极作用，创建良好的竞争秩序。

优化税收政策的公平竞争自我审查，主要是提高审查人员的综合业务素质。目前，税收政策制定机关工作人员的事务性工作较为繁复，且在某方面业务熟练，在其他方面却有所欠缺，通过内部的专业能力培训来提高税收政策制定能力是一种途径，但费时费力，还可能达不到效果。此外，自我审查可以邀请金融、财税、法律等方面的专家或顾问，发挥审查建议

① 参见丁茂中：《论我国公平竞争审查制度的建立与健全》，载《竞争政策研究》2017年第2期。

的良好作用。

（二）税收政策的公平竞争审查第三方评估

创制、解释税收政策的行政主体在一定情况下缺乏与税收政策公平竞争审查的工作难度相匹配的知识储备，因此应当加强第三方评估的引入，助力税收政策公平竞争审查工作的有效开展。《国务院关于在市场体系建设中建立公平竞争审查制度的意见》《公平竞争审查制度实施细则》《公平竞争审查第三方评估实施指南》已经确立公平竞争审查第三方评估的初步框架。但是，相关行政机关除特定情形外均自主决定是否委托第三方专业机构进行公平竞争审查评估，且关于第三方专业机构的具体适用细则以及违反忠实义务应承担的责任均无明确规定。进一步推进对税收政策的公平竞争审查工作，应当依据有关规定对税收政策公平竞争审查第三方评估予以针对性的完善与细化。

首先，完善第三方评估机构遴选机制。《公平竞争审查制度实施细则》第 20 条规定："政策制定机关可以根据工作实际，委托具备相应评估能力的高等院校、科研院所、专业咨询公司等第三方机构，对有关政策措施进行公平竞争评估，或者对公平竞争审查有关工作进行评估。各级联席会议办公室可以委托第三方机构，对本地公平竞争审查制度总体实施情况开展评估。"目前，我国出现了诸如高校、专业科研机构和盈利性质评估公司等第三方评估主体，应当加快建立有效的遴选机制，使得相关政府部门在众多评估机构中选取适当主体，以保障第三方评估工作的公正性与独立性。《公平竞争审查第三方评估实施指南》第 13 条规定："第三方评估机构应当具备以下条件：（一）遵守国家法律法规和行业相关规定，组织机构健全、内部管理规范；（二）在法学、经济学、公共政策等领域具有一定的影响力和研究经验，完成项目所必备的人才等保障，具备评估所需的理论研究、数据收集分析和决策咨询能力；（三）在组织机构、人员构成、经费来源上独立于评估涉及的政策制定机关；（四）与评估事项无利害关系；（五）能够承担民事责任，具有良好的商业信誉和健全的财务会计制度；（六）具体评估所需的其他条件。”相关规定还不够具体明确，税收政策制定机关往往会选择与自己具有一定利益关系或立场相同的评估机构，从而违背公平竞争审查的初衷。因此，我国应当细化评估机构应当具备的各项条件，例如，在专业技能方面，应当具备专业化评估团队，同时具有较为稳定的人员组成，以维持评估机构的正常工作与运行。评估机构应当加强队伍建设，人员配备上需要具备法律、金融及技术领域等各方面的专业人才且加强职业道德培养。为避免因存在经济利益关系而出具虚假报告，评估机构应当与委托方之间保持独立关系。遴选机制应当包括程序启动、正式遴选、结果公示、签订协议这四个方面，对申报的诸多主体进行筛选，将具有利害关系或不具备评估能力者予以排除，优先选择具有税法、税收管理及竞争评估专业人员的评估机构。

其次，完善第三方评估程序与环节。税收政策公平竞争审查必须严格依照第三方评估实施程序并对其加以细化，在由税收政策制定机关确定评估事项的基础上，对于出台的税收政策，应当按照审查标准进行评估，判断是否已经造成了排除限制竞争的后果；对于研拟中的税收政策，应当客观评估其实施效果，尤其是给市场公平竞争带来的影响。评估机构应当结合具体税收政策的特点，提出切实可行的工作方案，迅速开展工作，并能够结合以往经验，对税收政策实施过程中可能遇到的问题、困难进行合理预测，提出修改意见及可行建议，确保工作质量的同时及时提交工作成果。

最后，完善第三方评估机构监督和责任追究。评估机构作为市场主体，存在趋利和规避风险的倾向，进而可能简化评估程序，造成税收政策“带病”出台；或者为了自身或相关方面的利益，发现问题不提醒。我国应当加强对评估机构的监督，避免评估机构的派出人员不能胜任具体项目、消极怠工、弄虚作假、避重就轻、隐情不报、成果质量不高、不能达到预期效果等不良情况发生。同时，应当注重对其行为的监督，明确对相关主体的责任追究，避免责任失衡的情况发生。我国可以针对评估机构设定不同的责任承担等级及信用评估方法，基于其工作成果、综合实力和社会评估等因素，对评估机构予以全面分析，确保其在税收政策公平竞争审查过程中遵守相关程序和要求，认真完成第三方评估工作。

第四节　政府采购政策的公平竞争审查

一、政府采购政策的公平竞争审查概述

目前，政府采购领域滥用行政性权力的垄断行为的法律规制，导致政府采购实践中存在各类排除限制竞争行为，予以公平竞争审查有助于规范政府采购中政府排除限制竞争的行为。

（一）政府采购政策公平竞争审查及其特征

依据覆盖范围的不同，政府采购政策可以分为狭义政府采购政策和广义政府采购政策。狭义政府采购政策专指财政部制定的有关政府采购的相关政策；广义政府采购政策还包括各级行政主体制定的有关政府采购的政策措施。从法律角度来看，政府采购政策是行政机关制定的指导具体采购行为的相关政策，对采购原则、采购目的、采购程序、采购权限、采购范围、采购方式、信息披露等产生重大影响。从功能角度来看，政府采购政策是指政府采购人在政府采购过程中，利用采购的规模优势，在考虑基本需求的同时实现经济收回目的。[①]根据《国务院关于在市场体系建设中建立公平竞争审查制度的意见》《公平竞争审查制度实施细则》，公平竞争审查制度是指政策制定机关在制定涉及市场主体经济活动的规章、规范性文件

① 参见白志远：《政府采购政策研究》，武汉大学出版社2016年版，第37页。

和其他政策措施的过程中，或者政府部门在起草行政法规和国务院的其他政策措施、地方性立法文件的过程中，对照相应的审查标准对自身制定或起草的政策措施进行竞争影响分析，以使其符合统一大市场的公平竞争要求的制度。政府采购政策公平竞争审查是指政府采购政策制定机关在制定影响市场主体经济活动的采购规章、采购规范性文件和其他采购措施的过程中，比照既定的审查标准对自身制定或起草的政策措施进行竞争影响分析，修改或者废止其中影响各类市场主体公平竞争的规定，以使其符合统一大市场的公平竞争要求的制度。政府采购政策公平竞争审查具有审查对象的限定性、审查主体的特殊性、审查标准的独特性等特征。

1. 审查对象的限定性

依据《公平竞争审查制度实施细则》第 2、3 条规定，公平竞争审查的对象包括以下几种：（1）政策制定机关在制定市场准入和退出、产业发展、招商引资、招标投标、政府采购、经营行为规范、资质标准等涉及市场主体经济活动的规章、规范性文件、其他政策性文件；（2）政策制定机关制定“一事一议”形式的具体政策措施时，应当进行公平竞争审查，评估对市场竞争的影响，防止排除、限制市场竞争；（3）涉及市场主体经济活动的行政法规、国务院制定的政策措施，以及政府部门负责起草的地方性法规、自治条例和单行条例，起草部门在起草过程中制定的草案。政府采购政策公平竞争审查的对象也应是涉及市场主体经济活动政策措施，即一般性的规范性文件，并且这些一般性的政策措施、规范文件能够反复适用，且与采购人实施具体采购项目而发布的采购信息、招投标文件、政府采购法上的政府采购政策相区别。

政府采购政策制定机关制定的对政府采购当事人产生影响的一般规范性文件，要与采购人实施具体采购项目而发布的采购信息、招投标文件相区别。政府采购政策公平竞争审查针对抽象行政行为，即政府采购政策制定机关制定的有关政府采购的各类规范文件，具体表现形式可以是规章、规范性文件、其他政策性文件以及“一事一议”形式的具体政策措施。即使政策制定机关通过“一事一议”形式发布的具体措施，也应是可反复适用的抽象行政行为，而不应是具体采购项目的招投标文件，例如政府采购过程中发布的政府采购意向、招标公告、资格预审公告、招标文件和投标邀请书等文件。“一事一议”形式的政府采购政策一般是针对突发状况临时制定的采购政策，与普通政府采购政策除了在适用范围上不同外，并无本质区别。《公平竞争审查制度实施细则》之所以将其作为一种单独的审查对象，目的是防止与具体采购项目相混淆。将具体采购项目作为审查对象也不符合实际情况。截至 2020 年年底，全国公平竞争审查新出台政策措施 85.7 万件，[①] 这一数量是各级政策制定机关在全部领域 5 年来开展公平竞争审查涉及的政策文件。2021 年，苏州市政府采购信息公告数量 27289 条、发布采购需求信息公告 13668 条，中标、成交结果公告 13254 条。[②] 截至 2022 年 2 月 10 日，全国省级以下预算单位累计发布 32 万余条采购意向信息。广东发布超 4.12 万条的采购意向信息，位居榜首；山东省级以下预算单位累计发布近 3.99 万条采购意向信息；浙江以 3.86 万条的采购意向信息发布量居探花之位。[③] 如此庞大数量的文件若全部纳入公平竞争审查，其工作量是任何部门都难以完成的，即使勉强为之，也是徒有其表，不可能进行实质性审查，反倒浪费人力、财力。

政府采购政策公平竞争审查对象中的政府采购政策要与政府采购法上的政府采购政策相区别。《政府采购法》第 9 条规定：“政府采购应当有助于实现国家的经济和社会发展政策目标，包括保护环境，扶持不发达地

① 参见国家市场监督管理总局：《中国反垄断年度执法报告（2020）》，https：//www.samr.gov.cn/xw/zj/202109/t20210903_334364.html，2024 年 3 月 2 日访问。

② 参见苏州市人民政府：《苏州市财政局 2021 年政府信息公开工作年度报告》，https：//www.suzhou.gov.cn/szsrmzf/bmxxgknb/202201/487f09aae3144534b580b80615f6012a.shtml，2024 年 3 月 3 日访问。

③ 参见中国政府采购招标网：《全国省级以下预算单位采购意向公开执行情况调查综述》，http：//m.chinabidding.org.cn/NewsDetails_nid_37199.html，2024 年 3 月 5 日访问。

区和少数民族地区，促进中小企业发展等。”《政府采购法实施条例》第6条规定：“国务院财政部门应当根据国家的经济和社会发展政策，会同国务院有关部门制定政府采购政策，通过制定采购需求标准、预留采购份额、价格评审优惠、优先采购等措施，实现节约能源、保护环境、扶持不发达地区和少数民族地区、促进中小企业发展等目标。”所以，政府采购法上的政府采购政策只能由国务院财政部门来制定，即属于狭义上财政部制定的政府采购政策，而作为公平竞争审查对象的政府采购政策是各级政策制定机关制定的有关政府采购的抽象性规范文件，属于广义上政府采购政策，不仅包括财政部制定的政府采购政策，也包括各级政策制定机关制定的有关政府采购的各类政策措施。

2. 审查主体的特殊性

《国务院关于在市场体系建设中建立公平竞争审查制度的意见》确立公平竞争自我审查模式，遵循“谁制定、谁审查”的工作原则，由政策制定机关负责公平竞争审查。《公平竞争审查制度实施细则》进一步明确公平竞争审查以自我审查为主，但在实践层面上是由政策制定机关的业务部门负责审查，还是由政策制定机关设立特定审查机构统一审查，并无明确规定。[①]

政府采购政策公平竞争的审查主体与审查对象存在密切联系，单独对审查主体予以列举，由于部门繁多而无法实现，但若从审查对象倒推审查主体就简单很多。政府采购政策公平竞争审查的对象为各级政府发布的使用财政资金采购法定采购目录内或采购限额标准以上的货物、工程和服务行为的各类行政法规、规章、各类政策、文件、措施，因此审查主体就是此类抽象行政行为的制定机关，其特殊性表现为审查主体为制定政府采购政策的相关主体。

①参见孙晋：《公平竞争审查制度：基本原理与中国实践》，经济科学出版社2020版，第203页。

3. 审查标准的独特性

审查标准的精细程度决定了政府采购政策公平竞争审查的可操作性，标准越精细化、越有针对性，越有利于审查机关比照标准开展具体工作。《国务院关于在市场体系建设中建立公平竞争审查制度的意见》中归纳总结了4大标准，进而明确18条细化判断标准和2条兜底性条款，作为公平竞争审查的标准。《公平竞争审查制度实施细则》进一步将其具体化为50余种具体情形和表现形式。

虽然现有公平竞争审查标准纷繁复杂，但其中与政府采购政策最直接相关的审查标准《公平竞争审查制度实施细则》第14条第2款第3项规定不得排斥或者限制外地经营者参加本地招标投标活动：包括但不限于："1. 不依法及时、有效、完整地发布招标信息；2. 直接规定外地经营者不能参与本地特定的招标投标活动；3. 对外地经营者设定歧视性的资质资格要求或者评标评审标准；4. 将经营者在本地区的业绩、所获得的奖项荣誉作为投标条件、加分条件、中标条件或者用于评价企业信用等级，限制或者变相限制外地经营者参加本地招标投标活动；5. 没有法律、行政法规或者国务院规定依据，要求经营者在本地注册设立分支机构，在本地拥有一定办公面积，在本地缴纳社会保险等，限制或者变相限制外地经营者参加本地招标投标活动；6. 通过设定与招标项目的具体特点和实际需要不相适应或者与合同履行无关的资格、技术和商务条件，限制或者变相限制外地经营者参加本地招标投标活动。"

（二）政府采购政策公平竞争审查的制度意义

1. 规制政府采购限制竞争行为

在我国，政府采购领域的行政垄断问题较为严重，究其原因，主要包括以下几方面：（1）政府采购涉及资金数量大、覆盖范围广；（2）各级政策制定机关出台采购政策的公平竞争事前审查要求及其标准并不明确，自由裁量权较大；（3）各级政策制定机关受产业政策主导经济社会发展的影响较大，对竞争政策缺乏足够重视，导致排除限制竞争的现象屡禁不止，严重损害市场主体的公平竞争权利。为实现构建全国统一大市场的目标，完善的政府采购政策公平竞争审查可以凸显竞争政策的地位，以明确的审查标准、规范的审查流程来保障市场主体公平参与的权利，有效地规制在政府采购领域的排除限制竞争行为。[①]同时，公平竞争审查是一种事前审查，可以有效防止不公平的采购政策的出台，事前掐灭影响公平竞争的苗头，有助于深化政府采购改革，[②]在源头上解决政府采购领域的腐败问题。

2. 强化对政府采购的监督机制

公平竞争审查是一套防范排除限制竞争的政策措施出台的有效手段，其以事前预防为主，兼具事后纠错机制，即使事前审查未发现拟出台政策措施存在限制竞争的行为，也可以在政策措施实际运行中通过相关市场主体的举报机制予以事后纠错。因此，公平竞审查可以对政府采购形成有效监督，约束采购人的行为，充分发挥政府采购的正向作用。《政府采购法》第13条规定："各级人民政府财政部门是负责政府采购监督管理的部门，依法履行对政府采购活动的监督管理职责。各级人民政府其他有关部门依法履行与政府采购活动有关的监督管理职责。"各级政府的财政部门负责政府采购监督管理，但因财政部门还承担掌控本级财政收支核算、本级预算编制、审批各部门下年度预算计划、核对各部门年终结算、各个采购项目款项核算支付、财务人员的培训考核等较为繁重的工作业务，对于采购项目的监督管理难免分身乏术，甚至有些力不从心。各级财政部门又与其他政府直属部门的行政管理级别平行，难以对其他部门形成实质威慑，对其他部门政府采购工作的综合监管较为困难。[③]政府采购政策对市场主体的公平竞争影响较大、涉及范围较广，应当加强规范和监督，政府采购政策公平竞争审查可以弥补采购政策监

① 参见孙晋、袁野：《论公平竞争审查在我国政府采购领域的适用》，载《湖北行政学院学报》2016年第5期。

② 参见吕汉阳：《政府采购促进公平竞争的重要意义》，载《中国政府采购》2019年第8期。

③ 参见杨灿明、李景友：《政府采购问题研究》，经济科学出版社2004年版，第96页。

督管理的立法缺失，补齐政府采购领域的监督短板。

3. 提高政府采购资金使用效率

提高财政资金的使用效率是政府采购的目标之一，这种效率有两方面内涵：一方面，政府采购要有决策效率，要求政府采购的内容符合经济社会发展的需求、满足社会公众的期待；另一方面，政府采购要有执行效率，要求采购人在具体执行政府采购政策时应当考虑采购对象的品质和价格，即“物有所值”。[①] 公平竞争审查对政府采购政策的事前审查可以有效提高政府采购政策的决策效率，从根本上提高政府采购资金的使用效率。

（三）我国政府采购政策公平竞争审查的法律现状

政府采购政策公平竞争审查涉及公平竞争审查和政府采购两个方面的法律、法规及规范性文件。

以公平竞争审查为核心的法律文件较多，其中《国务院关于在市场体系建设中建立公平竞争审查制度的意见》《公平竞争审查制度实施细则》对公平竞争审查标准的规定较为具体、全面，也是各地方、各部门开展公平竞争审查工作的基准。此外，《优化营商环境条例》第 13 条，《制止滥用行政权力排除、限制竞争行为暂行规定》（国家市场监督管理总局令第 12 号）第 4、6、7 条，以及《国务院关于开展营商环境创新试点工作的意见》（国发〔2021〕24 号）的首批营商环境创新试点改革事项清单中 56—59 类维护公平竞争目录均包括政府采购政策的审查标准，但这些标准各有不同且存在交叉重复、覆盖范围不够全面等问题。以政府采购为核心的法律文件仅针对政府采购领域是否存在排除限制市场竞争行为进行公平竞争审查，属于建立、健全政府采购政策公平竞争审查的专门文件。《政府采购法》《政府采购法实施条例》制定时间早于《国务院关于在市场体系建设中建立公平竞争审查制度的意见》，因此未对公平竞争审查予以规定，但其是

① 参见马海涛、姜爱华：《政府采购管理》，北京大学出版社 2008 年版，第 8 页。

政府采购工作开展的法治基础。《政府采购法》第 3 条规定的政府采购原则明确提出，“政府采购应当遵循公开透明原则、公平竞争原则、公正原则和诚实信用原则”，而维护市场主体的公平、公正也是公平竞争审查建立的初衷，所以二者存在密不可分的关系。财政部制定的《关于促进政府采购公平竞争优化营商环境的通知》（财库〔2019〕38 号）较为详细地列举了 10 类需要全面清理的政府采购领域妨碍公平竞争的规定和做法。国家发展改革委等印发的《工程项目招投标领域营商环境专项整治工作方案》（发改办法规〔2019〕862 号）列举了 18 类需要清理、排查、纠正的招投标法规政策文件、招标公告、投标邀请书、资格预审公告、资格预审文件、招标文件以及招投标实践操作中对不同所有制企业设置的各类不合理限制和壁垒的做法。各地方政府也效仿出台本地区关于政府采购公平竞争的规定，例如《浙江省财政厅关于进一步促进政府采购公平竞争打造最优营商环境的通知》（浙财采监〔2021〕22 号）。总之，我国政府采购政策公平竞争审查的法律依据纷繁复杂，效力层级、制定机关以及审查标准均缺乏体系化。

在建立全国统一大市场和优化营商环境的大背景下，各级政府不遗余力地推进政府采购政策公平竞争审查工作。例如，2017 年杭州市财政局发布的《关于做好政策措施公平竞争审查工作有关事项的通知》（杭财法〔2017〕19 号）强调，政府采购是社会各界关注的焦点，对于政府采购领域的公平竞争审查工作应高度重视。政府采购的法定监管机构是各级财政部门，因此各级财政部门要履行法定职责，依法处理政府采购投诉，对涉嫌违反政府采购法的行为依法进行处理。市财政局从源头上抓好政府采购制度化、规范化建设，对政府采购文件、政府采购过程和结果进行全面监督，一经发现查实政府采购文件设置倾向性、歧视性条件的，通过下达处理决定或监督意见书的方式，要求采购人和采购代理机构进行整改。①

① 参见《市财政局三项实措做好财政公平竞争审查》，载杭州市财政局官网，http：//czj.hangzhou.gov.cn/art/2019/10/29/art_1651747_39742671.html，2024 年 3 月 7 日访问。

又如，2021 年广东省财政厅印发《广东省财政厅关于进一步优化政府采购领域营商环境的实施意见》（粤财采购〔2021〕7 号），要求在政府采购领域进一步破除各种不合理门槛和限制，进一步提升信息获取便利度，落实公平竞争审查机制，清理纠正妨碍公平竞争行为。[①] 再如，2021 年山西省财政厅印发的《永丰县人民政府办公室关于开展优化营商环境专项行动的通知》（晋财购〔2021〕60 号）明确规定，各级采购人、集中采购机构和社会代理机构应当严格落实《政府采购法》等相关法律法规，依法保障各类市场主体平等参与政府采购活动的权利。全面清理纠正政府采购领域妨碍公平竞争的规定和做法，开展梳理自查。

2021 年 10 月，江西省市场监管局依法对永丰县人民政府办公室涉嫌滥用行政权力排除限制竞争行为进行立案调查。经查，2020 年 8 月 14 日，永丰县人民政府办公室下发并在永丰县人民政府网上公示了《永丰县人民政府办公室关于进一步规范限额以下政府投资工程建设项目管理的通知》（永府办字〔2020〕143 号），要求限额以下工程建设项目，采取直接发包和简易程序招标的，从在永丰县注册且具有相应资质的建筑企业（不含分公司）中确定承建单位。此文件违反了《公平竞争审查制度实施细则》"市场准入和退出标准"的相关规定，永丰县人民政府办公室主动采取措施停止上述违法行为，并进行了及时有效的整改。[②]

二、政府采购政策公平竞争审查的标准

审查标准对公平竞争审查具有重要意义，一方面，审查标准反映顶层设计的价值导向；另一方面，审查标准的确定影响审查效果，决定了公平

① 参见《广东省财政厅关于进一步优化政府采购领域营商环境的实施意见》，http://czt.gd.gov.cn/tzgg/content/post_3558521.html，2024 年 3 月 9 日访问。

② 参见《江西省市场监管局纠正永丰县人民政府办公室滥用行政权力排除、限制竞争行为》，http://amr.jiangxi.gov.cn/art/2021/11/18/art_22493_3735673.html，2024 年 3 月 6 日访问。

竞争审查的合理性。《国务院关于在市场体系建设中建立公平竞争审查制度的意见》《公平竞争审查制度实施细则》都以大量篇幅对审查标准加以规定。《国务院关于在市场体系建设中建立公平竞争审查制度的意见》总结实践中排除限制竞争的常见行为，考虑各方因素，最终确定市场准入和退出、商品和要素流动、影响生产经营成本、影响生产经营行为作为公平竞争审查的标准总类，又进一步细化为 18 条具体标准用以指导审查工作的开展，但针对政府采购政策的审查标准仅在“商品和要素自由流动”标准中提及与之相关的“不得排斥或者限制外地经营者参加本地招标投标活动”，这显然是不够的。《公平竞争审查制度实施细则》关于审查标准的规定更加详细，不仅专条详细列举了直接涉及政府采购政策的审查标准，其他条款中的审查标准也与政府采购政策相关，间接丰富了对政府采购政策公平竞争审查的标准。财政部《关于促进政府采购公平竞争优化营商环境的通知》列举了 10 类政府采购领域妨碍公平竞争的规定和做法，或多或少地涉及审查标准。但是，目前政府采购政策公平竞争审查标准也缺乏系统化，较为混乱，导致审查流于形式，无法达成公平竞争审查的目的。同时，政府采购政策公平竞争审查标准精细度也不足，造成较为隐蔽的影响政府采购公平竞争的政策措施规避审查。总之，不完善的审查标准使得审查机关的公平竞争审查工作徒有其表，没有实质意义。[①]《政府采购法》第 2 条第 2 款规定，“本法所称政府采购，是指各级国家机关、事业单位和团体组织，使用财政性资金采购依法制定的集中采购目录以内的或者采购限额标准以上的货物、工程和服务的行为”，因此从货物采购、服务采购、工程采购三个维度对审查标准予以系统化、精细化，对于政府采购政策公平竞争审查的高效运行举足轻重。

① 参见丁茂中：《公平竞争审查制度研究》，法律出版社 2019 版，第 18 页。

（一）货物采购的公平竞争审查标准

《政府采购法》第 2 条第 5 款规定：“本法所称货物，是指各种形态和种类的物品，包括原材料、燃料、设备、产品等。”综合货物采购过程中可能存在的影响公平竞争的各种情形，审查标准可以从资格条件、商务条款、采购需求、评分办法和标准等四个方面予以细化。

货物采购在资格条件方面的不公平竞争行为包括但不限于：（1）限定供应商的所有制形式、组织形式，包括设置企业法人要求，将事业法人、其他组织和自然人排除；（2）设置企业注册资本金、资产总额、营业收入、从业人员、利润、纳税额、业绩等供应商规模条件；（3）设置地域性限制要求，例如以供应商的企业注册地为某地区作为资格条件；（4）以营业执照经营范围内的具体经营项目名称作为资格条件；（5）设置的资质条件与采购项目履行合同无关或资质要求过高、过低明显不合理，例如要求供应商具有同类项目的较长从业经验或具有国家驰名商标等；（6）将国家、地方行政机关颁布的法规、规范性文件中未强制使用的资质、认证作为资格条件，例如将行业协会、商会颁发的企业资质证书和从业人员职业资格证书、入围目录名单作为资格条件。

货物采购在商务条款方面的不公平竞争行为包括但不限于：（1）要求提供指定某一级的检测机构、指定某一个检测机构、指定某一部门所属的检测机构、指定检测日期的检测报告；（2）要求投标人提供售后服务承诺不符合国家强制标准或行业标准；（3）售后服务要求明显不合理或指向特定厂商；（4）售后服务要求与采购项目无关或超出服务范围；（5）要求供应商提供投标产品品牌持有人（制造商）出具的服务承诺函或除进口货物以外的厂家授权。

货物采购在采购需求方面的不公平竞争行为包括但不限于：（1）样品评审只对样品外观进行评审，评审因素未量化、表述模糊，技术参数设定固定值；（2）要求供应商提供投标产品品牌持有人（制造商）出具的服务承诺函或除进口货物以外的厂家授权；（3）暂定、指定、备选、参考名牌（含配件）；（4）具有“知名”“一线”“同档次”品牌等不明确的采购需求表述；（5）要求中标后、签订合同前进行样品检测、现场考察、资格审查、背景调查；（6）指定某制造商或生产企业的主件、配件、商标、名称、设计等；（7）要求投标人提供产品某一部件授权函或检测报告；（8）将非国家强制规定的资质、资格、认证作为技术参数条款；（9）将国家级评奖、国家部委级行政主管部门评奖、省级政府的评奖作为技术参数条款。

货物采购在评分办法和标准方面的不公平竞争行为包括但不限于：（1）将供应商资格条件、企业规模条件作为评分因素；（2）将国务院已明令取消的从业人员职业资格许可和认定事项作为评分因素；（3）指定专利、商标、名称、设计、原产地或生产供应商；（4）要求地域性或行业性业绩；（5）类似业绩限定合同成交金额；（6）提出进口产品或配件加分；（7）将产品先进性、稳定性、成熟性、市场认可度、产品的市场占有率等模糊表述，并规定由专家自由打分；（8）分值设置与产品质量、服务需求无关。

（二）服务采购的公平竞争审查标准

《政府采购法》第2条第7款规定“本法所称服务，是指除货物和工程以外的其他政府采购对象”，《政府采购法实施条例》第2条第4款规定“政府采购法第二条所称服务，包括政府自身需要的服务和政府向社会公众提供的公共服务”，即服务采购的法律定义采用的是排除法，排除货物和工程之外的采购项目就是服务类采购。综合服务采购过程中可能存在的影响公平竞争的各种情形，审查标准可以从资格条件、商务条款、采购需求、评分办法和标准等四个方面予以细化。

服务采购在资格条件方面的不公平竞争行为包括但不限于：（1）限定供应商的所有制形式、组织形式，包括设置企业法人要求，将事业法人、其他组织和自然人排除；（2）设置企业注册资本金、资产总额、营业收入、从业人员、利润、纳税额、业绩等供应商规模条件；（3）设置地域性限制要求，例如将供应商的企业注册地为某地区作为资格条件；（4）设置营业执照经营范围内的具体经营项目名称作为资格条件；（5）设置的资质条件与采购项目履行合同无关或资质要求过高、过低明显不合理，例如要求供应商具有同类项目的较长从业经验或具有国家驰名商标等；（6）将国家、地方行政机关颁布的法规、规范性文件中未强制使用的资质、认证作为资格条件，例如将行业协会、商会颁发的企业资质证书和从业人员职业资格证书、入围目录名单作为资格条件。

服务采购在商务条款方面的不公平竞争行为包括但不限于：（1）要求供应商提供售后服务承诺不符合国家强制标准或行业标准；（2）售后服务要求与采购项目无关或超出服务范围；（3）苛刻的付款条件，例如收取规定比例质保金等。

服务采购在采购需求方面的不公平竞争行为包括但不限于：（1）要求中标后、签订合同前进行样品检测、现场考察、资格审查、背景调查；（2）将非国家强制规定的资质、资格、认证作为技术参数条款；（3）将国家级评奖、国家部委级行政主管部门评奖、省级政府的评奖作为技术参数条款。

服务采购在评分办法和标准方面的不公平竞争行为包括但不限于：（1）将供应商资格条件、企业规模条件作为评分因素；（2）将国务院已明令取消的从业人员职业资格许可和认定事项作为评分因素；（3）要求地域性或行业性业绩；（4）类似业绩限定合同成交金额；（5）将服务满意度、市场认可度、占有率等模糊表述，并规定由专家自由打分；（6）分值设置与服务需求无关。

（三）工程采购的公平竞争审查标准

《政府采购法》第2条第6款规定："本法所称工程，是指建设工程，包括建筑物和构筑物的新建、改建、扩建、装修、拆除、修缮等。"与货物采购、服务采购相比，工程采购往往对当地经济社会产生更深远的影响，因此应更加注重对其审查标准的设定。综合工程采购过程中可能存在影响公平竞争的各种情形，审查标准可以从资格条件、商务条款、评分办法和标准三个方面予以细化。

工程采购在资格条件方面的不公平竞争行为包括但不限于：（1）限定供应商的所有制形式、组织形式，包括设置企业法人要求，将事业法人、其他组织和自然人排除；（2）设置企业注册资本金、资产总额、营业收入、从业人员、利润、纳税额、业绩等供应商规模条件；（3）设置地域性限制要求，例如将供应商的企业注册地为某地区作为资格条件；（4）设置营业执照经营范围内的具体经营项目名称作为资格条件；（5）将供应商以往的特定行业、特定部门、特定地域业绩作为资格条件；（6）要求供应商具有同类项目的较长从业经验；（7）将国家、地方行政机关颁布的法规、规范性文件中未强制使用的资质、认证作为资格条件，例如要求投标人提供质量管理体系认证证书、环境管理体系认证证书、职业健康管理体系认证证书等，以及将行业协会、商会颁发的企业资质证书和从业人员职业资格证书、入围目录名单作为资格条件；（8）未参加现场踏勘，则取消投标资格。

工程采购在商务条款方面的不公平竞争行为包括但不限于：（1）要求中标后、签订合同前进行样品检测、现场考察、资格审查、背景调查；（2）要求主材、辅材、设备指定品牌，或者主材中某一配件的指定品牌；（3）暂定、指定、备选、参考品牌（含配件）；（4）具有“知名”“一线”“同档次”品牌等不明确的采购需求表述；（5）设置的技术商务条款、施工要求与履行合同无关；（6）设置的业绩金额要求与采购项目规模不匹配；（7）苛刻的验收办法。

工程采购在评分办法和标准方面的不公平竞争行为包括但不限于：（1）将供应商资格条件、企业规模条件作为评分因素；（2）设定去掉最后报价中的最高报价和最低报价；（3）指定专利、商标、名称、设计、原产地或生产供应商作为评分因素；（4）将地域性或行业业绩作为评分因素；（5）单独将检测报告作为评分因素；（6）类似业绩限定合同成交金额；（7）做出先进性、稳定性、成熟性、市场认可度、产品的市场占有率等模糊表述，并规定由专家自由打分；（8）将地域性或行业的奖项、证书作为评分因素；（9）分值设置与工程施工、质量等需求无关。

三、政府采购政策公平竞争审查的例外

合理完善的例外规定也是公平竞争审查目的达成的重要一环，实质上是公平竞争审查的调和。[①]我国采取公平竞争审查自我审查模式，政策制定机关对例外的情形认定及适用享有较大的自由裁量空间，例外规定若过于宽泛、粗疏，难以发挥裁定政策措施适当合理的筛选功能，使得原本起到调和作用的例外规定，成为政策制定机关规避公平竞争审查的手段。《国务院关于在市场体系建设中建立公平竞争审查制度的意见》明确例外规定："属于下列情形的政策措施，如果具有排除和限制竞争的效果，在符合规定的情况下可以实施：1. 维护国家经济安全、文化安全或者涉及国防建设的；2. 为实现扶贫开发、救灾救助等社会保障目的的；3. 为实现节约能源资源、保护生态环境等社会公共利益的；4. 法律、行政法规规定的其他情形。"《公平竞争审查制度实施细则》第 17 条第 1 款规定："属于下列情形之一的政策措施，虽然在一定程度上具有限制竞争的效果，但在符合规定的情况下可以出台实施：（一）维护国家经济安全、文化安全、科技安全或者涉及国防建设的；（二）为实现扶贫开发、救灾救助等社会保障目的；（三）为实现节约能源资源、保护生态环境、维护公共卫生健康安全等社会公共利益的；（四）法律、行政法规规定的其他情形。"公平竞

① 参见黄进喜：《反垄断法适用除外与豁免制度的研究》，厦门大学出版社 2014 年版，第 49–52 页。

争审查的例外规定属于原则性列举，诸如“国家经济安全”“国家文化安全”和“科技安全”等缺乏清晰界定，即使相对明确的“扶贫开发”“救灾救助”“生态环境保护”“维护公共健康安全”等外延仍过于宽泛，可能产生理解上的分歧。公平竞争审查主体可能借此滥用例外规定，将本不属于例外适用情形的政策措施纳入例外情形，造成公平竞争审查目的难以实现的境况。①

政府采购政策具有其特殊性，模糊的例外规定使其争议性更为明显。《政府采购法》《政府采购法实施条例》对政府采购政策的功能做出规定。《政府采购法》第 9 条规定：“政府采购应当有助于实现国家的经济和社会发展政策目标，包括保护环境，扶持不发达地区和少数民族地区，促进中小企业发展等。”《政府采购法实施条例》第 6 条规定：“国务院财政部门应当根据国家的经济和社会发展政策，会同国务院有关部门制定政府采购政策，通过制定采购需求标准、预留采购份额、价格评审优惠、优先采购等措施，实现节约能源、保护环境、扶持不发达地区和少数民族地区、促进中小企业发展等目标。”质言之，政府采购的政策功能和公平竞争审查应达到一种内在平衡，既发挥政府采购政策的制度功能，又符合公平竞争审查的例外规定，而不是滥用例外规定。完善的例外规定使得政策制定机关在行使自由裁量权的同时避免了滥用例外规定，避免公平竞争审查制度与其他制度的矛盾，实现国家治理方式的多元化发展。②政府采购政策承担着实现节约能源、保护环境、扶持不发达地区和少数民族地区、促进中小企业发展等制度功能，公平竞争审查例外应当结合政府采购政策的制度功能加以明确，以更好地指引政府采购政策公平竞争审查工作的开展。

---

①参见应品广：《公平竞争审查制度：中国竞争政策的重大创新》，载王先林主编：《竞争法律与政策评论》（第 2 卷），上海交通大学出版社 2016 年版。

②参见黄彦钦：《公平竞争审查例外规定的适用方法》，载《中国市场监管研究》2019 年第 11 期。

（一）绿色采购政策的例外规定

绿色采购是指采购人在政府采购过程中选购符合绿色认定标准的货物、服务和工程的行为。绿色采购政策是一套完整的政府采购体系，不仅要求采购对象符合绿色标准，还要求采购对象的研制、生产、包装、运输等产出全过程都要符合绿色标准，乃至政府采购前还要考虑采购对象是否可以循环再利用。政府采购目录十分丰富，涉及的绿色采购对象大到轮船、汽车、军工产品、建设工程，小到纸、笔、打印机、计算机、电话、电视、电脑，都应当考虑绿色采购。

对于绿色采购适用政府采购政策公平竞争审查的例外规定，应当着重审查以下方面：（1）拟出台的绿色采购政策涉及的采购对象是否符合各类绿色标准。政府采购目录内的货物、服务或工程应达到环保、节能、低排放和低噪声等标准。绿色采购对象不仅能够满足基本的政府采购需求，还能起到降低废弃物污染、减少碳排放的作用，可循环利用的节能减排功能要更加突出。（2）拟出台的绿色采购政策是否能够激励绿色、环保技术的开发利用。引导本国绿色、环保技术的开发应用是政府采购政策的重要功能，先进的绿色、环保技术不仅对生态环境保护意义重大，还可以提高资源利用率、降低资源消耗，与传统技术相比，其更加有利于实现可持续发展。

（二）中小企业采购政策的例外规定

国有企业和其他大型企业在一国经济社会发展过程中发挥重要作用，但中小企业在科技创新、岗位创设、结构调节、满足多样化需求及刺激经济发展方面也发挥着无可替代的作用，各国政府因此越来越重视对中小企业的政策引导和支持。政府采购政策在引导和支持中小企业发展过程中具有独特优势，公平竞争审查应当明确支持中小企业发展的例外规定。

对于中小企业采购适用政府采购政策公平竞争审查的例外规定，应当着重审查以下方面：（1）拟出台的中小企业采购政策的适用对象是否符合中小企业的划分标准。在实践中，若不区分制造商和代理商，中小企业采购政策往往难以发挥作用，针对中小企业所制定的各类标准也将难以实现其目的。这是因为很多代理商符合中小企业的标准，但其实质是大型企业的代理，对中小企业的政策福利最终的受益者将会是大型企业，无法达成扶持中小企业的政策目标。（2）拟出台的中小企业采购政策是否是为了促进中小企业的技术创新。中小企业在很多方面有其独特的优势，例如中小企业在数量上相对于国有企业和其他大型企业占据绝对优势，在技术产品的发明创新方面也因此有更多可能性。盖尔曼在 20 世纪 70 年代针对 1969 年至 1975 年期间的 635 项科技创新项目进行统计分析，发现相对中小企业雇用员工数量而言，中小企业产生的创新数量高于大型企业 2.5 倍，其将创新技术引入市场的速度也快于大型企业约 27%。美国小企业局（*Small Business Administration*）对 1996—2000 年专利数在 15 件以上的 1071 家美国公司的调查研究发现，中小企业雇员人均专利数是大企业的 13—14 倍，在 1% 有影响的专利中，中小企业专利数是大企业的 2 倍，由此可见，中小企业的专利与经济社会联系更为紧密。① 中小企业是一国科技创新、产业升级的重心，因此要严格审查拟出台的中小企业采购政策的最终资金流向到底是中小企业还是大企业，只有确定资金的最终流向是中小企业才可能符合例外规定的适用情形。（3）拟出台的中小企业采购政策是否为地域歧视性措施。由于中小企业具有属地化倾向，地方政府为了本地区的经济社会发展，往往确立扶持本地中小企业发展的政府采购政策目标。制定倾斜的政府采购扶持政策，区分本地企业和外地企业实行差别待遇，破坏公平竞争。

（三）区域发展采购政策的例外规定

在一国发展进程中，不可避免地会面临区域发展不协调的问题。区

① 参见唐东会：《政府采购促进自主创新的机理探析》，载《地方财政研究》2008 年第 1 期。

域发展的巨大差距，一方面容易引发社会动荡，另一方面也会抑制总体经济发展，政府采购政策有责任缓解区域发展不协调这一经济社会问题。依据《政府采购法》《政府采购法实施条例》，在相同条件下，政府采购合同可以优先授予经济落后或者少数民族地区，或者给予其一定的价格优惠，甚至可以为其预留一定的采购份额，强制扩大对相关地区的政府采购量，以刺激落后地区的经济社会发展。但是，对不发达地区和少数民族地区的区域发展采购政策涉及范围广，可能涉及此类地区的任何行业、任何领域，若是区域发展采购政策规定不明确，将严重阻碍公平竞争审查的落实和影响国内统一大市场的建立。鉴于区域发展采购政策一般是国家层面对整体经济、资源配置以及政治因素加以综合考虑而所制定的政策措施，该类例外规定的政策制定机关应当排除地方行政机关，以防止地方政府利用区域发展采购政策实施地区封锁、地域歧视等影响国内统一大市场建设的行为。

（四）科技创新采购政策的例外规定

2022年财政部发布的《政府采购法（修订草案征求意见稿）》第25条规定："政府采购应当支持应用科技创新，发挥政府采购市场的导向作用，促进产学研用深度融合，推动创新产品研发和应用。"这是对我国政府采购政策的重大补充，丰富了政府采购政策功能的法定内容，有利于我国产业结构升级、经济社会发展。政府采购在一国经济社会发展过程中扮演重要角色，不仅是政府与市场、企业的连接点，而且合理的政府采购政策可以影响一国科技发展水平，促进产学研用的深度融合，推动创新产品研发和应用。

对于科技创新采购政策公平竞争审查的例外适用，应当着重审查以下方面：（1）拟出台的科技创新采购政策的适用对象是否有利于促进产学研用深度融合，推动创新产品研发和应用。对于科技创新采购政策的识别专业性强，乃至涉及跨学科的前沿技术，仅凭审查主体自身能力难以对其定性，此类审查可以引入科技专家参与审查工作。（2）拟出台的科技创新采购政策是否促进产业结构升级、产品技术优化。审查主体应当着重对采购对象的生产技术予以考察，识别采购对象对产业结构升级、优化现有技术是否存在促进作用，例如在采购对象都能满足采购需求的前提下，优先选择采用先进技术的产品，以此来改善供应商的生存环境，推动技术革新，改善乃至淘汰传统落后的企业。（3）拟出台的科技创新采购政策是否促进自主创新。自主创新技术对一国经济社会发展意义重大，而自主创新技术的研发单位面临巨大的风险性和不确定性，任何创新性科研成果都要在前期付出海量资金，若仅依靠市场调控，缺乏经济价值，造成对未来发展有重要意义的创新技术无法落地。政府采购政策能够为自主创新技术提供一个稳定的市场，降低企业风险性和不确定性，同时政府采购规模可以带来可观的经济利益，对创新技术研发具有推动作用。

四、政府采购政策公平竞争审查的公开

《国务院关于在市场体系建设中建立公平竞争审查制度的意见》要求："制定政策措施及开展公平竞争审查应当听取利害关系人的意见，或者向社会公开征求意见。有关政策措施出台后，要按照《中华人民共和国政府信息公开条例》要求向社会公开。"《公平竞争审查制度实施细则》将此要求进一步细化，第 26 条规定："政策制定机关未进行公平竞争审查出台政策措施的，应当及时补做审查。发现存在违反公平竞争审查标准问题的，应当按照相关程序停止执行或者调整相关政策措施。停止执行或者调整相关政策措施的，应当依照《中华人民共和国政府信息公开条例》要求向社会公开。"目前，各地方、各部门对公平竞争审查工作的开展情况多以工作总结形式予以公示，例如池州市市场监督管理局发布的《池州市 2021 年公平竞争审查工作情况报告》、枣庄市公平竞争审查工作联席会议办公室发布的《枣庄市 2021 年度落实公平竞争审查制度工作情况报告》、佛山市禅城区公平竞争审查工作联席会议办公室发布的《2021 年禅城区开

展公平竞争审查工作情况总结》等，往往简单公示对政策措施进行公平竞争审查的数量，但未公开具体的各类信息。政府采购政策涉及各级政府数量庞大的财政资金使用，本身又极易引发公平竞争问题，若是政府采购政策公平竞争审查仅就开展情况予以抽象数字的公开，显然无法使外部监督发挥作用。《公平竞争审查制度实施细则》第 25 条规定："政策制定机关涉嫌未进行公平竞争审查或者违反审查标准出台政策措施的，任何单位和个人可以向政策制定机关反映，也可以向政策制定机关的上级机关或者本级及以上市场监管部门举报。"知情权是实现外部监督的前提，在信息公开不足的情况下，任何单位和个人因举证困难无法对政府采购政策公平竞争审查予以有效的监督举报，只有社会公众尤其与拟出台政府采购政策密切相关的市场主体知悉相关政策、审查过程、审查结果、审查依据，才可能实现社会公众监督。

《政府信息公开条例》采取"公开为原则，不公开为例外"，不公开的情形主要包括：（1）第 14 条规定："依法确定为国家秘密的政府信息，法律、行政法规禁止公开的政府信息，以及公开后可能危及国家安全、公共安全、经济安全、社会稳定的政府信息，不予公开。"（2）第 15 条规定："涉及商业秘密、个人隐私等公开会对第三方合法权益造成损害的政府信息，行政机关不得公开。但是，第三方同意公开或者行政机关认为不公开会对公共利益造成重大影响的，予以公开。"（3）第 16 条："行政机关的内部事务信息，包括人事管理、后勤管理、内部工作流程等方面的信息，可以不予公开。行政机关在履行行政管理职能过程中形成的讨论记录、过程稿、磋商信函、请示报告等过程性信息以及行政执法案卷信息，可以不予公开。法律、法规、规章规定上述信息应当公开的，从其规定。"申言之，政府采购政策公平竞争审查除了上述事项以外，应当对外公开。对政府采购政策公平竞争审查的信息公开，是实现阳光采购、依法理财的重要举措，对于保障公众知情权和监督权、提升政府公信力具有重要意义。①

第一，公开政府采购政策的制定依据。实现公平竞争审查制度的目的离不开对行政权力的制约，要杜绝行政机关对市场经济活动的负面影响，必须构建合理、便捷的监督渠道，通过社会公众的积极参与，不断推动公平竞争审查的完善。②依法行政是政府行使权力应遵循的一项基本原则，各级政府采购政策制定机关应当依据依法行政原则制定政府采购政策，不能突发奇想、任意妄为，要严格遵守上位法，任何政府采购政策的出台均应有其上位法支撑。同时，上位法的依据也应做出明确公示，让公众知其然也知其所以然。

第二，公开政府采购政策公平审查的主体及职责。《国务院关于在市场体系建设中建立公平竞争审查制度的意见》规定公平竞争审查主体是"行政机关和法律、法规授权的具有管理公共事务职能的组织"，并将此类主体统称为政策制定机关，《公平竞争审查制度实施细则》也沿用了类似规定。但是，政府采购政策的公平竞争具体审查工作显然不可能由整个行政机关或者法律授权的组织进行，必然是某一具体的工作部门及其人员开展相关工作。之所以要公开具体工作部门和负责领导主要出于责任追究的考虑，只有将责任具体到个人才能真正起到威慑作用。

第三，公开政府采购政策公平竞争审查的过程和结果。《公平竞争审查制度实施细则》除了第 26 条规定的对信息公开的整体要求之外，还存在一些过程性公开的要求，例如，第 7 条规定："政策制定机关开展公平竞争审查，应当以适当方式征求利害关系人意见，或者通过政府部门网站、政务新媒体等便于社会公众知晓的方式公开征求意见，并在书面审查结论中说明征求意见情况。"又如，第 12 条规定："对经公平竞争审查后出

① 参见朱静洁：《公平竞争审查制度实施的障碍及其破解》，载陈云良主编：《经济法论丛》（2019 年第 1 期），法律出版社 2019 年版，第 96—122 页。

② 参见王贵：《论我国公平竞争审查制度构建的基准与进路》，载《政治与法律》2017 年第 11 期。

台的政策措施，政策制定机关应当对其影响统一大市场和公平竞争的情况进行定期评估。评估报告应当向社会公开征求意见，评估结果应当向社会公开。”

《公平竞争审查制度实施细则》第6条规定，“政策制定机关开展公平竞争审查应当遵循审查基本流程，识别相关政策措施是否属于审查对象、判断是否违反审查标准、分析是否适用例外规定。属于审查对象的，经审查后应当形成明确的书面审查结论。审查结论应当包括政策措施名称、涉及行业领域、性质类别、起草机构、审查机构、征求意见情况、审查结论、适用例外规定情况、审查机构主要负责人意见等内容。政策措施出台后，审查结论由政策制定机关存档备查”，对审查结论的内容提出明确要求。为真正发挥公众监督的作用，政府采购政策公平竞争的书面审查结论中的审查结论、适用例外规定等也应当有限度地予以公开。

第四章

公平竞争审查的国际论：国有企业竞争中立

第一节　国有企业竞争中立及其争议

一、从竞争中立到国有企业竞争中立

竞争在本质上是一种在市场中付出成本而获得收益的行为，也是经营者之间在经济活动中为获取更大的经济利益而进行较量的行为。在竞争的结构中，利益是成本和收益的耦合，成本是收益的约束，收益是成本的目标，为追求更大收益尽可能压低成本，是竞争的应有之义。在一种极端情况下，只享受收益而不承担成本，竞争就被自身否定。自由竞争的结果导致其必然走向自己的反面，即垄断和不正当竞争，因此须以外在秩序规制竞争行为，保护公平竞争。这种秩序并非竞争自发产生，而是依靠国家的竞争政策、法律才能建立。中立的目标是追求实质公平，而非绝对意义上的平等，不能机械地认为政府要平等对待所有人。中立作为利益平衡机制，不可避免地具有一定倾向性，但这种倾向性不以竞争主体为依据。各国针对国内市场失灵通过产业政策、竞争性法规实施了“非中立”措施，但宗旨是对市场竞争秩序的维系与恢复，形式上“非中立”与实质上“中立”具有内涵的一致性。同时，国际市场也存在市场失灵情况，竞争者本身具有的结构不平等融入国际经济活动的竞争中，将造成国际市场的失灵。因为跨境商品、服务、投资的流动，竞争者母国针对国内市场失灵实施的具有“中立”性的产业政策、竞争法规、贸易政策因而被替换为针对国际市场的政策矫正。

（一）竞争中立

竞争和中立的关系是目的和过程的关系。竞争是目的，中立是实现目的的手段、路径和过程。竞争的“野蛮生长”必然将走向自身的极端，中立则将竞争合入理性轨道。在国际市场上，各国的产业政策、竞争法规具有溢出效应，一旦中立政策不加限制，将导致竞争政策走向贸易保护主义，影响其他国家的利益，进而对国际市场竞争秩序产生不利影响，形成各国制定规则分割全球化利益的冲突局面。竞争中立理念将竞争与中立两者结合，结合目的与过程，形成以“规则导向”的框架，以维持商业活动的公平、理性竞争为指导方向，平衡各国政策的冲突。概言之，竞争中立指国家在市场竞争和商业活动中保持中立，不对特定竞争主体存在优待或偏袒，维护收益和秩序之间的平衡，创造公平公正的市场竞争环境。

（二）国有企业竞争中立

国有企业问题近年来引起了国际社会的广泛重视，越来越多的双边、区域贸易协定等国际经济贸易规则纳入国有企业条款，对国有企业因所有制或国家的特殊对待而享有的不公平竞争优势予以约束。无论是具有国际约束力的规范，还是倡导意义上的“国际软法律”，最终目标都指向国有企业的“竞争中立性”。

竞争中立是为了规范政府在市场竞争中保持中立所制定的一系列规则，其中包括竞争政策、贸易救济政策及其他市场监管的规则。国有企业竞争中立是指政府所有或实质控制的经济实体的商业活动，不得因其公共部门的所有制性质而相对私营主体具有竞争优势，国有企业在参与市场竞争中应当与私营企业具有同等市场地位。国有企业竞争中立是从国有企业出发，构建一套竞争中立规则以确保国有企业与其他所有制企业公平竞争。

20 世纪 90 年代，为缓解国内市场竞争不足等问题，澳大利亚推进包括国有企业改革在内的国家竞争政策改革。澳大利亚最早提出国有企业竞争中立，“政府性商业活动在与私营部门竞争时不得因政府所有制享有优势”，并通过《竞争原则协议》《联邦政府中立政策说明》确立了税收中立、信贷中立、商品回报率中立、监管中立、透明度机制等衡量国有企业竞争中立的标准。进入21世纪以来，全球竞争加剧，国有企业与私营企业之间的竞争公平性引起国际关注，区域组织、国际组织以及双边或多边贸易协定开始推广国有企业竞争中立理念，倡导不同形式企业的公平竞争。《欧盟运行条约》规定国有企业与其他竞争主体享有同等市场竞争地位。OECD通过发布《竞争中立：维持国有企业和私有企业公平竞争环境》等一系列研究报告和文件，结合澳大利亚国有企业竞争中立的标准，形成了关于衡量国有企业公平竞争的标准——国有企业公司化改革、成本定价、商业回报率、公共服务义务、税收中立、监管中立、债务和补贴中立、采购中立。以《全面与进步跨太平洋伙伴关系协定》（*Comprehensive and Progressive Agreement for Trans-Pacific Partnership, CPTPP*）、《中欧全面投资协定》（*The EU-China Comprehensive Agreement on Investment, CAI*）等为代表的区域或双边贸易协定引入国有企业竞争中立，专章规定国有企业规则，设置了非歧视性待遇与商业考虑、非商业援助和透明度规则等。无论是澳大利亚的国内实践，还是在区域组织、国际组织抑或多边、双边贸易协定中，国有企业竞争中立的构建主要包括调整范围、行为规则和实施机制三个方面。

第一，调整范围主要涉及国有企业的定义，国际社会对国有企业的名称各不相同，包括政府企业、国家企业、法定公司等表述，但本质上都是以所有制和控制力标准判断企业的性质。国有企业竞争中立仅适用于商业活动，对于从事公益活动的国有企业并不适用。为保护本国国家安全和经济安全，调整范围一般会设立例外条款。

第二，国有企业竞争中立行为规则主要包括以下要求：（1）市场准入中立，国有企业和其他经营主体进入相关市场应适用相同标准；（2）运营中立，政府投资的国有企业在组织架构上采取市场化方式，获得与其他经营主体相同的商业回报率；（3）信贷中立，国有企业和私营企业在融资、贷款时保持同等市场利率，不得设置歧视性条款；（4）补贴中立，国有企业不得享有经营性补贴，在需要财政补贴的领域应对所有企业一视同仁；（5）税收中立，国有企业不得享有特殊税收优惠；（6）采购中立，政府采购应当为国有企业和私营企业提供相同的竞标环境。

第三，国有企业竞争中立包括一系列实施机制，主要体现在以下方面：（1）专门的实施机构，为保障竞争中立的有效实施，整合现有行政机关建立新的机构，负责受理有关国有企业违反竞争中立的投诉、调查和提出整改意见；（2）透明度规则，国有企业应当定期发布财务审计公告、股权变动、人事任免等重要信息；（3）国有企业竞争中立审查的程序规则，包括事前主体审查、事中竞争行为审查、事后补偿和争端解决规则等。

二、国有企业竞争中立的分歧

（一）国有企业竞争中立的支持论

学界对国有企业竞争中立大多持支持态度，主要从法学、经济学、国际关系的角度提出了“国企改革论”“民企发展论”“竞争适应论”等。

1.国企改革论

国企改革论认为，竞争中立有助于加快国有企业改革进度，提高国有企业的运营效率。首先，竞争中立与国有企业改革的基本方向一致。2015年印发的《中共中央、国务院关于深化国有企业改革的指导意见》指出：“坚持社会主义市场经济改革方向。这是深化国有企业改革必须遵循的基本规律。国有企业改革要遵循市场经济规律和企业发展规律，坚持政企分开、政资分开、所有权与经营权分离，坚持权利、义务、责任相统一，坚持激励机制和约束机制相结合，促使国有企业真正成为依法自主经营、自负盈亏、自担风险、自我约束、自我发展的独立市场主体。社会主义市场经济条件下的国有企业，要成为自觉履行社会责任的表率。”竞争中立也是以维护各类市场主体公平竞争的地位为基本目标，竞争中立的基本取向因此与国有企业改革方向一致。[①]国有企业实施竞争中立不仅要求消除特殊补贴、行业垄断、信贷优惠、税收优惠等额外优势，也能帮助国有企业解决行政干预、社会负担、治理机制、资产流转等问题，加快国有企业与市场经济的深度融合，激发国有企业的市场活力。[②]其次，竞争中立有助于提高国有企业的运营效率。企业的运营效率与其所有权不存在必然的联系，而与其所处的市场环境内的竞争关系密切，竞争政策对于企业运营效率具有重要的作用。[③]申言之，国有企业效率低与其产权归属并无太大关系，而是长期被隔离在竞争环境之外。强化竞争机制与国有企业的联系，将大大提高国有企业的运营效率。国有企业实施竞争中立能够理清国有企业与政府之间的边界，推动政企分开，充分体现国有企业的商业活动和社会价值，发挥市场配置资源的决定性作用。

2. 民企发展论

民企发展论认为，国有企业竞争中立促进民营经济的发展。2018 年 11 月召开的民营企业座谈会上，习近平总书记指出：“民营经济是社会主义市场经济的重要成果，是推动社会主义市场经济发展的重要力量，是推进供给侧结构性改革、推动高质量发展、建设现代化经济体系的重要主体，也是我们党在长期执政、团结带领全国人民实现‘两个一百年’奋斗目标和中华民族伟大复兴中国梦的重要力量。在全面建成小康社会、进而全面建设社会主义现代化国家的新征程中，我国民营经济只能壮大、不能弱化，不仅不能‘离场’，而且要走向更加广阔的舞台。”[④]国有企业竞争中立

① 参见赵学清、温寒：《欧美竞争中立政策对我国国有企业影响研究》，载《河北法学》2013 年第 1 期。

② 参见胡左浩：《借助竞争中性原则深化国企改革》，载《人民论坛》2018 年 36 期。

③ 参见李俊峰：《分歧与共识：竞争中性之于中国的意义省思》，载《河北法学》2022 年第 6 期。

④ 参见习近平：《在民营企业座谈会上的讲话》，载《中国产经》2018 年第 11 期。

提出打破市场进入壁垒、建立负面清单、维持经济战略和政策的稳定性等要求是民营经济发展的根基，有助于推动“国民共进、协调发展”的经济形态和建立“公平竞争、共同发展”的经济关系。国有企业竞争中立不是应对经济下滑的短期战略，而是完善社会主义市场经济体制的必然要求。[①]

3. 竞争适应论

竞争适应论认为，竞争中立有助于加快国有企业融入国际经济体系。竞争中立规则逐渐成为多边贸易协定以及区域贸易协定的重要内容之一，国有企业作为竞争中立的主要规制对象，甚至因其所有制属性而在国际经济活动中遭遇歧视性规定。我国国有企业竞争中的法治构建应当保证各主体平等地参加市场竞争，这将促进国际经济活动的公平、公开和打击“所有制歧视”。率先以竞争中立推动国有企业改革，将为迎接未来的挑战做好充分的准备。[②]在维护本国经济主权的前提下，依据竞争中立的要求，打造统一、开放、竞争、有序的统一大市场，促进国有企业积极接受国际竞争规则的约束，有利于建立适应我国国有企业的竞争政策，促进国内市场与国际市场的对接度和统一性，形成国内外市场融合畅通的良性循环。[③]

以上观点从国有企业改革、民营经济发展和国际市场竞争三个维度分析了国有企业竞争中立对我国经济社会发展的积极影响。竞争中立在客观上对我国国有企业的消极影响主要包括：竞争中立被某些国家作为贸易保护措施，对国有企业的出口和投资产生不利影响；[④]国有企业竞争中立可能与地方政府扶持国有经济发展的政策相冲突；[⑤]引发了企业乃至行业的

① 参见杨新铭：《促进民营经济发展的政策选择》，载《学习与探索》2019 年第 11 期。

② 参见胡左浩：《借助竞争中性原则深化国企改革》，载《人民论坛》2018 年第 36 期。

③ 参见王丹：《以竞争中性制度促进形成强大国内市场》，载《宏观经济管理》2020 年第 6 期。

④ 参见唐宜红、姚曦：《混合所有制与竞争中立规则——TPP 对我国国有企业改革的挑战与启示》，载《人民论坛·学术前沿》2015 年第 23 期。

⑤ 参见胡改蓉：《竞争中立对我国国有企业的影响及法制应对》，载《法律科学》（西北政法大学学报）2014 年第 6 期。

新一轮洗牌，使一些行业局部乃至整体步入了一个阶段性发展低谷。[①]

（二）国有企业竞争中立的反对论

学界中对国有企业竞争中立从不同角度提出了“伪概念论”“违反宪法论”和“国企劣势论”等反对观点，虽然有其独到见解，但也存在着一些错误解读和片面阐释。

1. 伪概念论

伪概念论从政治经济学的角度对市场竞争关系在资本主义社会和社会主义初级阶段的适用进行分析，认为竞争中立不能成为一个具体的概念，所以我国国有企业也不应适用竞争中立理论。资本主义存在商品市场竞争、劳动力市场竞争、资本家之间竞争等多种竞争模式，在国内市场采取支持垄断资本和剥削劳动者方式，在国际市场打击外国企业，尤其针对社会主义国家的国有企业采取差别待遇，并不存在所谓的“竞争中立”。社会主义初级阶段的市场竞争既包括社会主义生产关系，也包括资本主义生产关系，各类所有制经济的竞争性质、目的、手段和规律存在较大差异，导致竞争结果也大不相同，必然不存在竞争中立的可能性。因此，竞争中立对竞争市场的性质和原则在理论和实践上作出了错误解释。[②]竞争中立强调无差别主体相互竞争，一旦将竞争中立解释为竞争者要遵守的规则，则偏离了这一概念的含义，竞争中立是资产阶级为排除资本主义国有企业竞争优势以追求私人利益最大化的产物，因此竞争中立带有一定欺蒙性，是一个虚幻概念。[③]以上观点虽然对市场竞争在不同体制的差异性和矛盾性进行分析，但却强调各类竞争主体和性质的无差异性，并未看到竞争中立强调国家对各类竞争主体提供公平的政策和法律这一本质，不能全面阐释竞

① 参见丁茂中：《我国竞争中立政策的引入及实施》，载《法学》2015 年第 9 期。

② 参见吴宣恭：《破除“所有制中性论”的错误认知》，载《当代经济研究》2020 年第 2 期。

③ 参见何干强：《关乎坚持维护宪法尊严的一个重大经济理论问题——“竞争中性”辨析》，载《高校马克思主义理论研究》2020 年第 1 期。

争中立对我国国有企业法治构建的意义。

2. **违反宪法论**

《宪法》第6条规定："中华人民共和国的社会主义经济制度的基础是生产资料的社会主义公有制，即全民所有制和劳动群众集体所有制。社会主义公有制是消灭人剥削人的制度，实行各尽所能、按劳分配的原则。国家在社会主义初级阶段，坚持公有制为主体、多种所有制经济共同发展的基本经济制度，坚持按劳分配为主体、多种分配方式并存的分配制度。"《宪法》第7条规定："国有经济，即社会主义全民所有制经济，是国民经济中的主导力量。国家保障国有经济的巩固和发展。"《宪法》第12条规定："社会主义的公共财产神圣不可侵犯。国家保护社会主义的公共财产。禁止任何组织或者个人用任何手段侵占或者破坏国家的和集体的财产。"违反宪法论据此认为，公有制经济相较非公有制经济在国家经济体系中应当具有主体地位，国有经济是引领宏观经济发展的主要力量，国有企业在市场竞争关系中应当具有优势地位。根据《宪法》规定，国有企业具有公共属性，代表公共性法益，应当受到优先保护，国有企业和私营企业因其主体属性的不同而不能适用平等保护原则，反而应当对国有企业进行"区别对待"，实行竞争优先原则，国有企业竞争中立与宪法规定相悖。①

违反宪法论对《宪法》规定下我国公有制经济与私营经济在经济体制中的主次关系进行了正确认识，同时对国有经济的公共性法益地位予以合理解释，但却未能厘清国有企业竞争中立的内涵。首先，在判断公有制主体地位的标准上，采用的是量的多数性而非质的影响力，国有企业在国计民生、国家安全、科技创新等关键领域具有主导地位是在特定历史条件下为保障国家基本政治制度、民主法治而确立的，而私营经济和其他经济在国家治理提升和经济社会发展中逐渐发挥重要作用，在某些领域也发挥主

① 参见蒋大兴：《公司法改革的"社会主义（公共主义）逻辑"》，载《中国流通经济》2020年第7期。

导性作用，这与维护公有制经济主体地位并不存在冲突，对各类市场主体适用竞争中立不具有违宪性。其次，违反宪法论将国有企业竞争中立片面理解为，各类经济主体在各种情况下享有平等待遇，忽视了公共利益的豁免适用问题。最后，国有经济在宏观经济中的主导性地位和公共利益属性，被等同于国有企业应当相比其他经济主体享有优势待遇是不恰当的，国有企业仅在特定且重大公共利益中才享有优势地位，国有经济即使在经济社会发展中起到主体作用，但特定的某一国有企业不能因所有制的“光环”而享有特殊的法律地位和竞争优势，应与其他经济主体平等对待。

3.国企劣势论

国企劣势论认为，以美国为首的西方国家倡导竞争中立在本质上是对国有企业及政府与企业关系赋予负面价值，国有企业天然具有不公平竞争的优势和损害竞争的特点，进而作出国有企业不属于市场经济的判断。但是，我国国有企业并非如此，反而相比私营经济具有竞争劣势，主要包括以下理由：（1）国有企业在税费缴纳、社会保障、环境保护、信贷融资方面，相比私营企业普遍遵守法律规定，因此承担的经营成本更高；[①]（2）国有企业享有税收和金融优惠政策相比私营企业较少；（3）国有企业因其具有公共利益属性，相比私营企业需要承担更多社会责任；（4）国有企业往往将其竞争性业务收益和融资投入政策性、公益性事业中，需要更多的财政支持；（5）国有企业因其技术、管理和较高的信用获得较高市场竞争力，是合理且正当的，一旦失去竞争力，国有企业与私营企业同样会依法退出市场，不存在其他特殊补贴。[②]

国企劣势论虽然指出国有企业的合规成本、社会责任成本比私营企业高，导致国有企业在市场竞争中处于劣势，但是，就国际实践而言，美国、

① 参见赵海乐：《竞争中立还是竞争礼让——美国对华反补贴中的国有企业歧视性待遇研究》，载《国际商务》（对外经济贸易大学学报）2016年第4期。

② 参见史际春：《也谈“竞争中立”》，载《经济法学评论》2019年第2期。

欧盟、OECD 倡导的竞争中立也并不是指向所有的国有企业，脱离国际实践剖析竞争中立是不合理的。在我国，国有企业是否享受政策性补贴、是否存在僵尸企业、是否存在以竞争经营收入作为政策性经营等应当以实事求是态度进行探讨。[①]

三、中国版国有企业竞争中立的共识

竞争中立在本质上是对国有经济的发展模式、政府对经济调控领域、方法、程度以及对国内外市场的影响等问题做出的规制，核心内涵是保证市场在资源配置中的决定性作用,这不仅是市场经济体制的底层逻辑和内在要求，也是经济体制改革的重中之重。因此，应当辩证地分析国有企业竞争中立，形成中国版国有企业竞争中立共识，以新发展模式、高水平对外开放，构建新的国际合作与竞争新优势，深化改革激发新发展活力。中国版国有企业竞争中立的共识应当立足于社会主义市场经济体制，我国市场经济改革与竞争中立存在内涵的一致性，应当在参考其他国家或地区竞争中立规则的同时，与我国政治、经济、法律制度进行系统性、协同性的调整。建立健全的社会主义市场经济体制，要从根本上解决市场体系不完善、政府干预过多、监督不力等问题。中国版国有企业竞争中立应当形成以下共识：

第一，中国版国有企业竞争中立应有助于推进中国特色社会主义市场经济体制改革。市场体系不健全、市场发育不充分是国有企业长期阻碍市场公平竞争的主要原因。大量低效率、低产出的国有企业享受着与其贡献价值不匹配的竞争优惠政策，表面是维系资产和承担社会责任，实际是对国家资产的浪费。实施国有企业竞争中立应当通过公平竞争的市场淘汰低效产能的国有企业，改善僵化的国有企业制度，打破消极保守、尸位素餐的竞争环境，推进经济社会发展的新局面。

① 参见李静：《股市壳公司和僵尸企业加快出清》，载《经济参考报》2022年6月17日第3版。

第二，中国版国有企业竞争中立应为经济社会发展的法理正当性提供逻辑证明和规则支持。我国一直奉行的经济社会发展模式是以国有企业为核心的国家主导经济发展模式，其取得经济社会建设的成就对西方自由市场经济体制产生了挑战，因此被赋予了“国家资本主义”“贸易保护主义”等标签。我国在社会主义市场经济的探索中应不断调整、改进，通过减少政府对市场的干预，加快国有企业分类改革、竞争性国有企业市场化运作以及相关竞争法律制度的完善，逐步澄清关于国有企业及其发展方式的错误认识，夯实国有企业参与市场竞争的正当性基础。

第三，中国版国有企业竞争中立是维护我国国家利益的基础性制度安排。近年来，伴随着我国制造业和其他产业的快速发展，我国在世界经济中的地位正在逐步提高，对西方资本主义国家的国际影响力产生结构性影响，导致其产生了反全球化思潮即“脱钩”战略。面对全球产业链、供应链正在遭遇的强烈冲击，维护国际经济利益是我国经济社会发展的核心所在。在一个公平的市场环境下，国有企业竞争中立有助于我国企业更好地走出国门，减少其在国际经济中面临的法律挑战，形成一个国内大循环为主、国内国际双循环相辅相成、互为补充的新发展格局。

第二节　国有企业竞争中立的国际比较

一、国内改革模式：以澳大利亚为例

20 世纪 80—90 年代是西方发达国家推进市场化改革的重要阶段。在这一背景下，澳大利亚通过国内改革的方式建立起本国竞争中立的框架，以改善国有企业经营效率低下的情况。1992 年，澳大利亚总理基廷（Paul Keating）成立竞争独立调查委员会，希尔默（Frederick Hilmer）为

主席。在 1993 年发布《国家竞争政策》报告，即《希尔默报告》（*Hilmer Report*），提出政府应确保国有企业与私营企业竞争时遵守竞争中立原则要求的行为规范。1995 年，联邦和各州、领地之间达成《竞争原则协议》（*Competition Principles Agreement, CPA*），其核心思想认为，市场机制是解决市场竞争问题的优先路径，并非政府监管。1996 年，在《竞争原则协议》的基础上，澳大利亚推出了《联邦竞争中立政策声明》（*Commonwealth Competitive Neutrality Policy Statement*），明确提出竞争中立的概念，即政府性商业活动不得因其公共部门所有权地位而享有私营部门竞争者所不能享有的竞争优势。1997 年联邦政府财政部发布的《公司法经济和改革计划》（*Corporate Law Economic Reform Program, CLERP*）通过公共企业的管理体制改革，引入竞争，加强对国有企业的监管，改善了国有企业在信息透明度、效率等方面的缺陷。2004 年，澳大利亚国库部和财政部联合出台的《澳大利亚政府关于经理人执行竞争中立的指引》对竞争中立投诉调查予以规定，进一步优化国有企业竞争中立的实施机制。澳大利亚通过国内政策和法律制度的改革，构建了完整的竞争中立体系，其国有企业竞争中立主要包括适用范围、实施机制两个方面。

就适用范围而言，澳大利亚国有企业竞争中立并非规制所有国有企业的所有活动，仅适用于重要的商业活动。根据《联邦竞争中立政策声明》《澳大利亚政府关于经理人执行竞争中立的指引》的规定，国有企业竞争中立适用范围依据以下三个标准予以判断：（1）行为标准满足商业活动。主要包括对产品或服务进行收费、存在实际或潜在竞争者、商业活动的管理者对商品或服务在生产、供给及其定价时拥有一定自主权。满足以上条件，即认定构成国有企业竞争中立所指的商业活动。（2）程度标准满足“重要”政府性商业活动。自动被视为“重要”政府性商业活动包括国有企业及其子公司的商业活动、承担公共服务职能的非国有企业或机构从事商业活动获得超过 1000 万美元的营业额、基于政府行政安排设立的商业单位的商业活动、所有联邦公司的商业活动，此外，竞争中立投诉办公室可以评估其是否属于政府性商业活动作为兜底条款。（3）国有企业若被认为适用竞争中立的成本超过收益，且有充分证据证明实施竞争中立并不能取得显著效果，竞争中立投诉办公室评估后可以予以豁免。①

根据《联邦竞争中立政策声明》《澳大利亚政府关于经理人执行竞争中立的指引》的规定，澳大利亚国有企业竞争中立的实施机制主要包括问题解决机制、竞争中立实现机制、投诉纠纷解决机制三个方面。

澳大利亚国有企业竞争中立的问题解决机制主要解决市场存在的不公平竞争问题，其主要包括以下方面内容：（1）税收中立，是指取消国有企业的土地税、印花税、营业税等税收优惠，并制作税收中立清单，保证国有企业的商业活动与私营企业享有同等税收待遇，包括实际税金制度、税收等价制度和税收中立调整制度；（2）信贷中立，是指国有企业在向市场融资时，不因所有制的身份享有任何优势，主要包括金融市场借贷、财政预算借贷；（3）商业回报率中立，是指国有企业应确保从事的商品或服务获得同一行业内大多数企业的商业回报率，防止通过压缩利润的方式削弱相关市场低价；（4）国有企业的透明度与问责制，是指国有企业在提供社会公共服务时并未对其商业活动进行交叉补贴，并对相关财务、绩效等信息及时披露；（5）监管中立，是指在享受管制优惠的情况下，国有企业的经营活动必须支付管制中性的调节费用，或者将调节费用反映到成本中，进而体现为商品或服务的价格。

澳大利亚国有企业竞争中立的实现机制主要包括完全成本定价和公司化改革两种途径。完全成本定价要求国有企业提供的商品或服务应反映其商业活动的成本，主要包括：（1）国有企业应对每一项服务的成本进行确认；（2）将商品或服务的直接成本和非现金成本进行定价；（3）对成本进行定期核算；（4）定价应当以竞争市场价格为基础。公司化改造指将国有

① 参见樊富强：《澳大利亚关于国有企业竞争中立政策的实施与评析》，载《对外经贸实务》2016年第10期。

企业的商业部分转变为受到公司法约束的法律主体，各州或领地制定了相应的国有企业公司法或公司化指南，商业化进程快的国有企业直接转变为法人实体，分离国有企业的商业性与非商业性目标等。

1997年实施的竞争中立投诉纠纷解决机制是澳大利亚国有企业竞争中立的核心机制，也是竞争中立成为“行动中的法”的重要环节。[①] 任何公民对违反竞争中立的政府性商业活动，均有权进行投诉，主要包括实施主体和运行模式两方面。根据1998年《生产力委员法》的规定，澳大利亚竞争中立投诉办公室（*Australian Government Competitive Neutrality Complaints Office, AGCNCO*）负责对公众关于国有企业竞争中立问题的投诉进行具体调查，并出具报告及建议，向联邦财政部汇报处理结果，各州也设立了相应的投诉机构。竞争中立投诉办公室根据投诉案件的处理情况发布《商业回报率指南》等相关文件，进一步明确国有企业竞争中立的评估细则，帮助国有企业运行符合竞争中立的要求。[②] 对于竞争中立投诉存在较为体系化的处理机制：（1）竞争中立投诉办公室收到投诉文件后，需要对被投诉者的主体、竞争优势、投诉者的损失进行初步审查，对投诉是否符合《竞争原则协议》要件进行形式审查，对于不符合的，应当驳回；（2）初步审查后，竞争中立投诉办公室应判断是否为适格处理主体，主要是涉诉案件与竞争中立是否具有实质性联系，同时排除政府正在审查的条件；（3）竞争中立投诉办公室应当根据国有企业竞争中立适用范围、标准判断被投诉者的行为是否违反竞争中立，被投诉者享有的不正当竞争优势是否与其所有制具有因果关系。竞争中立投诉办公室对违反竞争中立的国有企业，可以建议相关政府部门履行竞争中立义务，采取修正定价或限制竞争方式。若是未能取得所期望的结果，可向财政部部长提出一份有

---

① 参见石伟：《“竞争中立”制度的理论和实践》，法律出版社2017年版，第85页。

②See Rennie M，Lindsay F., Competitive Neutrality and State-owned Enterprises in Australia: Review of Practices and Their Relevance for other Countries, OECD Corporate Governance Working Papers, 2011: 26-27.

关公开调查的提议，后者将于接到提议后 90 天之内决定是否采纳，若是接受则应当采取缴纳竞争中立调节费等救济措施，并向社会公开。

二、区域规则模式：以欧盟为例

建设欧洲单一市场、促进区域内竞争、加速欧洲区域一体化一直以来是欧盟最重要的目标。[①]《欧盟运行条约》规制国有企业非市场竞争优势，以建立欧盟内部统一、公平竞争秩序的目标。欧盟对于国有企业竞争中立规则的确立，主要是由欧洲议会和欧洲法院来推进，由此形成了一套独特的区域规则。根据《欧盟运行条约》第 101—106 条规定，欧盟国有企业竞争中立基本原则是以所有权中立为基础，赋予国有企业与私营企业同等的市场竞争地位，成员国对国有企业与私营企业平等适用竞争法，并注重平衡福利国家和市场公平竞争，[②]不得以任何措施排除欧盟竞争法的实施。

《欧盟运行条约》第 106 条规定，对于公共企业及成员国授予"专有权利"或"特别权利"的企业，成员国不得指定且不得保留与欧盟条约竞争条款相抵触的任何行为。所谓专有权利是指成员国通过立法、监管或行政手段授予企业的特殊权利；而特别权利是指成员国通过立法、监管或行政手段授予一定数量企业在一定地理范围内可行使的权利。换言之，国有企业竞争中立的调整对象包括国有企业和非国有企业，同时履行公共职能的政府部门和机构进行的商业活动也不得实施不正当竞争行为，因而成员国的行为也作为直接的调整对象。国有企业是指由政府根据所有权、资本参与或有关法律法规等因素，可以直接或间接支配的公司。所谓的支配性影响，主要是持有企业注册资本，根据股份控制企业绝大多数投票权，任

---

① 参见张琳、东艳：《主要发达经济体推进"竞争中立"原则的实践与比较》，载《上海对外经贸大学学报》2015 年第 4 期。

② 参见翟巍：《欧盟国家限制竞争行为与反垄断规制及对我国启示——基于公共经济利益服务研究视域》，法律出版社 2016 年版，第 133 页。

命超过一半董事、监事和高级管理人员。此外，欧盟也设立了国有企业竞争中立的豁免条款，对于从事“普遍经济利益服务”的企业或取得财政收入的垄断企业，若是依据条约规定，在事实上阻碍了企业应完成的任务，可以作为企业不遵守竞争规则的豁免事由，其中“普遍经济利益服务”是指每个人必需的服务，但相对于普通服务，这种服务无法从市场收回成本，且政府也不能提供。

《欧盟运行条约》第107条规定了国有企业竞争中立行为规则，主要规制成员国对国有企业的国家援助行为。由于国有企业的竞争优势主要来自政府的各种国家援助计划，因此欧盟禁止各个成员国对国有企业通过援助计划破坏竞争或对竞争产生威胁。《欧盟运行条约》第107条规定，与共同体市场相抵触的国家援助行为一律禁止；欧盟委员会对可能与共同体市场相抵触的国家援助进行判断并作出相应决定；欧盟委员会对与共同体市场相兼容的国家援助，可以直接作出适用豁免的决定。同时，欧盟委员会被赋予透明度审查的权力，国有企业必须清楚地区别于公务活动，并以独立的财务账户来承担其独立的义务。

欧盟委员会竞争总司和欧盟法院是处理国有企业竞争中立问题的专门实施机构。欧盟委员会竞争总司负责审查国家援助的申报、调查并作出处罚决定。在下列情况下，拥有司法审查权力的欧盟法院可以受理有关国家援助的诉讼：（1）国有公司认为所获得的优惠不属于国家援助，因此无需向欧盟委员会汇报；（2）欧盟委员会若决定不核准国家援助，并裁决取消给予国有公司的国家援助，给予国家援助的国家可以提出拒绝执行；（3）接受国家援助方的竞争对手或利益相关方可要求判定此项国家援助违法，或者要求撤销欧盟委员会有关核准此项国家援助的裁定。

欧盟规制国家援助的程序是国有企业竞争中立的实施机制，包括事前申报、事中审查、事后救济：（1）事前申报，是指任何成员国对本国国有公司的国家援助，或者对现行国家援助做改动，均须向欧盟委员会报告，成员国在此之前不得采取国家援助行为；（2）事中审查，是指欧盟委员会在收到申报之后，就国家援助行为进行初步调查，并判断成员国行为是否构成国家援助及其豁免情形，并在 18 个月内作出正式评估和决定；（3）事后救济，是指欧盟委员会根据《欧盟运行条约》直接处理成员国的国有企业经济问题，除了作出附条件批准或不予批准国家援助的决定，还可以根据具体情况要求成员国进行修改、暂停或取消援助行为。[①]

三、国际倡导模式：以 OECD 为例

OECD 是发达国家为推进国际经济合作与深化贸易投资规则的重要平台，其通过的报告、指南等文件在国际经济中往往具有“软法”的效力。作为最早开展竞争中立研究的国际组织，OECD 为推进各成员国的国有企业公司化改革，于 2005 年发布《OECD 国有企业公司治理指南》，在此基础上开展国有企业竞争中立研究。自 2009 年发布了《国有企业与竞争中立原则》以来，OECD 又发布了《竞争中立和国有企业——挑战与政策选择》《竞争中立：经合组织建议、指引和最佳实践纲要》《竞争中立：维持国有企业和私有企业公平竞争的环境》等一系列文件，总结国有企业在世界范围内的竞争优势，以及成员国在竞争中立问题上的实践，针对国有企业竞争中立问题提出了相应的解决方案。[②] 按照 OECD 关于国有企业竞争中立规则，为避免市场扭曲，国有企业与私有企业须受到相同制度规范的约束，政府可以基于政治或公共利益对国有企业提出要求，但最终目标是增强经济活力与公平竞争。

OECD 认为，确立国有企业竞争中立的适用范围，应当考虑以下因素：（1）国有企业是指“政府可以实质控制的企业”，其控制方式一般通过

① 参见赵学清、温寒：《欧美竞争中立政策对我国国有企业影响研究》，载《河北法学》2013 年第 1 期。

② 参见应品广：《竞争中立规则研究：国际比较与中国选择》，中国政法大学出版社 2020 年版，第 38-39 页。

多数控股或虽少数控股但控制董事会、表决权等；（2）竞争中立框架下的国有企业行为必须具有商业性，遵从商业原则，应当区分营利性和非营利性活动，国有企业竞争中立适用排除非营利性活动；（3）国有企业竞争中立应当适用于各级政府的国有企业，不仅包括国家层面的国有企业，还应当包括区域和地方层面的国有企业；（4）国有企业竞争中立的适用仅在其实施的收益大于成本时才是有效的。①

OECD 在 2012 年发布的《竞争中立：维持国有企业和私有企业公平竞争的环境》将竞争中立的概念等同于公平竞争环境，对各国竞争中立的侧重点及其做法进行归纳，总结 8 大竞争目标，且每一目标中对国有企业竞争中立的行为规则作出了规定：（1）推进国有企业公司化进程，将其商业活动与公共服务进行结构性分离；（2）确立一套合理的国有企业成本分配机制，提高企业的会计透明度，分离商业活动与非商业活动的账目，防止交叉补贴；（3）国有企业不得通过降低利润率的方式压低价格，获得竞争优势；（4）国有企业在履行公共服务义务时可以获得合理的财政补贴，但财政补贴应通过公共预算部门直接支付；（5）税收中立，要求税收征收对竞争性企业采取非歧视原则，对国有企业的非商业活动以补偿费代替税收优惠；（6）监管中立，国有企业应当按照公司法规定组建，国有企业和私营企业接受相同程度的监管；（7）债务中立与直接补贴，国有企业应当与私营企业为债务融资支付相同利率，通过竞争性法律控制直接补贴和国家援助；（8）采购中立，国有企业作为采购方时，其政策、程序、选择标准应保持公开透明，确保遴选程序的非歧视原则。②

OECD 认为，国有企业竞争中立实施机制主要是监督机制和执行机

---

① 参见白金亚：《国有企业竞争中立制度研究》，知识产权出版社 2019 年版，第 59-60 页。

② 参见经济合作与发展组织：《竞争中立：维持国有企业和私有企业公平竞争的环境》，谢晖译，经济科学出版社 2015 年版，第 25-105 页。

制。[①] 国有企业竞争中立的监督机制包括3个方面：（1）设立专门监督机构，授权其进行调查和发布公告的权力；（2）各政府部门定期在调查范围内及时公布调查进度；（3）国有企业应当定期公布涉及内部改革、财务、审计、绩效等报告。国有企业竞争中立的具体执行机制也包括3个方面：（1）立法机制，建立国有企业与私营企业的竞争行为规范；（2）行政机制，明确规定国有企业履行竞争中立义务的程序性规定；（3）投诉机制，负责调查被投诉的国有企业是否违反竞争中立义务。

四、区域贸易模式：以CPTPP为例

近年来，伴随着国际贸易的发展，各个国家都在逐步转向以多边贸易协定方式来推进对国有企业竞争中立规则的实施，而竞争中立已经变成了区域贸易协定谈判的一个重要议题，其中最具代表性的是《全面与进步跨太平洋伙伴关系协定》（*Comprehensive and Progressive Agreement for Trans-Pacific Partnership, CPTPP*）。CPTPP前言指出，国有企业应当基于公平竞争原则参与国际贸易投资活动，各缔约国应当确认国有企业在多元经济发展中扮演合理角色。国有企业被政府所有或控制，在政企不分的体制环境下被认为是政府的延伸，在与私营企业竞争时，可能会有不正当的竞争优势，将削弱公平、开放的贸易投资环境，因此CPTPP决定确立旨在促进公平竞争、透明度和正当商业活动的规则。在美国的主导下，《跨太平洋伙伴关系协定》（*Trans-Pacific Partnership Agreement, TPP*）最早对国有企业予以专章规定。即使美国退出TPP后，还联合欧盟、日本将国有企业、知识产权转让、政府补贴等作为非市场导向问题，要从WTO多边层面进行规制，并在《美墨加协定》（*The United States-Mexico-Canada*

①Capobianco A, Christiansen H., Competitive Neutrality and State-owned Enterprises: Challenges and Policy Options, OECD Publishing, 2011: 4-32.

Agreement, USMCA）等多边贸易协定中加快推进与 TPP 类似的国有企业规则。在日本主导下，TPP 剩余 11 个国家继续推进谈判，在 2018 年 3 月 18 日签署了 CPTPP，原 TPP 中的国有企业专章也全部保留生效。2021 年 9 月 16 日，中国正式申请加入。CPTPP 的国有企业条款主要包括适用范围、行为规则和实施机制 3 个方面。

CPTPP 在国有企业竞争中立的适用范围包括两方面：一是 50% 以上的股权或控制权，控制权是指通过所有者权益 50% 以上投票权的行使或拥有任命大多数董事会或其他同等管理机构成员的权利；二是从事商业性活动，须符合以营利为目的、商品和市场是在相关市场中大量供应、国有企业自行定价 3 个标准。[①]CPTPP 还规定了对国有企业实行竞争中立的例外情况，既有对全体成员国的一般例外，也有对个别成员国的特别例外。一般例外主要是指：（1）不适用没有达到适用门槛的国有企业，在过去 3 个会计年度中任一年营业收入在 2 亿元以上的国有企业；（2）不适用提供公共服务型国有企业；（3）不适用缔约方国有企业行使国家政策或监管职能；（4）不适用国有企业在经济危机或根据政府授权提供临时应对措施；（5）不适用行使政府职能的国有企业提供的支持进出口或支持私人境外投资的金融服务。除一般例外之外，CPTPP 国有企业竞争中立的特别例外采用国别例外清单，即缔约方可以规定国有企业对不符合协议要求的行为免于承担责任，例如，对各州或地方层级政府等次中央政府的国有企业的适用作出例外规定，对新加坡、马来西亚等特定成员等主权财富基金及其政府控股公司不适用非歧视性待遇和商业考虑规则。

CPTPP 的国有企业竞争中立的行为规则主要表现为非歧视待遇与商业考虑、非商业援助和透明度：（1）非歧视待遇与商业考虑规则是确保国有企业在购买或出售服务时，完全是基于“非歧视性原则”和“商业考

①See Kawase T, Ambashi M., Disciplines on State-owned Enterprises under the Trans-Pacific Partnership Agreement: Overview and Assessment, Emerging Global Trade Governance, 2018: 207-225.

虑”（国民待遇和最惠国待遇），而是考量价格、质量、适销性、运输和其他购买或出售条件或在商业决策中需要考虑的其他因素开展商业活动（第17.4条）。（2）非商业援助规则是CPTPP协议中最为复杂也是创新之处，主要是指确保缔约方不因国有企业所有权或控制权属性提供非商业支持（第17.6条），不得对其他缔约方造成不利影响和国内产业损害。不利影响包括两种情形：一种为占据市场，即在同一市场阻碍其他缔约方企业提供同类商品或服务；一种是价格影响，即在同一市场大幅削减其他缔约方同类货物或服务的价格，对其产生了显著的价格抑制、降低或销售减少的行为（第17.7条）。国内产业损害的规定与《补贴与反补贴措施协定》（*Agreement on Subsidies and Countervailing Measures, SCM*）基本相同，包括实质阻碍国内产业的建立、造成国内产业的实际威胁和造成国内产业实际损害3个方面，主要通过对生产同种产品的国内产业、接受非商业援助的国有企业产量和对国内产业生产和销售同种货物价格影响等方面进行判断（第17.8条）。（3）CPTPP协定对国有企业透明度规则予以详细规定，缔约方应当自协定生效6个月内向其他缔约方提供国有企业名单并按年更新，要按照另一缔约方关于国有企业的股权机构、董事会任职等合理请求进行信息披露（第17.10条）。国有企业披露信息内容主要包括股权比例、黄金股或特别表决权、3年内年度收入和资产、公司董事和高管的政府头衔、满足法律豁免或免责的国有企业利益、年度财务报告和第三方审计报告和其他补充资料等。

CPTPP的国有企业竞争中立的实施机制主要是由各缔约方的代表组成“国有企业与指定垄断委员会”，共同履行审议和实施国有企业竞争中立。一旦产生关于国有企业竞争中立的纠纷，CPTPP在第28章设立了专门的纠纷解决机制，发生纠纷的缔约方在协商不成后成立一个三人小组，由双方各指定一名成员，共同指定第三人担任组长，三人小组对相关事宜进行调查、执行、裁决后，达成货币补偿或其他协定。

五、双边贸易模式：以CAI为例

随着我国在世界贸易的地位逐渐加强，发达国家认为我国国有企业受到政府支持、优惠、补贴等会改变竞争条件，进而对贸易投资产生不利影响，利用双边或区域贸易协定中竞争中立为核心的国有企业条款规制我国国有企业参与国际市场竞争。虽然我国国有企业走出去面临重大挑战，但国有企业竞争中立规则的精神与我国塑造公平竞争市场的目标是一致的，我国对国有企业竞争中立规则采取了积极应对的态度，2020年12月30日签订《中欧全面投资协定》（*The EU-China Comprehensive Agreement on Investment, CAI*），中欧两个国有企业“大户”就竞争中立达成共识。CAI关于国有企业行为、补贴和透明度以及可持续发展承诺的规定，有利于建立公平的营商环境，推进国有企业改革，对世界范围内国有企业竞争中立的发展具有示范意义，也是我国国有企业竞争中立的重要践约实践，对我国国有企业发展和全国统一大市场建设产生重大影响。

CAI从所有权、控制权和指定垄断3个方面对“涵盖实体”进行界定，其中国有企业的界定大部分移植了CPTPP协定关于国有企业的规定，但对控制权的定义予以深化，除了拥有50%以上的投票权或其他实质控制权外，还将缔约方政府采取经济或法律手段控制企业作为判断国有企业的标准。CAI第2章规定了协议的适用范围，将视听服务及航空服务领域排除在外，同时规定了5种例外情形：（1）政府采购例外，不适用政府行为而非商业目的或商业转售目的的采购；（2）不适用在中国CAI附件1列出相关行业涵盖实体的行为；（3）不适用在连续3个财务年度内任何一年从商业活动中获得低于2亿特别提款权的涵盖实体；（4）不适用涵盖实体行使政府职能活动，包括国防和公共安全活动；（5）不适用涵盖实体履行公共服务职责的非商业活动。

CAI针对国有企业竞争中立规定了非歧视待遇、商业考虑和透明度义务：（1）在非歧视性待遇上，CAI规定缔约方在从事商业活动时，不得对缔约方或国内企业实施具有歧视性行为，缔约方必须根据对方要求提供特殊信息，满足国民待遇标准。（2）在商业考虑上，CAI 规定缔约方保证国有企业从事以营利为目的的商业活动，不仅考虑价格、质量、可获得性等因素，还应当将“基于利润并受市场因素影响的相关业务”作为增加条件。（3）在透明度义务承担上，CAI 规定申请方只有能够证明国有企业的行为已经或可能对其利益产生“不利影响”程度的情况下，且不利影响与被申请方的商业活动有因果关系时，才可以启动信息披露程序。在补贴透明度上，CAI 采取更加灵活的定义，在《补贴与反补贴措施协定》的基础上将补贴规则约束范围扩大至投资、服务贸易领域，缔约方可以就补贴领域进行协商，但也可能将政府与国有企业或国有企业之间的一般商业活动认定为非商业援助。[①]

六、国有企业竞争中立的国际发展趋势

（一）国有企业认定的范围扩大化

国际社会对国有企业这一主体的认定标准逐渐达成共识，形成以“职能”和“授权”为主、“控制”作为辅助，三个要素相互交叉、复杂且多样化的认定标准，国有企业主体范围的认定逐渐扩大发展成“广义上的控制”。

虽然各模式中国有企业的定义仍以所有权为核心，但衡量因素已不再局限于多数股份制，而是采取直接或间接控制、股权、投票权及对公司高级管理人员的任命等多种组合搭配方式：（1）澳大利亚将政府或联邦设立的公司作为规制主体；（2）OECD 将多数股份直接控制、表决权间接

① 参见王秋雯、郭高鑫：《〈中欧全面投资协定〉国有企业规则与中国因应》，载《河南教育学院学报》（哲学社会科学版）2021 年第 6 期。

控制作为国有企业的判断标准；（3）欧盟将拥有专有权利、特别权利的公共企业视为国有企业；（4）CPTPP、CAI 将多数股份控制作为衡量国有企业的标准。同时，对国有企业的审查重心逐渐偏离所有制这一属性，转向以更广的“控制”或“决定性影响”作为主要特征，尤其在以欧美为主导的区域贸易协定中，国有企业审查往往设置控制条款，大致可分为以下标准：（1）控制企业战略决策；（2）直接或间接对企业行使决定性影响行为的可能性；（3）通过间接或少数所有权权益控制企业；（4）通过经济或法律手段获得企业的控制权。

由此可见，国有企业认定已经从单一所有制认定标准，发展成广义上控制条款，范围审查逐渐发展成直接与间接并重、法律与事实相结合的全面审查。[①] 但是，与以职能和授权为主的判断标准相比，广义控制的主体标准表述宽泛且较为模糊，国有企业的认定似乎变得更加简单且容易被滥用，增大推定为“事实上的国有企业”的可能性。

（二）竞争中立行为的规则体系化

国有企业竞争中立适用的行为规则呈现从与其他市场竞争主体在竞争中立下的“合并规制”走向“分立规制”的趋势，发展出适用“国有企业”主体的特别规则，国际贸易协定的国有企业条款正在从简单到深入，从碎片化走向规范化、制度化，国有企业竞争中立规则正逐渐成为一个体系完整、内容丰富的制度。[②]

澳大利亚将国有企业竞争中立规则分散规定在联邦和州政府发布的一系列法案中，强调从宏观层面界定竞争中立。欧盟选择通过竞争法规方式体现保障国有企业公平竞争，并未实质性提出国有企业竞争中立。OECD

---

① 参见毕莹：《国有企业规则的国际造法走向及中国因应》，载《法商研究》2022 年第 3 期。

② 参见杨秋波：《国企条款透视：特征、挑战与中国应对》，载《国际商务》（对外经济贸易大学学报）2018 年第 2 期。

以国有企业拥有限制竞争的动力和能力为依据，并在此基础上归纳了竞争中立的8个因素，将其与国有企业的经营活动之间建立一定联系，在将竞争中立提升到国际规则的同时，对国有企业条款构建给予更多关注。CPTPP是国有企业条款体系化、规范化开始的标志，是国有企业条款在区域贸易协定中较为全面的尝试，首次将国有企业条款作为单独一章，提出了3大核心规则，初步形成国有企业条款的制度化体系。CAI总结了各模式中国有企业竞争中立的要求，将国有企业竞争中立规则融入“涵盖实体”一章，推进国有企业竞争中立规则的多元化发展。

国有企业竞争中立以适用范围、国有企业义务、责任制度三方面为依据，围绕商业考虑、非歧视性待遇、指定垄断、非商业性援助、透明度等展开规制，对其具体规则及其例外适用进行规定，通过国内改革到区域性规定，再扩展为国际贸易协定，呈现出体系化、标准化发展，大大增强了国有企业条款的适用性。

（三）竞争中立实施的标准升级化

2008年全球金融危机导致经济衰退以来，美欧等发达国家和地区为实现经济复苏，通过强化竞争中立与国有企业的联系，应对所谓的“国家资本主义”对国内企业竞争力的挑战，维护自身的竞争优势地位。CPTPP、CAI等区域和双边贸易协定将国有企业条款予以专章规定，国有企业竞争中立的实施标准不断提高，呈现较为激进的发展趋势。

国有企业竞争中立实施标准的提高主要体现在以下方面：（1）国有企业竞争中立在商业考虑和非歧视待遇的适用场景上进一步延伸，从货物贸易和服务贸易扩展到投资领域，同时将非歧视性待遇的最惠国待遇和国民待遇适用于所有缔约方；（2）商业考虑规则对“不利影响”“损害”标准的规定，加强了对缔约方违反国有企业规则判断的认定，具有较强的操作性；（3）区域贸易协定与双边贸易协定调整了商业援助的对象和范围，将补贴提供者范围扩大到国有企业的同时，非商业援助认定范围扩大至海外企业，不利影响和损害的认定从货物贸易扩大至服务贸易；（4）国有企业竞争中立不断强化透明度规则的标准，信息披露要求逐渐清晰，披露内容包括缔约国的公开义务、提供国有企业信息义务以及向公众提供有关项目、政策信息的义务；（5）严格限制国有企业条款的例外情形，从国有企业的非商业性活动作为竞争中立规则豁免条款，发展到以商业活动收入规模作为判断国有企业条款的适用标准，极大限制发展中国家以国有企业作为经济社会发展的主体模式。

第三节 中国版国有企业竞争中立的目标与正当性

一、中国版国有企业竞争中立的目标

（一）以建立科学合理的国企治理结构为基本目标

竞争中立是现代市场经济中处理各种所有制企业关系的一种技术手段。在充分的竞争条件下，国有企业与非国有企业并不存在显著的单位成本差异，竞争强度直接决定了企业的内部制度，企业通过改变内部治理结构应对高强度的竞争环境，提高经营绩效。[①] 大陆法系国家往往拥有大量的国有企业，政府所占的股份比例也较高。在欧洲，基于竞争中立规则的约束，多数国有企业都建立了内外均衡、相互制衡的治理结构。改革开放以来，尤其加入 WTO 后，我国经济进入快速发展的新局面，国有企业改革也随之进行，市场化改革和公司治理的推广，为我国经济社会新发展奠

① 参见项安波、马骏、袁东明等：《“竞争中性”国际趋势及应对策略》，中国发展出版社 2021 年版，第 16-17 页。

定基础。当前国有企业改革进入深水区，政企不分、管理混乱、僵而不倒等历史问题亟待解决，法治化改革的呼声渐高。因此，国有企业改革应当以混合所有制、国有企业功能界定与分类、法人治理结构为重点，以《公司法》《企业国有资产管理法》塑造现代企业特征，根据《国务院办公厅关于进一步完善国有企业法人治理结构的指导意见》(国办发〔2017〕36号)、等规定，国有独资、全资公司建立外部董事占多数的董事会，充分发挥公司章程的基础性功能，不断完善企业信息披露、审计与会计制度，加强对国有企业的监管。总之，国有企业竞争中立的基本目标在于建立现代企业制度，构建内外均衡、相互制衡的公司治理结构，使之成为真正的、独立的市场主体。

（二）以实现产权平等保护为核心目标

产权制度是将已有的产权关系与产权规则相结合而形成的，并且通过对产权关系进行有效的组合、调节和保护的制度性安排，以减少经济活动中的交易费用，从而提升资源的配置效率。根据产权理论，产权模糊形成了“公共领域”，产权的不明晰通常形成租金，争夺公共领域的产权，即广义上的寻租。[①]在我国，国有企业的产权制度存在着一定特殊性和复杂性。政府对国有企业所有权的职能造成了产权不明晰、结构单一、产权保护非强制性的现象。此外，产权交易的管理体制、市场功能、交易定价等问题，也使得国有资产交易存在着较大的寻租空间。

竞争中立与产权保护平等具有一致性。在国民经济系统中，从产权与所有制经济的匹配关系视角出发，一个国家当各种所有制经济同时发展时，就会产生主体与附属两种所有制经济。但是，在经济社会发展的进程中，法律关系中的财产权与国有经济的所有权之间常常会出现一些冲突，因此

① 参见巴曙松、谭鹏：《竞争中性原则的形成及其在中国的实施》，厦门大学出版社2021年版，第42-43页。

政府应充分了解财产权与所有制的客观规律，并据此制定相应的产权规则。国有企业竞争中立目的在于推动国有企业和私营企业的公平竞争，这是一种符合客观的经济需求和社会发展的正确产权原则，应受到充分地尊重和贯彻。[①]

清晰的产权制度有助于督促管理者提高管理水平，提高国有企业经营效率。国有企业因具有全民所有的公共属性导致利益关联较弱，导致全民对国有企业和政府缺乏监督动力，往往出现监督缺位、管理者监督机制弱化等问题，这也是国有企业腐败和经营效率低的制度性根源，而国有企业竞争中立通过产权平等保护这一核心目标将从根本上解决这一问题。

（三）以建立公平竞争的市场为根本目标

国有企业竞争中立的根本目标是明确政府和市场的界限，正确处理政府和市场的关系，解决“越位”“错位”“缺位”问题，进而规范政府行为，建立一个公平的市场环境。

在我国，不公平竞争已经成为制约经济社会健康发展的重要原因，表现形式有区域差异、企业差异、行业差异和政策差异等。《反垄断法》《反不正当竞争法》等法律对于区域、行业和企业间的不公平竞争进行规制，但对于企业性质及其政策导致的不公平竞争行为，目前尚未形成有效的应对措施。公平竞争的市场要求市场主体在市场竞争中至少享有形式平等的地位，在相同或相当条件下，享有同等资源的分配权，投入与产出具有相关性。但是，客观的现实是政府赋予国有企业直接控制的商业活动在市场准入、财政补贴、金融优惠等方面优势条件，[②]以履行公共服务而享受信贷、税收等优惠补贴其竞争性业务带来的亏损。一旦存在以上情形，对于市场

① 参见沈伟：《“竞争中性”原则下的国有企业竞争中性偏离和竞争中性化之困》，载《上海经济研究》2019 年第 5 期。

② 参见胡改蓉：《竞争中立对我国国有企业的影响及法制应对》，载《法律科学》（西北政法大学学报）2014 年第 6 期。

中与之存在竞争关系的其他企业就可能形成不当劣势，造成商品或服务不能由最高效率主体生产，既阻滞了市场化转型改革，又限制了国有企业自主创新能力提升，对市场机制产生不利影响。①

从市场主体的角度来看，国有企业竞争中立要求市场主体不因所有制差别而得到不当竞争优势。国有企业竞争中立侧重规制国有企业的不当竞争优势和私营企业的不当竞争劣势，形成民营企业获得与国有企业同等发展机遇的制度保障。总之，国有企业竞争中立的根本目标，主要解决国有企业因其所有制身份而享受政府政策优惠造成不公平竞争问题，营造公平竞争市场环境。

二、中国版国有企业竞争中立的必要性

（一）有助于融入国际经济新秩序

国有企业竞争中立制度发源于澳大利亚，经过 OECD 等国际组织及发达国家的推广，已经形成国际双边、多边及区域贸易投资协定的重要原则和主要内容，呈现向国际“软法”转变的趋势。② 我国可以构建国有企业竞争中立制度，推进高水平对外开放和制度型开放，树立我国国际法话语权，维护我国国有企业“走出去”过程中的自身合法权益。

国有企业竞争中立向国际规则的转化，反映出国际竞争已经过渡到“制度竞争”的新阶段。一国内部法律制度及其主导的国际体系，是否会被其他国家积极地接受和模仿，以非政治、非武力的方式来吸引其他国家的认同与模仿，成为衡量一个国家体制竞争力的重要因素。国家之间体制竞争

① 参见胡海涛：《国有企业改革法律治理研究：基于竞争中立的视角》，社会科学文献出版社 2022 年版，第 51–52 页。

② 参见余菁：《竞争中性原则的政策应用》，载《求是学刊》2020 年第 2 期。

的具体表现为：规则的制定和解释、域外执行规则、利用规则评价其他国家，建立规则产出、解释和交流平台，吸引或促进其他国家认同、参与和接受规则。[①] 国际经济治理规则源自国内法律制度构建，一国先进的国内法律制度往往更容易成为新的国际经济规则。[②] 随着我国国际地位的提高，我国在国际规则制定中掌握了越来越多的话语权，需要改变以往被动接受国际规则的劣势地位，积极主动参与新的国际治理体系的创建和完善。[③] 因此，在坚持经济主权的原则下，建立符合我国国情、满足我国自身需求，并与国际标准接轨的国有企业竞争中立制度，有利于从强调商品和要素的自由流动，向强调规则与制度层面聚焦的更高提升。我国国有企业竞争中立的构建，在提高国内法规和与国际经济体系的对接、推进制度型开放的同时，实现国内外市场融合畅通的良性循环。

在我国企业"走出去"的过程中，以美国为首的西方国家指责我国通过产业政策方式推进国有企业参与市场竞争行为是国家资本主义模式，并因庞大的国有经济部门指责我国是国家垄断资本主义。2019 年在《中国关于世贸组织改革的建议文件》中，我国指出有些国家在贸易和投资中对国有企业作出歧视性安排，对国有企业不加区别认定为《反补贴协议》中的公共机构，设置不合理的透明度规则，在外商投资安全审查中歧视国有企业。从长期来看，此种争端无法回避，我国应当提出自己的要求，积极地争夺国际规则制定权。所以，我国建立国有企业竞争中立是当务之急，不仅能积极正面回应所谓"国家资本主义"的指责，还可以通过参与规则制定掌握主动权，管控并减少制度分歧和贸易摩擦。

纵观我国经济社会的发展历程，国有企业在从计划经济转型到市场经济的全过程中扮演了重要角色。在我国，国有企业是经济社会发展的重要

① 参见冯辉：《竞争中立：国企改革、贸易投资新规则与国家间制度竞争》，载《环球法律评论》2016 年第 2 期。

② 参见白金亚：《国有企业竞争中立制度研究》，知识产权出版社 2019 年版，第 160-161 页。

③ 参见何志鹏：《国际法治论》，北京大学出版社 2016 年版，第 301 页。

力量，如何接纳和引进国有企业竞争中立，是我国面临的重大的挑战，任何否定国有企业的商业性质都会对国家造成极大的损害。正因如此，我国对国有企业竞争中立应保持审慎的态度，但随着竞争中立作为一种高标准、高水平的新一代国际经济规则，若是继续保持缄默，将会对我国改革开放产生极大的负面影响，可能又一次被新的国际经济规则所边缘化，形成“二次入世”的不利局面。西方国家的国有企业竞争中立对建立中国版国有企业竞争中立具有很好的启示作用，但其理论和实践都是在特定的政治、经济、文化土壤中生长的，同时蕴涵着对我国国有企业的“冷锋”，因此不能完全复制。基于以上原因，我国构建国有企业竞争中立制度应当积极主动地寻求对策，并从自身的需要出发，对国有企业竞争中立规则予以本土化改革。

（二）有助于改善国有企业竞争非中立现状

国有企业竞争中立代表的市场经济体制内在本质要求与我国社会主义市场经济体制存在共性，其对改善我国市场环境，维护市场主体公平竞争具有重要的现实意义。[①]现行的经济基础、法制和政策环境为我国国有企业竞争中立构建提供了基础，相关政策和法律在保障各种所有制经济体之间的平等竞争关系与竞争中立制度的内在逻辑具有高度重合性。[②]但不可忽视的是，我国国有企业仍存在因与公共部门的紧密联系或因所有制属性获得高于其他企业的“净竞争优势”，体现在政府补贴、信用支持、政策倾斜、信息披露等方面。国有企业不正当竞争优势破坏公平竞争市场秩序，也是其他国家一直对我国国有企业对外投资以及在区域贸易协定中设置诸多限制的原因，因此构建我国国有企业竞争中立，是改善国有企业竞争非中立现状、塑造公平竞争环境的重要方向。

---

① 参见李俊峰：《分歧与共识：竞争中性之于中国的意义省思》，载《河北法学》2022年第6期。

② 参见韩立余：《国际法视野下的中国国有企业改革》，载《中国法学》2019年第6期。

竞争中立可以改善国有企业利用财政补贴获得市场不正当竞争优势。财政补贴是政府或授权机构直接或间接向企业提供财政上的援助行为。财政补贴为市场中的弱势群体提供帮助，推动经济社会发展，但地方政府基于政绩实行地方保护主义，难以保证财政补贴平等对待不同性质企业。对于一些规模较大且亏损的国有企业，财政补贴不但不能实现“造血”作用，反而走向“越补越亏”的恶性循环。由于财政补贴的类型复杂性以及缺乏客观的竞争标准，容易受到部门和个人意志的影响，信息公开程度低产生了监控盲区及权力寻租。① 除了显性的财政补贴外，地方政府常常对国有企业进行提供融资担保、税收优惠等隐性的财政补贴，强化了其在市场竞争中的竞争优势，从而改变了市场竞争的自由运作机制。竞争中立通过限制对国有企业的财政补贴行为，取消不必要的财政补贴，将财政补贴程序公开化措施，不仅可以倒逼国有企业加快创新，也有利于市场公平竞争的发展。

竞争中立可以有效消除国有企业在政府信用支持中获得的优势。国有企业由于所有制属性，相较其他类型企业，与政府之间的联系更加密切，较为容易从政府获得资源优势。商业银行对企业贷款普遍存在事实上的所有制歧视，② 国有企业相较其他类型企业，往往获得政府的隐性担保，具有更好的抗风险能力，从而在信用等级不达标或银行担保要求情况下获得融资。③ 同时，由于信贷担保机制的不健全，民营企业在融资担保过程中往往承担较大风险，天然的劣势地位造成了市场竞争机制的不健全。国有企业竞争中立规制金融机构的违规行为，在融资、贷款过程中保障国有企业与其他类型企业的公平。

国有企业除了更容易获得政府信用支持而具有竞争优势外，政策倾斜也是国有企业损害市场竞争的表现之一。因为较为密切的政企关系以及客

① 参见赵植旭：《国企补贴现状调查及分析》，载《质量与市场》2020 年第 13 期。

② 参见张斌：《国有企业竞争中立：规则演进与比较》，上海人民出版社 2022 年版，第 291 页。

③ 参见巴曙松、谭鹏：《竞争中性原则的形成及其在中国的实施》，厦门大学出版社 2021 年版，第 122—123 页。

观存在的“所有制偏好”，一些政府部门对国有企业往往予以各种优惠待遇，诸如项目审批时间更短、行政许可更为简便、放松监管措施等。此外，国有企业的高级管理人员与政府官员之间存在“旋转门”，或者较为紧密的人际关系，国有企业通常因此能够获得政策倾斜或资源照顾，对政策或命令的反应更快。因此，国有企业需要遵守高标准的要求，保证从事商业活动的经营中立，接受监督时的监管中立，这都有助于推进公平竞争市场的发展。

国有企业一般透明度不高，存在信息披露不足的情况，披露信息的数量、结构、时效都存在较大改善空间。上市国有企业的信息披露以《证券法》《上市公司信息披露管理办法》为主，但对于非上市国有企业，根据《国有企业资产管理法》《企业国有资产统计报告办法》规定，仅须向国有资产监督管理委员会进行信息披露。国有资产监督管理委员会往往以保护国有企业和防止国家秘密泄露为由，阻碍公众查阅。竞争中立要求国有企业扩大信息披露范围，透明度标准不仅是各国国内法和国际贸易投资协定的要求，也是建立公开、透明市场经济秩序的应有之义。

（三）有助于加快全国统一大市场建设

2022年《中共中央　国务院关于加快建设全国统一大市场的意见》提出从全局和战略高度加快建设全国统一大市场，在我国形成规则统一、竞争充分、高度开放、有序运行的基本格局，以规模巨大、结构完整、机制灵活、环境优化等内在属性，顺利地进行国内外经济的循环和扩大再生产。[①]有效市场和有为政府是建设全国统一大市场的重要原则之一，应当坚持市场化、法治化发展方向，充分发挥市场在资源配置中的决定性作用，强化竞争政策基础地位。市场不是无差异的“空盒子”，是多元化市场主体共

① 参见刘志彪、孔令池：《从分割走向整合：推进国内统一大市场建设的阻力与对策》，载《中国工业经济》2021年第8期。

存的生态系统，市场主体也不是同质的“微粒子”，而是具有一定组织模式的市场主体结构。[①]保障市场主体公平竞争是构成全国统一大市场的组织制度基础，也是规范市场主体的行为模式和行为秩序的重要要求。国有企业与其他市场主体竞争的公平性成为建设全国统一大市场的重中之重，国有企业竞争中立要求国有企业参与竞争，不因所有权而获得不正当竞争优势的核心要义，与建设公平竞争市场的目标存在一致性，将推进全国统一大市场目标的实现。

全国统一大市场的最大特征是统一性和竞争性，妨碍统一大市场建设的突出问题是市场准入和地方保护主义。国有企业在市场准入上享有较大的竞争优势，虽然2013年以来通过自贸区建设等方式不断扩大对外开放的领域，以负面清单模式降低了市场准入门槛，但“准入不准营”的问题仍存在。在立法层面，对民营企业、外资企业的限制逐步减少，但在现实层面还存在较大障碍，包括但不限于设定准入企业的股权比例、牌照特别授予等一系列显性或隐形门槛。市场准入关系到市场主体进入市场的可能性和便利性，是判断竞争中立的重要标准。歧视性市场准入提高了市场主体参与竞争的成本，也限制了其参与竞争的能力，享有优待的企业获得不合理的成本优势。地方保护主义的行政垄断也是阻碍全国统一大市场建设的重要问题。地方政府为保护本地企业，对进入本地市场的商品实施地区封锁，同时限制其地区外投资和商业活动。地方政府借助国有企业这一载体，参与市场竞争，影响本地经济发展，以便分享经济发展的成果。国有企业被以财政方式输送利益而提高竞争力，尤其在政府采购领域的行政垄断行为，政府实施地区封锁、差别化供应商、限定交易方、限制信息获取等方式排除限制其他企业参与市场竞争。

市场统一是现代市场体系的核心要素，将直接关系到市场配置资源的范围和程度，建设统一大市场可以从两个维度进行分析：从交易场所看，

① 参见金碚：《全国统一大市场中的市场主体行为》，载《求索》2022年第4期。

统一大市场要求尽可能多的市场主体参与市场交易，任何潜在主体都应拥有平等进入市场且不受自然、人为因素影响的权利，尤其不受政府歧视性政策的限制；从交易制度看，进入市场的主体在相同程度的法律或政策约束下开展经营活动，公平参与市场竞争，不受不合理政策措施的非公正对待。因此，维护市场准入的公平性，消除地方保护主义，实现国内统一大市场的目标，需要规范政府和市场的代言人——国有企业的关系，以维护竞争的公平性，破除地方市场的垄断和全国市场的分割。①

三、中国版国有企业竞争中立的可行性

（一）国有企业竞争中立与全面依法治国相适应

我国虽然未明确提出国有企业竞争中立这一理念，也未正式提出竞争中立制度框架，但国有企业竞争中立理念在相关法律法规中可以窥见。《宪法》《反垄断法》《企业国有资产法》的不断完善，是我国对国有企业竞争中立的法律探索，为构建国有企业竞争中立提供了必要且充分的法理依据。

《宪法》第6条规定，“中华人民共和国的社会主义经济制度的基础是生产资料的社会主义公有制，即全民所有制和劳动群众集体所有制。社会主义公有制消灭人剥削人的制度，实行各尽所能、按劳分配的原则。国家在社会主义初级阶段，坚持公有制为主体、多种所有制经济共同发展的基本经济制度，坚持按劳分配为主体、多种分配方式并存的分配制度”，被称为“公有制条款”。《宪法》第15条规定，“国家实行社会主义市场经济。国家加强经济立法，完善宏观调控。国家依法禁止任何组织或者个人扰乱社会经济秩序”，被称之为“社会主义市场经济条款”。“公有

① 参见闫海、王洋：《论法治化营商环境视阈下的竞争中立原则》，载《商业研究》2019年第10期。

制条款”和“社会主义市场经济条款”构成了国有企业竞争中立的宪法依据，可以概括为以下两点：（1）国有企业是国家经济社会发展的主体，但要保障其他所有制经济的权利平等、机会平等、规则平等；（2）社会主义市场经济与我国基本制度密切联系，市场经济体制是指市场在资源配置中起到决定性作用，要保障市场的充分竞争与开放，应当保证政府中立，防止不当干预市场构成行政垄断。[①]

《反垄断法》在2022年的修订和实施与国有企业竞争中立存在相同内涵，即保障了企业之间的公平竞争关系，提高市场经济运行效率，加快社会主义市场经济健康发展。《反垄断法》促进了竞争中立理念的传播，为竞争中立规则的构建创造了基础性法律条件。国有企业也不存在豁免适用《反垄断法》情形。《反垄断法》第8条规定：“国有经济占控制地位的关系国民经济命脉和国家安全的行业以及依法实行专营专卖的行业，国家对其经营者的合法经营活动予以保护，并对经营者的经营行为及其商品和服务的价格依法实施监管和调控，维护消费者利益，促进技术进步。前款规定行业的经营者应当依法经营，诚实守信，严格自律，接受社会公众的监督，不得利用其控制地位或者专营专卖地位损害消费者利益。”质言之，“国有经济占控制地位的关系国民经济命脉和国家安全的行业以及实行专卖专营的行业”的“合法经营”活动才受国家保护，关系国际安全和国民经济命脉和关键领域的企业和其他行业企业同等适用《反垄断法》。通常认为，一定市场垄断结构并不必然产生排除限制竞争的结果，《反垄断法》规制的是垄断行为，第8条保护的是国有企业在特殊行业中的垄断地位，其垄断行为不属于豁免适用范围。根据体系解释，《反垄断法》第8章规定了垄断豁免的情形涉及知识产权和农业内容，未将国有企业作为垄断豁

① 参见韩大元：《中国宪法上“社会主义市场经济”的规范结构》，载《中国法学》2019年第2期。

免适用的对象，因此，这部“经济宪法”未给予国有企业享有豁免权。[①]

《反垄断法》规定了行政机关不得通过设立法律法规对市场主体参与竞争活动进行限制，这保障了国有企业与民营企业在参与市场竞争时的相同地位。《反垄断法》第5条纳入公平竞争审查，在源头上预防和控制行政性垄断，属于事前规制。公平竞争审查自2016年开始建立并实施，2021年市场监管总局、国家发展改革委、财政部、商务部、司法部联合发布了《公平竞争审查制度实施细则》（国市监反垄规〔2021〕2号），设立了18项禁止性标准，在政府投资、补贴、采购、招投标等政策实施上实现合理管控和竞争优化，营造公平竞争环境。[②]《反垄断法》第五章对滥用行政权力排除、限制竞争进行专章规定，对行政垄断予以规制。国有企业竞争中立本质上是对政府滥用权力设置竞争壁垒，防止为国有企业提供不当的竞争优势，行政性垄断规定通过事后规制方式间接实施国有企业竞争中立的要求。总之，《反垄断法》的公平竞争审查和行政性垄断规制共同构成了全链条闭环监管，防范政府对市场的不当干预，实质上对国有企业参与市场竞争的行为进行规制。

2009年施行的《企业国有资产法》规范了国有资产的管理，也达到了调整国有企业的效果，一些条款与国有企业竞争中立存在密切关系：（1）第6条规定了政企分开、社会公共管理职能与国有资产出资人职能分开、不干预企业依法自主经营，推动了国有企业的公司化改革；（2）第8条规定了健全国有资产保值增值，与国有企业竞争中立提出的商业回报率要求一致；（3）第二章“履行出资人职责的机构”规定政府履行出资职责时，不得干预企业经营活动；（4）第三章“国家出资企业”从完善企业制度角度规定的建立完善法人治理结构、财务与会计制度、监事会、职工代表

① 参见孙晋、张田：《关于〈反垄断法〉对垄断国企适用问题的思考——对王先林、徐晓松两篇文章的回应》，载《法治研究》2014年第8期。

② 参见孙晋：《规制变革理论视阈下公平竞争审查制度法治化进阶》，载《清华法学》2022年第4期。

大会等，与国有企业竞争中立提出的规范企业运作模式，保持运营中立的理念相符合；（5）第六章“国有资本经营预算”对国有资本经营预算的管理、编制程序及监督主体规定，与国有企业竞争中立对经营成本的核算与政府补贴中立要求相呼应。总之，《企业国有资产法》提高了对我国国有资产的管理水平，虽未明确规定国有企业竞争中立，但与国有企业竞争中立理念相一致，为我国实施国有企业竞争中立提供了法律基础。

（二）国有企业竞争中立与国有企业改革目标相一致

随着国有企业改革进程的推进，国有企业成为一种具有营利法人和公益法人特点的生产性组织，最重要的体现是国有资产保值和增值、调节国民经济、提供公共产品和服务、增进社会整体福利，兼顾盈利性和公益性。国有企业改革历经改革探索期（1978—1992）、改革突破期（1992—2002）、现代企业巩固期（2002—2012）、分类改革分类监管与公平竞争期（2012—至今），尤其党的十八大以来，国有企业改革发展到一个全新高度。“市场决定论”的提出为国有企业改革提供了方向，其中国有企业改革目标与竞争中立存在3个方面的契合：（1）提高国有企业国内外竞争力，参与国内市场公平竞争，塑造国有企业市场主体地位；（2）实现国有企业现代企业治理方式与党的领导统一；（3）健全国有资产监督管理体制。[①] 由此可见，无论是从国有企业改革的历程还是新发展方向来看，国有企业市场化改革目标与竞争中立精神相一致。

2015年，国有资产监督管理委员会出台《关于全面推进法治央企建设的意见》（国资发法规〔2015〕166号），促进国民经济平稳健康发展是国有企业改革的根本目标，提高国有企业的竞争力和自主经营能力，需要完善国有企业市场主体地位，给予更多自主权。调整政府与国有企业之间

① 参见孙晋：《竞争性国有企业改革路径法律研究：基于竞争中立原则的视角》，人民出版社2020年版，第18-19页。

的关系是完善国有企业市场主体的基础。政府干预国有企业经营、政府公共职能管理主体和出资人主体分离不清、国有企业管理不规范、企业领导缺乏制约等问题成为影响国有企业市场主体地位的主要原因，进一步调整政府与国有企业的关系成为国有企业改革深化的核心。推进国有企业改革，需要转变旧的行政化管理和政策优惠，赋予国有企业一定自主经营权。在国有企业改革过程中，尚须加强现代企业制度构建，对国有企业运营中存在的落后与不科学之处予以改革，并与其他市场主体平等地参与竞争，做到自负盈亏，从而提高国有企业的市场竞争力。政府应当发挥引导投资和资本的管理能力，将公共管理职能与国有资产出资人职能分离，减少对市场竞争机制的损害。由此可见，政企分开、政资分离的国有企业改革政策目标与国有企业经营中立的要求保持一致。

国有企业改革将健全现代企业制度、完善公司法人结构、加强党的领导作为主要目标。2015 年《中共中央　国务院关于深化国有企业改革的指导意见》指出，完善产权清晰、权责明确、政企分开、管理科学的现代企业制度，主要包括：（1）推进公司制股份制改革。根据不同企业的功能定位，逐步调整国有股权比例，形成股权结构多元、股东行为规范、内部约束有效、运行高效灵活的经营机制。（2）健全公司法人治理结构。重点是推进董事会建设，建立健全权责对等、运转协调、有效制衡的决策执行监督机制。（3）建立国有企业领导人员分类分层管理制度。坚持党管干部原则与董事会依法产生、董事会依法选择经营管理者、经营管理者依法行使用人权相结合，不断创新有效实现形式。（4）实行与社会主义市场经济相适应的企业薪酬分配制度。企业内部的薪酬分配权是企业的法定权利，由企业依法依规自主决定，完善既有激励又有约束、既讲效率又讲公平、既符合企业一般规律又体现国有企业特点的分配机制。（5）深化企业内部用人制度改革。建立健全企业各类管理人员公开招聘、竞争上岗等制度。因此，国有企业改革以建立现代企业制度为目标，加强国有企业内部治理，与竞争中立要求确立国有企业独立市场主体地位、增强市场主体竞争力理念相契合。

健全国有企业资产管理体制，完善国有资产监督体系，是建立公平竞争市场、实现国有企业自主经营的必然要求。2017 年《国务院国资委以管资本为主推进职能转变方案》明确了国务院国有资产监督管理委员会的定位，国有资产监督管理委员会根据授权代表国务院履行出资人职责，对国有资产进行监管。2019 年修订的《企业国有资产监督管理暂行条例》规定了国有资产监管机构的职责和义务，强调了国有资产监督管理机构要切实履行出资人职责，维护所有者权益，切实保障和不干预企业经营自主权，推进企业国有资产保值增值。国有企业资产管理体制改革由管资产向管资本方式的转变，改变国有资产监督管理委员会特设代理机构与国有企业的“关联关系”，调整优化国资监管职能。国有企业改革从国资监管层面进行突破，加强国有企业监管中立，有利于增强国有企业活力，维护市场竞争秩序。

（三）国有企业竞争中立与自贸区实践相同步

自贸区建设是全面深化改革的重大措施，有助于加快政府职能转变，创新对外开放模式，建立符合国际贸易投资规则的行政体制，以保证市场在配置资源中发挥决定性作用。更准确地说，自贸区建设是为了提高经济效率、推动经济发展，最大限度维护自由、公平的竞争机制，确保企业面临相同的竞争环境作出的制度承诺。[①] 自 2013 年上海自贸区建立以来，我国在自贸区（港）的政策和立法层面规定均体现出竞争中立理念，为全面确立公平竞争原则奠定了基础。自贸区管理体制与国有企业竞争中立的核心价值是一致的，例如《海南自由贸易港法》第 18 条规定：“海南自由贸易港实行投资自由化便利化政策，全面推行极简审批投资制度，完善投资促进和投资保护制度，强化产权保护，保障公平竞争，营造公开、透明、

① 参见张占江：《〈中国（上海）自由贸易试验区条例〉竞争中立制度解释》，载《上海交通大学学报》（哲学社会科学版）2015 年第 2 期。

可预期的投资环境。”

2013 年上海自贸区通过设立负面清单的方式，创新了企业的市场准入模式，彻底颠覆了以往正面清单方式，降低了外商投资的限制，创造了中外企业的公平竞争环境。负面清单着重强调了“法无禁止即可为”，在金融、航运、商贸、文化、一般制造业等领域中，加大开放力度，暂停、取消或放宽投资者资质要求、外资股份占比限制、经营范围限制准入等，这些都充分体现出了放宽市场准入、促进自由和公平竞争的精神。负面清单模式从自贸区推广至全国，形成全国统一大市场准入的负面清单，《市场准入负面清单（2022 年版）》列有禁止准入事项 6 项、许可准入事项 111 项，共计 117 项，相比 2013 年上海自贸试验区推出的第一份负面清单列出了 18 个门类、89 个大类、419 个中类、1069 个小类及 190 条管理措施，已经大幅减少类别，体现出我国对竞争中立政策的重视，创造公平竞争环境的不懈努力和追求。①

国有企业竞争中立的行为规则直接体现在自贸区的有关规定中。例如，《中国（上海）自由贸易试验区条例》第 47 条规定，“自贸试验区内各类市场主体的平等地位和发展权利，受法律保护。区内各类市场主体在监管、税收和政府采购等方面享有公平待遇。”又如，《中国（辽宁）自由贸易试验区条例》第 49 条规定，“自贸试验区应当坚持运用法治方式在行政体制、管理机制、投资、贸易、金融等各领域推动改革创新。依法保护区内各类市场主体平等地位和各项权利，保障其在区内监管、税收和政府采购等方面依法享有公平待遇。”此外，在福建、天津等自贸区也有类似规定。这些自贸区规则虽在形式上未明确国有企业竞争中立，但在实质上已经体现出监管中立、税收中立、政府采购中立等要求。

① 参见高维和、殷华、张懿伟：《国际“竞争中立”国有企业条款与中国实践》，格致出版社、上海人民出版社 2019 年版，第 84 页。

第四节　中国版国有企业竞争中立的法治构建

一、国有企业竞争中立的适用范围

（一）以实质控制作为主体标准

1993 年《宪法修正案》将“国营企业”修改为“国有企业”，反映出我国国有企业改革的方向是所有权与经营权分离，建立现代企业制度。判断国有企业的主要标准一般是以国家与企业之间是否存在所有权关系，即国家占企业股份的比例。但是，随着国有企业竞争中立的国际规则对国有企业范围的不断扩大，所有权不再是判断国有企业的单一标准。在广义控制说逐渐成为主流背景下，构建中国版国有企业竞争中立，应先解决主体标准的认定，即“国有企业”为何。

我国法律关于国有企业的界定近乎空白状态，《公司法》《企业国有资产法》仅对国有企业的类别予以规定，但未明确国家对企业持股多大比例才能认定为国有企业，只能从与国有企业相关的法规或规范性文件中寻找国有企业的定义（见下表）。

国有企业相关法律文件关于国有资本比例的规定

制定主体	文件名称	具体内容
全国人大	《公司法》（2023）	无具体规定，仅规定国家出资公司是指国家出资的国有独资公司、国有资本控股公司，包括国家出资的有限责任公司、股份有限公司
全国人大常委会	《企业国有资产法》（2008）	无具体规定，仅规定国家出资企业包含国有独资、国家控股、国家参股公司

续表

制定主体	文件名称	具体内容
最高人民法院	《最高人民法院关于如何认定国有控股、参股股份有限公司中的国有公司、企业人员的解释》（法释〔2005〕10号）	为准确认定刑法分则第三章第三节中的国有公司、企业人员，现对国有控股、参股的股份有限公司中的国有公司、企业人员解释如下：国有公司、企业委派到国有控股、参股公司从事公务的人员，以国有公司、企业人员论
国家统计局	《国家统计局关于对国有公司企业认定意见的函》（国统函〔2003〕44号）	国有企业有广义、狭义之分。广义的国有企业是指具有国家资本金的企业，可分为三个层次： 一、纯国有企业。包括国有独资企业、国有独资公司和国有联营企业三种形式，企业的资本金全部为国家所有。 二、国有控股企业。根据国家统计局《关于统计上国有经济控股情况的分类办法》的规定，国有控股包括国有绝对控股和国有相对控股两种形式。 三、国有绝对控股企业是指在企业的全部资本中，国家资本（股本）所占比例大于50%的企业。国有相对控股企业（含协议控制）是指在企业的全部资本中，国家资本（股本）所占的比例虽未大于50%，但相对大于企业中的其他经济成分所占比例的企业（相对控股）；或者虽不大于其他经济成分，但根据协议规定，由国家拥有实际控制权的企业（协议控制）。
国务院国有资产监督管理委员会、财政部	《企业国有资产交易监督管理办法》（第32号令）	第4条规定：本办法所称国有及国有控股企业、国有实际控制企业包括： （一）政府部门、机构、事业单位出资设立的国有独资企业（公司），以及上述单位、企业直接或间接合计持股为100%的国有全资企业； （二）本条第（一）款所列单位、企业单独或共同出资，合计拥有产（股）权比例超过50%，且其中之一为最大股东的企业； （三）本条第（一）（二）款所列企业对外出资，拥有股权比例超过50%的各级子企业； （四）政府部门、机构、事业单位、单一国有及国有控股企业直接或间接持股比例未超过50%，但为第一大股东，并且通过股东协议、公司章程、董事会决议或者其他协议安排能够对其实际支配的企业

续表

制定主体	文件名称	具体内容
财政部	《国有企业境外投资财务管理办法》（财资〔2017〕24号）	第2条第1款定规：本办法所称国有企业，是指国务院和地方人民政府分别代表国家履行出资人职责的国有独资企业、国有独资公司以及国有资本控股公司，包括中央和地方国有资产监督管理机构和其他部门所监管的企业本级及其逐级投资形成的企业
国务院国有资产监督管理委员会	《国务院国有资产监督管理委员会关于施行〈上市公司国有股东标识管理暂行规定〉有关问题的函》（国资厅产权〔2008〕80号）	持有上市公司股份的下列企业或单位标注国有股东标识： 政府机构、部门、事业单位、国有独资企业或出资人全部为国有独资企业的有限责任公司或股份有限公司； 上述单位或企业独家持股比例达到或超过50%的公司制企业；上述单位或企业合计持股比例达到或超过50%，且其中之一为第一大股东的公司制企业； 第二项中所述企业连续保持绝对控股关系的各级子企业； 以上所有单位或企业的所属单位或全资子企业

从上表可见，关于国有企业的外延上，各部门认定存在一定分歧：（1）《企业国有资产法》虽将国家控股、国家参股公司认定为国家出资企业，但并未明确提出“国有企业”的概念，相关界定具有模糊性；（2）国家统计局将国有参股企业纳入广义的国有企业中；（3）最高人民法院采取狭义上的国有企业，仅将国有全资公司认定为国有公司；（4）国务院国有资产监督管理委员会和财政部对国家控股认定予以详细规定，但未明确规定国有控股公司与国有企业的关系。关于国有企业中国有资本的最低比例，各部门形成了绝对控股、相对控股和实际支配力的共识，但对何为实际支配并没有明确规定。

学界中关于国有企业认定也因资本来源、企业功能、控制权等视角而存在差异：漆多俊认为，根据国有资产投入比重将国家投资企业分为国家全资企业、国有控股企业和一般持股企业，国有企业指全部资本或主要资本为国有资产的企业；[①] 李建伟认为，国有企业分为竞争性国有企业和公益性国有企业，国有企业除营利特征外的企业，还包括公益性企业；[②] 顾功耘认为，国有企业是国家根据资本联系，对其实施控制性的公司法人。[③]

由此可见，法律规定和学界对国有企业的界定基本形成以国有资本所占比重及控制权为主的共识。但是，何为控制权及其具体标准仍处于模糊的状态。国有企业竞争中立的国际规则对国有企业认定的范围逐渐扩大，“广义上控制说”及控制标准呈现体系化发展，这使我国国有企业处于内外交困的境地，因此需要在法律规定中明确界定国有企业的认定标准。我国对国有企业的界定应以国有资本占比为基础，以控制权为进阶而建立起“实质控制”标准，借鉴 OECD 和 CAI 对国有企业的界定，建立起一个双层标准的国有企业外延。

第一层以国有资本占比作为衡量国有企业的标准。鉴于 2016 年《企业国有资产交易监督管理办法》在国有企业混合所有制改革背景下提出，具有一定时效性，且其作为国务院国有资产监督管理委员会和财政部联合出台部门规章，相比其他规范性文件具有更高的法律效力，应当以此为国有企业认定的依据。因此下列企业可以被认定为国有企业：（1）政府部门、机构、事业单位出资设立的国有独资企业（公司），以及上述单位、企业直接或间接合计持股为 100% 的国有全资企业；（2）政府部门、机构、事业单位、企业单独或共同出资，合计拥有产（股）权比例超过 50%，且其中之一为最大股东的企业；（3）属于（1）（2）所列企业对外出资，拥有股权比例超过 50% 的各级子企业。

第二层为控制权标准。控制权包括直接控制和间接控制。有学者认为，一直以来，我国国际贸易投资法律制度主要依赖以“所有权”为基础区分

① 参见漆多俊：《经济法基础理论》，法律出版社 2008 年版，第 232 页。

② 参见李建伟：《中国企业立法体系改革——历史、反思与重构》，法律出版社 2012 年版，第 95 页。

③ 参见顾功耘：《国有经济法论》，北京大学出版社 2006 年版，第 270 页。

国有企业与私人企业，但忽视诸如国有资产监督管理委员会、党组织等国家制度环境对大型企业的形式、结构及运作的影响。[①]国际上已经超出股份所有权范畴，采取控制或决定性影响的共识，会导致众多民营企业或混合制企业因具有国有资产而被认定为"事实上的国有企业"，进而在国际贸易投资中处于不利地位。《企业国有资产交易监督管理办法》规定国有企业还包括政府部门、机构、事业单位、单一国有及国有控股企业直接或间接持股比例未超过50%，但为第一大股东，并且通过股东协议、公司章程、董事会决议或者其他协议安排能够对其实际支配的企业。我国应当以控制权为基础形成国有企业认定的实质控制标准，建立起一套可攻可防的国有企业定义。实质控制标准主要考虑以下因素：（1）政府在少数控股的情况下，是否对企业的董事会、监事会或高级管理人员任免和股东会的决议产生实质影响；（2）企业受到政府财政支持；（3）政府是否以约谈等方式迫使或鼓励企业遵守政策；（4）政府是否强制企业经营结构进行调整。以实质控制作为国有企业竞争中立的主体判断标准，国有企业范围为中央或地方政府基于投资而拥有支配性影响的企业。国家参股公司属于通过产权多元化形式形成的混合制公司，应当不属于国有企业的范围，国有资本所有者与其他股东按照《公司法》和公司章程规定享有同等权利和义务。明确国有企业界定的法律标准，能够为我国参与、主导的国际经济规则奠定法律基础，保护相关企业在国际市场的正当权益。

（二）以商业活动作为行为标准

除以实质控制作为判断国有企业竞争中立的主体标准外，商业活动也是一个重要的衡量标准，构成国有企业竞争中立主体认定的重要行为标准。澳大利亚、OECD将商业性行为纳入国有企业竞争中立的调整范围，

①See Milhaupt C J, Zheng W., Beyond Ownership: State Capitalism and the Chinese Firm, 103 The Georgetown Law Journal（2015）.

CPTPP、CAI 创设了国有企业的商业考虑原则，并进一步细化商业活动的衡量标准，关于国有企业竞争中立的商业活动标准已基本形成了国际共识。国有企业竞争中立的核心要求是从事商业活动的国有企业基于营利性目的，向市场提供具有竞争力的商品或服务。因为相关行业具有竞争性，国有企业不能因其资本所有制属性而享有特殊市场竞争优势。我国在国有企业分类改革中“商业类”国有企业与其思路相契合，根据《关于国有企业功能界定与分类的指导意见》，商业类国有企业将增强国有经济活力、国有资产保值增值作为首要任务，通过股权多元化和市场化的方式保障商业类国有企业成为自主经营、自负盈亏的市场主体。商业类国有企业需要同其他私营企业按照市场规则从事经营活动，并按照《公司法》要求行使权利和履行义务。但是，我国商业类国有企业又被进一步划分为竞争性商业类国有企业和非竞争性商业类国有企业，这又与国际上对于商业活动的认定存在差异，尤其在事关国家安全和国民经济命脉的非竞争性商业类国有企业纳入商业性国有企业值得商榷。一些非竞争性商业类国有企业以追求独立的自主经营、自主定价为目标，国有独资、控股仍是常态，在国际认知中较易被认为从事商业活动的国有企业，但由于国家安全和国家经济命脉的特殊性，往往需要争取一定程度豁免，这无疑增加了国有企业“走出去”的压力。同时，商业类国有企业和公益类国有企业均涉及自然垄断，标准不统一加重了分类的混乱。

依据我国国有企业改革中国有企业分类制度，参考国际规则关于国有企业商业活动标准的共识，以具有我国特色的商业活动标准为构建国有企业竞争中立的重要环节，应当包括以下方面：（1）国有企业提供的商品或服务是否属于一般意义上的销售行为；（2）国有企业提供的商品或服务是否在相关产品或地域市场具有实际或潜在的竞争者；（3）国有企业在商品的生产、流通、销售中具有独立管理和自主定价的权利；（4）国有企业提供商品或服务的行为，是否可以满足成本、利润的衡量标准，即符合可以收回绝大部分成本的最低限度原则。若是满足以上 4 个标准，可以认定国有企业的行为属于商业活动。同时，参照我国国有企业分类制度，也可以在认定标准的基础上制定适用国有企业竞争中立的“正面清单”。明确竞争性国有企业的名单，不仅可以减少实际操作中的认定步骤，还能够为名单中的国有企业改革提供动力。

（三）以豁免原则作为例外条款

国有企业竞争中立的实践中并未将所有国有企业纳入适用对象范围，均设置了例外条款，主要包括“公共利益考量”“特别提款权”“履行国家政策和监管职能”等标准，甚至在区域贸易协定中对特定行业、特殊国有企业，国家采取例外条款。国有企业竞争中立设置例外条款，一方面可以保护各国的本国经济利益和国家安全，另一方面因领域市场化是国有企业竞争中立的实施基础，决定了国有企业竞争中立只能适用于市场化领域。[①]

我国国有企业作为以公有制为主的经济制度的具体表现，承担着政治、经济和社会等多重责任，肩负着加快中国式现代化建设的历史使命。国有企业在弥补市场缺陷，提供国防、基础设施建设、医疗教育等公共物品以外，还存在大量混合商业性质和公共性质的企业。这些企业一般处于自然垄断领域，其提供的商品或服务具有一定排他性，但将获取经济效益作为最终目的，在某些情况下提供公益性商品或服务，[②]具有双重性质的国有企业在适用竞争中立时面临认定模糊的局面。同时，除大型国有企业外，我国地方还存在一定体量的小型国有企业，其享有的补贴、税收、融资优惠等还不足以达到影响市场的地步。小型国有企业的商业活动对市场竞争干扰较小，若将此类企业强行纳入国有企业竞争中立的适用范围，会对我国地

① 参见丁茂中：《竞争中立政策研究》，法律出版社2018年版，第111页。

② 参见黄群慧、余菁：《新时期的新思路：国有企业分类改革与治理》，载《中国工业经济》2013年第11期。

方经济社会发展、产业政策调整产生不利影响。此外，《反垄断法》第8条第1款规定，“国有经济占控制地位的关系国民经济命脉和国家安全的行业以及依法实行专营专卖的行业，国家对其经营者的合法经营活动予以保护，并对经营者的经营行为及其商品和服务的价格依法实施监管和调控，维护消费者利益，促进技术进步”，其中“国家对其经营者的合法经营活动予以保护”是否意味《反垄断法》对国有企业予以豁免适用存在争议。[①]模糊化的立法语言导致竞争执法机关在实践中对国有企业垄断行为给予豁免，这不利于对竞争执法的公正性、中立性的国际评价。[②]为保障国家经济利益和国家安全，根据国有企业改革、经济发展状况、产业发展水平和法治环境情况，我国国有企业竞争中立应当以豁免原则设立例外条款，明确豁免标准的适用。

豁免原则可以包括应当豁免和裁量豁免两大类型。应当豁免主要包括：（1）维护国家安全、国防安全的军工企业；（2）公益类企业，以追求社会效益为直接目的，提供公共产品，履行公共职责，享有财政补贴或其他优惠政策的国有企业，一般包括公立教育、社会保障、基础设施建设、社会治安等行业。国务院国有资产监督管理委员会应当制定公益性行业目录，根据社会发展适时调整。裁量豁免主要包括：（1）未达到适用门槛的国有企业，借鉴澳大利亚对于“重大商业活动”的判断标准和CAI、CPTPP协议中设立的2亿美元的特别提款权的规定，以设立若干财务年度内的年度收入超过特定值的方式，保护小型国有企业的生存；（2）国有企业履行公共服务职责的非商业活动；（3）国有企业在经济危机或政府授权作出的临时措施。

① 参见张骏：《〈反垄断法〉第7条述评——兼论垄断国企的规制》，载《竞争政策研究》2015年第2期。

② 参见孙瑜晨：《国企改革引入竞争中性的正当性及实现路径——以新兴经济体的实践经验为镜鉴》，载《北方法学》2019年第6期。

二、国有企业竞争中立的行为规则

（一）市场准入中立

党的十八届三中全会明确指出，我国应当大力发展混合所有制经济，在此基础上，推进国有企业混合所有制改革，具有重要的现实意义。国有企业历经公司制改革、股份制改革、混合所有制改革等，逐步形成适应市场的能力，有助于推进社会主义市场经济的发展。引入民间资本，深化国有企业改革，加快各种资本、所有制经济的共同发展是我国经济制度不断完善的动力。国有企业改革对商业类国有企业和公益类国有企业的分类，加快了民间资本进入商业类国有企业的步伐。《反垄断法》第8条关于特殊行业国家干预的笼统规定虽保障了特殊行业的市场规制体系，防范了市场失灵，但在一定程度上构建了在特殊行业内国有资本一元化的规则框架，构成了民间资本进入特殊行业的壁垒。民间资本投资范围逐步延伸，包括铁路、航空、石油、水利、通信、金融等行业进一步市场化改革已经纳入了国务院的经济改革文件中，但现实情况下的法律空白导致民间资本进入后仍面临差别化规定，经营范围内前置审批等问题仍未解决。[①]

要打破民间资本进入的隐形壁垒，须做到市场准入中立，即国有企业与其他经济主体进入特定市场中适用相同的市场准入标准，主要包括以下三个方面:（1）以经营资质赋予中立，突破《反垄断法》对国有企业的“优待”规定，鼓励民间资本参与到具有竞争性行业中来，促进双方的公平竞争。“混合所有制”并不强调必须以国有资本为主，而应注重多种所有制资本的融合和共同发展，扩大民间资本的规模，以弥补单一国有资本的不足。在设定经营资质的前提下，只要企业满足资质的要求，就应当赋予市场准入的

① 参见孙晋：《竞争性国有企业改革路径法律研究：基于竞争中立原则的视角》，人民出版社2020年版，第222-224页。

权利。通过进一步放宽我国民营企业进入市场的准入条件，制定相关的实施细则，为推动我国民营经济的健康发展，营造良好的社会、法律和制度环境。（2）要尽快出台有关政府特许经营管理规则，让民营企业能够涉足特殊行业。对民营企业涉足有关领域的范围、程序、义务、期限等问题进行明确的界定，使得民营企业在进入有关领域的经营管理工作有法律依据，行政机关在实施行政许可时也有法可循。（3）加快行政审批体制的改革，提高审批效率。实体公正的实现离不开程序公正的支撑和维护，而审批效率的提升也是对民间资本准入的重要保证，减少了大量的人力、物力和财力，从而大大增强了民间资本的信心和决心。

（二）企业运营中立

在现代市场经济中，国有企业需要参与竞争以优胜劣汰，实现健康、有序地发展，最终彻底实现政企分离。国有企业改革的突破口是建立现代企业制度，以法律规则实现企业运营中立，既保障国有企业将经营权交给市场，又保护国家股东的合法权益。因此，通过完善《公司法》《企业国有资产法》等相关法律法规健全现代企业治理结构，实现国有经济与民营经济的整合和协调，成为实现国有企业运营中立的核心。

优化国有资产监督管理体系，改变政企不分的状况。《企业国有资产法》第 11 条规定："国务院国有资产监督管理机构和地方人民政府按照国务院的规定设立的国有资产监督管理机构，根据本级人民政府的授权，代表本级人民政府对国家出资企业履行出资人职责。"《企业国有资产监督管理暂行条例》第 12 条规定："国务院国有资产监督管理机构是代表国务院履行出资人职责、负责监督管理企业国有资产的直属特设机构。省、自治区、直辖市人民政府国有资产监督管理机构，设区的市、自治州级人民政府国有资产监督管理机构是代表本级政府履行出资人职责、负责监督管理企业国有资产的直属特设机构。"因此各级人民政府国有资产监督管理委员会既享有出资者的职权，又对出资企业具有一定的监管职能，这种双重定位使得国有资产监督管理委员会对国有企业的监督管理出现过宽的问题，自主决策权和经营权的缺失不利于国有企业成为独立自主的市场主体，这也不符合国有企业竞争中立的国际规则。例如，OECD、CPTPP 协议均将政府对企业进行严密监管作为控制企业的标准之一。根据《国务院国资委关于以管资本为主加快国有资产监管职能转变的实施意见》规定，应当按照管资本为主的要求，实现国有资产监管管理的职能转变，坚持政企分开、政资分开，进一步明确各自职权边界，对国有资本投资运营公司和其他被直接监管的企业，依法履行出资人的责任，把应由企业自主决定的事情全部交给企业。简言之，就是扩大企业经营自主权，减少国有资产监督管理委员会的过度干预，落实授权资本制。因此，国有资产监督管理委员会职能应当按照政企分开的要求予以重构：（1）国有资产监督管理委员会在行使监管职能时，不应削弱董事会权利；（2）国有资产监督管理委员会对于高级管理人员任命权利、股权流转权等事项逐步放给董事会；（3）国有资产监督管理委员会的职权应当限于通过股东会决定公司的经营方针和投资计划，对公司的经营提出建议或咨询。

市场化聘任机制是保证国有企业运营中立的重要方式。《公司法》第 173 条规定："国有独资公司的董事会依照本法规定行使职权。国有独资公司的董事会成员中，应当过半数为外部董事，并应当有公司职工代表。董事会成员由履行出资人职责的机构委派；但是，董事会成员中的职工代表由公司职工代表大会选举产生。董事会设董事长一人，可以设副董事长。董事长、副董事长由履行出资人职责的机构从董事会成员中指定。"《企业国有资产法》第 22 条第 1 款规定："履行出资人职责的机构依照法律、行政法规以及企业章程的规定，任免或者建议任免国家出资企业的下列人员：（一）任免国有独资企业的经理、副经理、财务负责人和其他高级管理人员；（二）任免国有独资公司的董事长、副董事长、董事、监事会主席和监事；（三）向国有资本控股公司、国有资本参股公司的股东会、股东大会提出董事、监事人选。"在实践中，我国国有企业董事会成员构成较为单一，内部董事往往由国有资产监督管理委员会直接选派，外部董事大多来自其他国有企业高管、董事、政府官员和高校教授。[①]我国国有企业的高级管理人员的任免具有较高的行政化色彩，实践中更倾向于内部选拔负责人。[②]这与国有企业公司治理准则中削弱政府干预董事会任命的竞争中立国际规则相悖，也不符合国有企业去行政化理念，因此须在国有企业中引入以市场为导向的人事任免制度，以改善国有企业的内部管理。根据党的十八届三中全会提出的“合理增加市场化选聘比例，建立职业经理人制度”的要求，国有控股公司、参股公司中的董事会、监事会的任免应当与现代企业制度一致。国有资产监督管理委员会应当按照出资额，在股东会上严格按照股份比例行使选举和更换董事的权利。对于经理等高级管理人员的任免，应当摒弃行政化的任免操作，建立市场化选聘机制，尤其竞争性国有企业应当采取从外部市场公开招聘高级管理人才，完善考核、审查、公示等规定；对于国有参股公司而言，更应当严格按照《公司法》规定，由董事会进行决策。国家资产监督管理委员会作为国有资产的代理人，应将高级管理人员的任免权利下放到董事会，避免过多的行政干预。

国有企业运营中立要求明确党组织机构职能和定位。建立现代企业制度是我国国有企业改革追求的目标。我国《公司法》形成的股东会、董事会、监事会和经理层的三会一层治理结构与西方国家的“决策、执行和监督”模式具有相似之处，党组织参与公司治理也是我国具有的特色制度。但是，在国有企业竞争中立国际规则的评价体系下，党组织参与治理结构可能被认定为“有效影响力”“实质控制力”，进而认定为我国国有企业违反竞争中立的要求，这一误解源自对我国经济模式、公

① 参见孙玥璠、宋迪：《国有企业董事会构成问题国际比较研究》，载《经济研究参考》2015年第31期。

② 参见李烨、黄速建：《国有企业负责人选聘来源的影响因素研究》，载《财经理论与实践》2017年第5期。

司治理模式、党组织功能等缺乏充分认识。在国有企业内部治理结构中，党组织发挥政治核心的作用，对提高国有企业的核心竞争力起到积极的促进作用。《公司法》第170条规定："国家出资公司中中国共产党的组织，按照中国共产党章程的规定发挥领导作用，研究讨论公司重大经营管理事项，支持公司的组织机构依法行使职权。"相关规定明确了在国有企业内部，党组织独立于三会，通过监督保障国家政策、企业党员干部、思想政治教育等渗透国有企业运营的各个环节，但与股东会、董事会之间的职责并不明确。鉴于我国特殊的国情和国有企业治理结构中的制度性冲突，应当科学定位党组织在企业治理结构中的法律主体地位，相关法律法规可以明确党组织的政治核心和领导核心作用：（1）以健全党组织的有效监督机制为主，确立党组织的主体地位，将国有企业的科学决策、资金运用、职工合法权益作为监督重点；（2）以培育企业廉洁文化，把加强自我约束作为有效监督的思想基础；（3）以尊重企业法人治理结构为前提，构建有效监督格局。按照《中国共产党国有企业基层组织工作条例（试行）》第14条规定，国有企业建立"双向进入、交叉任职"领导体制，让符合条件的党组织成员进入董事会。在保障其政治核心作用的同时，还要让不同性质的成员比例平衡，实现相互制衡，确保国有企业的利益。在法律上明确划分党组织和董事会职能，实现党内监督和董事会决策的正当行使和协调，也是国有企业运营中立的要求。

（三）信贷融资中立

信贷中立要求国有企业与其他企业在融资过程中，其贷款和债务适用相同贷款利率。在澳大利亚，国有企业融资的过程中，借助于信贷等级和债务成本，把负债的中性调节值纳入负债成本。欧盟委员会不但要确定公共机构的经费来源，还要根据国家援助的相关规定，排除一切不合理的优势。在社会主义市场经济体制中，应当从根本上剥离政府的企业家职能，使市场在分配信用资源中起到决定性的作用。在企业融资时，银行等金融机构要对各种所有制企业实行无差别贷款，要坚持公平原则，逐步消除国有企业的所有权优势，用平等的市场利率和信用风险规范企业的融资行为。

我国国有银行的商业化和公司化改革也表现出逐步使其由政府干预下的金融所有制歧视向市场运行下的公平待遇转变，但现阶段政策和法律上尚不能完全避免融资中的所有制歧视，需要制定更加严格的信贷中立规则：（1）国有企业信用评级不达到要求或缺乏足够担保时，政府不得强制商业银行为其提供贷款；（2）禁止政府以任何形式为国有企业的商业贷款提供担保；（3）政府不得为国有企业承担到期债务。

（四）政府补贴中立

国有企业竞争中立的国际规则认为，对国有企业的大幅补贴在事实上导致了不公平竞争的市场环境。欧盟通过竞争法规制成员国对国有企业的援助或补贴，CPTPP 推出较高标准的国有企业补贴条款，建立了以“非商业性援助”为名的新型反补贴规则，这些政策是旨在消除政府补贴国有企业引发的负面外溢效果。在 2019 年博鳌亚洲论坛上，中国人民银行前行长周小川表示，中国政府不会为国有企业提供系统性补贴。[①] 在加入 WTO 之后，我国的确逐渐减少了相关的专项国有企业补贴，但仍存在财政补贴滥用的现象。地方政府往往为促进就业，增加地方国有企业竞争力，实施政策性亏损补贴、信贷优惠、税收优惠政策，严重损害了公平竞争的全国统一大市场建设。因此，我国应当完善国有企业补贴相关法律的规定，综合考量国际贸易新型补贴规则和我国国情，建立本土化的国有企业补贴中立规则。

财政是国家治理的基础和重要支柱。完善分配制度、促进公平竞争

① 参见巴曙松、谭鹏：《竞争中性原则的形成及其在中国的实施》，厦门大学出版社 2021 年版，第 134-135 页。

给国有企业改革提出了新的要求，为防止公共资源不合理流入私益群体，规范国有企业补贴的适用程序和标准成为重要措施之一。我国应当通过财政补贴立法对财政补贴的过高或过广问题予以控制，避免财政补贴的不公平而产生的国有企业竞争优势，例如《预算法》增加关于财政补贴的适用范围、程序、标准及其公开的规定：（1）在财政补贴范围上，原则上禁止对国有企业给予系统性财政补贴，财政补贴侧重于根据经济社会发展需求和普惠性要求进行最低限度补贴。（2）在财政补贴程序上，应当采取国有企业补贴申请制，不管是中央国有企业，还是地方国有企业，均应依据企业经营、行业发展、政策改革等各种因素，制定出一套关于财政补贴的预算方案，向各级人大或人大常委会提交，供审查批准。定期和不定期由第三方评估机构对财政补贴效果予以评估，对于未能达到预期效果的，就应立即停止财政补贴。（3）在财政补贴标准上，应当制定一套包括补贴期限、单位金额、计算单位等内容的财政补贴标准，依据标准对国有企业申请的财政补贴予以严格的审核，并对其进行详细说明，要尽量避免出现交叉补贴的情况。（4）应当及时公布国有企业享受财政补贴的情况，包括财政补贴、税收减免等政策扶持措施，建立高质量和高度透明的信息披露机制。

（五）税收优惠中立

国有企业不因税收待遇差别而享有竞争优势。税收优惠实质上是一种财政补贴，税收优惠的差异导致国有企业拥有不正当的竞争优势。根据《企业所得税法》《企业所得税法实施条例》的规定，我国内外资企业所得税率统一为25%，我国在企业所得税的缴纳主体和税率上已经实现了税收中立，此外，增值税、城市维护建设税、环境保护税等也均体现了税收中立要求，即税率差别和税收优惠政策不是基于所有制，而是因企业所在行业、规模和具体用途等而有所区别。但是，相关税收优惠的规范性文件数量多、内容复杂，税收优惠在各地呈现泛滥之势，[①]地方政府向中央政府争取的税收优惠往往偏向国有企业而歧视民营企业，[②]虽然国有企业和民营企业在名义税率上无显著差异，但在实际税负上却存在差异。

国有企业的税收优惠中立应当采取以下措施：（1）制定出统一的税收优惠标准，明确税基的计算标准，实现税收负担中立，对税收优惠进行规范，保障不同所有制企业实际税率平等；（2）制定税收优惠政策措施时，应当全面审查税收优惠对地区经济效益、竞争市场产生的影响，借鉴澳大利亚税收中立措施，制作税收中立清单，并向社会公布改革方案；（3）健全税务咨询服务体系，保障各种所有制企业得到详尽的税务指导，我国应当改革税收宣传中重义务轻权利的方式，税务机关应当针对税收优惠政策措施制定详细的办税指南。

（六）政府采购中立

国有企业的政府采购中立是指在参与公共采购的过程中，国有企业应该遵守一套具有竞争性、非歧视性和透明度的程序。根据《政府采购法》《政府采购法实施条例》的规定，政府在使用财政性资金采购依法制定的集中采购目录以内的货物、服务和工程上，必须向市场所有经营者开放，国有企业不得因此获得不公平的交易机会。但是，地方政府为保护地方经济社会发展，不及时公开采购信息，导致采购信息获得困难，在采购遴选过程中存在歧视，依靠不正当关系获得不当优势，阻碍了采购过程中的公平竞争。[③]因此，我国应当进一步加强国有企业政府采购中立的法治建设：（1）完善政府采购监督制度，加强对政府采购预算执行与变更的人大监督、

① 参见叶金育：《税收优惠统一立法的证成与展开——以税收优惠生成模式为分析起点》，载《江西财经大学学报》2016 年第 2 期。

② 参见潘孝珍、庞凤喜：《中国地方政府间的企业所得税竞争研究——基于面板数据空间滞后模型的实证分析》，载《经济理论与经济管理》2015 年第 5 期。

③ 参见丁茂中：《竞争中立政策研究》，法律出版社 2018 年版，第 58-67 页。

行政监督和社会监督；（2）完善政府采购信息中立，保障政府采购信息对国有企业和民营企业及时、全面开放；（3）加快全国统一电子化政府采购管理平台的建设，增强企业参与政府采购的便捷性，最大程度上保障政府采购方式的公平性；（4）在政府采购评选机制中，加强对采购评审人选中立审查，形成一套综合、客观的评审标准。

参考文献

著作

[1] [德] 哈贝马斯 . 在事实与规范之间：关于法律和民主法治国的商谈理论 [M] . 童世骏，译 . 北京：生活·读书·新知三联书店，2003.

[2] [美] 博登海默 . 法理学：法律哲学与法律方法 [M] . 邓正来译，北京：中国政法大学出版社，2004.

[3] [美] 德隆·阿西莫格鲁，詹姆斯·A. 罗宾逊 . 国家为什么会失败 [M] . 李增刚，译 . 长沙：湖南科学技术出版社，2015.

[4] [美] 威廉·科瓦西奇，[英] 林至人，[英] 德里克·莫里斯 . 以竞争促增长：国际视角 [M] . 北京：中信出版社，2017.

[5] [英] 林至人 . 减少竞争中的政策壁垒：国际经验与教训 [M] . 北京：中信出版社，2019.

[6] 巴曙松，谭鹏 . 竞争中性原则的形成及其在中国的实施 [M] . 厦门：厦门大学出版社，2021.

[7] 白金亚 . 国有企业竞争中立制度研究 [M] . 北京：知识产权出版社，2019.

[8] 白志远 . 政府采购政策研究 [M] . 武汉：武汉大学出版社，2016.

［9］翟巍．欧盟公平竞争审查制度研究［M］．北京：中国政法大学出版社，2019.

［10］翟巍．欧盟国家限制竞争行为与反垄断规制及对我国启示：基于公共经济利益服务研究视域［M］．北京：法律出版社，2016.

［11］丁茂中．公平竞争审查制度研究［M］．北京：法律出版社，2019.

［12］丁茂中．竞争中立政策研究［M］．北京：法律出版社，2018.

［13］杜爱武，陈云开．公平竞争审查制度理解与适用［M］．北京：中国工商出版社，2021.

［14］高帆．行政权力与市场经济：政府对市场运行的法律调控［M］．北京：中国法制出版社，1995.

［15］高维和，殷华，张懿伟．国际“竞争中立”国有企业条款与中国实践［M］．上海：格致出版社，上海：上海人民出版社，2019.

［16］顾功耘．国有经济法论［M］．北京：北京大学出版社，2006.

［17］何志鹏．国际法治论［M］．北京：北京大学出版社，2016.

［18］黄进喜．反垄断法适用除外与豁免制度的研究［M］．厦门：厦门大学出版社，2014.

［19］胡海涛．国有企业改革法律治理研究：基于竞争中立的视角［M］．北京：社会科学文献出版社，2022.

［20］江山．产业发展的政策选择与法律治理：以竞争法为中心展开［M］．北京：法律出版社，2017.

［21］经济合作与发展组织．竞争中立：维持国有企业与私有企业公平竞争的环境［M］．谢晖，译．北京：经济科学出版社，2015.

［22］李建伟．中国企业立法体系改革：历史、反思与重构［M］．北京：法律出版社，2012.

［23］李扬．财政补贴经济分析［M］．上海：上海人民出版社，2017.

［24］刘剑文，熊伟．财政税收法［M］．北京：法律出版社，2019.

[25] 马海涛，姜爱华 . 政府采购管理 [M] . 北京：北京大学出版社，2008.

[26] 马旭红，唐正繁 . 第三方评估的实证理论与实证探索 [M] . 成都：西南交通大学出版社，2017.

[27] 彭海斌 . 公平竞争制度选择 [M] . 北京：商务印书馆，2006.

[28] 漆多俊 . 经济法基础理论 [M] . 北京：法律出版社，2008.

[29] 石伟 . "竞争中立" 制度的理论和实践 [M] . 北京：法律出版社，2017.

[30] 孙晋 . 竞争性国有企业改革路径法律研究：基于竞争中立原则的视角 [M] . 北京：人民出版社，2020.

[31] 孙晋 . 公平竞争审查制度：基本原理与中国实践 [M] . 北京：经济科学出版社，2020.

[32] 王利明 . 法学方法论 [M] . 北京：中国人民大学出版社，2000.

[33] 黄军 . 公平竞争审查例外制度适用的程序控制 [C] . 王红霞 . 经济法论丛：第 2 卷 [M] . 北京：法律出版社，2021.

[34] 黄彦钦 . 公平竞争审查制度中的第三方评估 [C] . 王红霞 . 经济法论丛：第 2 卷 [M] . 北京：社会科学文献出版社，2020.

[35] 项安波，马骏，袁东明，等 . "竞争中性" 国际趋势及应对策略 [M] . 北京：中国发展出版社，2021.

[36] 徐士英 . 竞争政策研究：国际法比较与中国选择 [M] . 北京：法律出版社，2013.

[37] 杨灿明，李景友 . 政府采购问题研究 [M] . 北京：经济科学出版社，2004.

[38] 应品广 . 竞争中立规则研究：国际比较与中国选择 [M] . 北京：中国政法大学出版社，2020.

[39] 应品广 . 公平竞争审查制度：中国竞争政策的重大创新 [C] . 王先林 . 竞争法律与政策评论：第 2 卷 [M] . 上海：上海交通大学出版社，

2016.

[40] 朱静洁 . 公平竞争审查制度实施的障碍及破解 [C] . 陈云良 . 经济法论丛：第 1 期 [M] . 北京：法律出版社，2019.

[41] 俞文钊 . 现代激励理论与应用 [M] . 大连：东北财经大学出版社，2014.

[42] 张斌 . 国有企业竞争中立：规则演进与比较 [M] . 上海：上海人民出版社，2022.

[43] 章剑生 . 行政听证制度研究 [M] . 杭州：浙江大学出版社，2010.

[44] Adam Smith. An Inquiry into the Nature and Causes of the Wealth of Nations [M] . Bantam Classics, 2003.

[45] Capobianco A, Christiansen H.Competitive Neutrality and State-owned Enterprises: Challenges and Policy Options [M] . OECD Publishing，2011.

[46] Kawase T, Ambashi M.Disciplines on State-owned Enterprises under the Trans-Pacific Partnership Agreement: Overview and Assessment [M] . Emerging Global Trade Governance, 2018.

[47] Levitt T. The Third Sector: New Tactics for a Responsive Society [M] . AMACIM, 1973.

论文

[48] 毕莹 . 国有企业规则的国际造法走向及中国因应 [J] . 法商研究，2022 (3) .

[49] 陈林 . 公平竞争审查、反垄断法与行政性垄断 [J] . 学术研究，2019 (1) .

[50] 邓伟 . 税收政策公平竞争审查制度的问题及其对策 [J] . 法商研究，

2021（6）.

［51］邓伟.消费税的立法逻辑及其展开［J］.河南财经政法大学学报，2021（5）.

［52］丁茂中.公平竞争审查的激励机制研究［J］.法学杂志，2018（6）.

［53］丁茂中.论我国公平竞争审查制度的建立与健全［J］.竞争政策研究，2017（2）.

［54］丁茂中.我国竞争中立政策的引入及实施［J］.法学，2015（9）.

［55］段葳.优化营商环境视阈下公平竞争审查制度改进研究［J］.理论月刊，2021（9）.

［56］樊富强.澳大利亚关于国有企业竞争中立政策的实施与评析［J］.对外经贸实务，2016（10）.

［57］丰霏.法律治理中的激励模式［J］.法制与社会发展，2012（2）.

［58］冯海波.供给侧结构性改革背景下的减税逻辑［J］.华中师范大学学报（人文社会科学版），2017（7）.

［59］冯辉.竞争中立：国企改革、贸易投资新规则与国家间制度竞争［J］.环球法律评论，2016（2）.

［60］冯辉.新能源汽车产业政府补贴的法律规制研究［J］.政治与法律，2017（12）.

［61］干春晖，郑若谷，余典范.中国产业结构变迁对经济增长和波动的影响［J］.经济研究，2011（5）.

［62］顾海兵，沈继楼，周智高，唐帅.中国经济安全分析：内涵与特征［J］.中国人民大学学报，2007（2）.

［63］韩大元.中国宪法上“社会主义市场经济”的规范结构［J］.中国法学，2019（2）.

［64］韩立余.国际法视野下的中国国有企业改革［J］.中国法学，2019（6）.

［65］韩乾，洪永淼.国家产业政策、资产价格与投资者行为［J］.

经济研究，2014（12）.

[66] 何干强 . 关乎坚持维护宪法尊严的一个重大经济理论问题：“竞争中性”辨析 [J]. 高校马克思主义理论研究，2020（1）.

[67] 侯利阳 . 产业政策何以向竞争政策转变：欧盟的经验与上海的现实 [J]. 上海交通大学学报（哲学社会科学版），2016（1）.

[68] 侯利阳 . 公平竞争审查的认知偏差与制度完善 [J]. 法学家，2021（6）.

[69] 侯日云，蒲晓红 . 历史视野下的社会保障：概念分歧与规范化 [J]. 理论月刊，2021（8）.

[70] 胡改蓉 . 竞争中立对我国国有企业的影响及法制应对 [J]. 法律科学（西北政法大学学报），2014（6）.

[71] 胡左浩 . 借助竞争中性原则深化国企改革 [J]. 人民论坛，2018（36）.

[72] 黄军 . 比例原则在公平竞争审查例外制度运行中的适用 [J]. 财经法学，2021（1）.

[73] 黄明涛 . 我国《反垄断法》司法适用问题研究：基于 108 份裁判文书的实证分析 [J]. 价格理论与实践，2021（4）.

[74] 黄群慧，余菁 . 新时期的新思路：国有企业分类改革与治理 [J]. 中国工业经济，2013（11）.

[75] 黄彦钦 . 公平竞争审查例外规定的功能定位与完善路径 [J]. 深圳社会科学，2020（4）.

[76] 黄彦钦 . 公平竞争审查例外规定的适用方法 [J]. 中国市场监管研究，2019（11）.

[77] 黄彦钦 . 行政垄断规制体系再生长 [J]. 经济法学评论，2020（1）.

[78] 黄永春，祝吕静，沈春苗 . 新兴大国扶持企业实现赶超的政策工具运用：基于战略性新兴产业的动态演化博弈视角 [J]. 南京社会科学，2015（6）.

[79] 黄勇，吴白丁，张占江 . 竞争政策视野下公平竞争审查制度的

实施 [J]. 价格理论与实践，2016（4）.

[80] 贾璐. 公平竞争审查制度的双重悖论与激励机制 [J]. 中国价格监管与反垄断，2022（6）.

[81] 江飞涛，李晓萍. 直接干预市场与限制竞争：中国产业政策的取向与根本缺陷 [J]. 中国工业经济，2010（9）.

[82] 蒋大兴. 公司法改革的"社会主义（公共主义）逻辑" [J]. 中国流通经济，2020（7）.

[83] 蒋悟真，罗雅文. 迈向实质正义的公平竞争审查进路：以财政补贴为例 [J]. 学习与实践，2022（6）.

[84] 焦海涛. 公平竞争审查制度的实施激励 [J]. 河北法学，2019（10）.

[85] 金碚. 全国统一大市场中的市场主体行为 [J]. 求索，2022（4）.

[86] 金善明.《反垄断法》文本的优化及其路径选择：以《反垄断法》修订为背景 [J]. 法商研究，2019（2）.

[87] 李建伟. 总体国家安全观的理论要义阐释 [J]. 政治与法律，2021（10）.

[88] 李剑. 试论我国反垄断法执行机构建立的可行性 [J]. 现代法学，2004（1）.

[89] 李俊峰. 分歧与共识：竞争中性之于中国的意义省思 [J]. 河北法学，2022（6）.

[90] 李俊峰. 公平竞争自我审查的困局及其破解 [J]. 华东政法大学学报，2017（1）.

[91] 李娜. 欧盟竞争法实施的新扩张：适用国家援助制度来审查成员国的税收征管行为 [J]. 欧洲研究，2016（1）.

[92] 李胜利，张亚飞. 论财政补贴公平竞争审查 [J]. 中国物价，2021（9）.

[93] 李烨，黄速建. 国有企业负责人选聘来源的影响因素研究 [J]. 财经理论与实践，2017（5）.

[94] 励贺林. 对欧盟国家援助调查的逻辑梳理和动向评析：以欧盟

开启对耐克的国家援助调查为视角［J］．财政监督，2019（8）．

［95］刘风景．例示规定的法理与创制［J］．中国社会科学，2009（4）．

［96］刘继峰．论公平竞争审查制度中的问题与解决［J］．价格理论与实践，2016（11）．

［97］刘权．比例原则的精确化及其限度：以成本收益分析的引入为视角［J］．法商研究，2021（4）．

［98］刘权．适当性原则的适用困境与出路［J］．政治与法律，2016（7）．

［99］刘志彪，孔令池．从分割走向整合：推进国内统一大市场建设的阻力与对策［J］．中国工业经济，2021（8）．

［100］刘志彪．全国统一大市场［J］．经济研究，2022（5）．

［101］吕汉阳．政府采购促进公平竞争的重要意义［J］．中国政府采购，2019（8）．

［102］吕明瑜，朱汝月．优化我国公平竞争审查第三方评估制度的思考［J］．河南财经政法大学学报，2022（5）．

［103］吕清正，郭志远．我国政府补贴的法律治理［J］．江淮论坛，2017（3）．

［104］马光荣，赵耀红．行政区划壁垒、边界地区公共品提供与经济发展［J］．金融研究，2022（8）．

［105］苗沛霖．公平竞争审查的模式选择与体系建构［J］．华东政法大学学报，2021（3）．

［106］倪斐，逯鑫赫．完善我国公平竞争审查第三方评估制度研究［J］．中国市场监管研究，2022（10）．

［107］倪斐．政策与法律关系模式下的公平竞争审查制度入法路径思考［J］．法学杂志，2021（8）．

［108］潘孝珍，庞凤喜．中国地方政府间的企业所得税竞争研究：基于面板数据空间滞后模型的实证分析［J］．经济理论与经济管理，2015（5）．

［109］戚聿东，郝越．以公平竞争审查制度促进全国统一大市场建设

[J].南方经济，2022（8）.

[110]漆多俊.反垄断立法中的行政性垄断问题[J].时代法学，2006(2).

[111]钱颖一.市场与法治[J].经济社会体制比较，2000（3）.

[112]钱颖一.政府与法治[J].比较，2003（5）.

[113]秦策.理念、制度与方法：比例原则的法教义学面相[J].法治现代化研究，2017（1）.

[114]沈福俊.建立与政府信息公开制度相适应的保密制度[J].法学，2009（9）.

[115]沈伟."竞争中性"原则下的国有企业竞争中性偏离和竞争中性化之困[J].上海经济研究，2019（5）.

[116]石达.公平竞争审查视角下产业政策与竞争政策的协调机制研究[J].市场周刊，2019（8）.

[117]石国亮.慈善组织公信力重塑过程中第三方评估机制研究[J].中国行政管理，2012（9）.

[118]石中英.论国家文化安全[J].北京师范大学学报（社会科学版），2004（3）.

[119]时建中.强化公平竞争审查制度的若干问题[J].行政管理改革，2017（1）.

[120]史际春，肖竹.论分权、法治的宏观调控[J].中国法学，2006(4).

[121]史际春.也谈"竞争中立"[J].经济法学评论，2019（2）.

[122]孙晋，袁野.论公平竞争审查在我国政府采购领域的适用[J].湖北行政学院学报，2016（5）.

[123]孙晋，张田.关于《反垄断法》对垄断国企适用问题的思考：对王先林、徐晓松两篇文章的回应[J].法治研究，2014（8）.

[124]孙晋，钟原.竞争政策视角下我国公平竞争审查豁免制度的应然建构[J].吉首大学学报（社会科学版），2017（4）.

[125]孙晋.公平竞争原则与政府规制变革[J].中国法学，2021（3）.

［126］孙晋．规制变革理论视阈下公平竞争审查制度法治化进阶［J］．清华法学，2022（4）．

［127］孙晋．国际金融危机之应对与欧盟竞争政策：兼论后危机时代我国竞争政策和产业政策的冲突与协调［J］．法学评论，2011（1）．

［128］孙晋．习近平法治思想中关于公平竞争的重要论述研究［J］．法学杂志，2022（5）．

［129］孙晋．习近平关于市场公平竞争重要论述的经济法解读［J］．法学评论，2020（1）．

［130］孙晋．新时代确立竞争政策基础性地位的现实意义及其法律实现：兼议《反垄断法》的修改［J］．政法论坛，2019（2）．

［131］孙笑侠．论法律与社会利益：对市场经济中公平问题的另一种思考［J］．中国法学，1995（4）．

［132］孙瑜晨．国企改革引入竞争中性的正当性及实现路径：以新兴经济体的实践经验为镜鉴［J］．北方法学，2019（6）．

［133］孙玥璠，宋迪．国有企业董事会构成问题国际比较研究［J］．经济研究参考，2015（31）．

［134］唐东会．政府采购促进自主创新的机理探析［J］．地方财政研究，2008（1）．

［135］唐宜红，姚曦．混合所有制与竞争中立规则：TPP对我国国有企业改革的挑战与启示［J］．人民论坛·学术前沿，2015（23）．

［136］王保树．企业联合与制止垄断［J］．法学研究，1990（1）．

［137］王丹．以竞争中性制度促进形成强大国内市场［J］．宏观经济管理，2020（6）．

［138］王贵．论我国公平竞争审查制度构建的基准与进路［J］．政治与法律，2017（11）．

［139］王磊．竞争评估的合理性标准研究［J］．时代法学，2016（12）．

［140］王先林，丁国峰．反垄断法实施中对竞争政策与产业政策的协

调［J］. 法学，2010（9）.

［141］王晓晔. 行政垄断问题的再思考［J］. 中国社会科学院研究生院学报，2009（4）.

［142］吴敬琏，江平. 市场经济和法治经济：经济学家与法学家的对话［J］. 中国政法大学学报，2010（6）.

［143］吴太轩，杨婉琪. 我国公平竞争审查例外制度的适用困境与对策［J］. 西南石油大学学报（社会科学版），2022（3）.

［144］吴宣恭. 破除“所有制中性论”的错误认知［J］. 当代经济研究，2020（2）.

［145］向立力，俞四海. 公平竞争审查制度的理论梳理与完善建议［J］. 中国价格监督与反垄断，2017（3）.

［146］肖恒. 立法法理学视野下政策法律化的证成［J］. 福建师范大学学报（哲学社会科学版），2022（5）.

［147］熊伟. 法治视野下清理规范税收优惠政策研究［J］. 中国法学，2014（6）.

［148］徐凤敏，王柯蕴. 建设统一数据要素大市场的科学内涵、内在逻辑与政策建议［J］. 西安交通大学学报（社会科学版），2023（2）.

［149］徐志群. 论完善地方性法规、规制的立法监督机制［J］. 中国法学，1999（3）.

［150］许身健. 行政性垄断的概念构造及立法完善：基于《反垄断法（修正草案）》的分析［J］. 行政法学研究，2022（3）.

［151］闫海，王洋. 论法治化营商环境视阈下的竞争中立原则［J］. 商业研究，2019（10）.

［152］杨秋波. 国企条款透视：特征、挑战与中国应对［J］. 国际商务（对外经济贸易大学学报），2018（2）.

［153］杨新铭. 促进民营经济发展的政策选择［J］. 学习与探索，2019（11）.

[154] 叶金育 . 税收优惠统一立法的证成与展开：以税收优惠生成模式为分析起点 [J]. 江西财经大学学报，2016（2）.

[155] 易军 . 原则、例外关系的民法阐释 [J]. 中国社会科学，2019（10）.

[156] 于良春，张伟 . 产业政策与竞争政策的关系与协调问题研究 [J]. 中国物价，2013（9）.

[157] 于良春 . 中国的竞争政策与产业政策：作用、关系与协调机制 [J]. 经济与管理研究，2018（10）.

[158] 余菁 . 竞争中性原则的政策应用 [J]. 求是学刊，2020（2）.

[159] 喻贞，胡婷，沈红波 . 地方政府的财政补贴：激励创新抑或政策性负担 [J]. 复旦学报（社会科学版），2020（6）.

[160] 张光远 . 公平竞争审查与建设全国统一大市场 [J]. 价格理论与实践，2022（3）.

[161] 张骏 .《反垄断法》第 7 条述评：兼论垄断国企的规制 [J]. 竞争政策研究，2015（2）.

[162] 张磊，黄世玉 . 构建基于全国统一大市场的新发展格局：逻辑方向、堵点及路径 [J]. 深圳大学学报（人文社会科学版），2022（3）.

[163] 张琳，东艳 . 主要发达经济体推进"竞争中立"原则的实践与比较 [J]. 上海对外经贸大学学报，2015（4）.

[164] 张守文 . 公平竞争审查制度的经济法解析 [J]. 政治与法律，2017（11）.

[165] 张守文 . 政府与市场关系的法律调整 [J]. 中国法学，2014（5）.

[166] 张叶姝，耿启幸 . 我国公平竞争审查模式的构建与启示 [J]. 价格理论与实践，2017（7）.

[167] 张一武 . 公平竞争审查制度的形式化问题研究 [J]. 中国价格监管与反垄断，2020（8）.

[168] 张玉洁，李毅 . 公平竞争审查制度构建的价值维度与实践进路 [J]. 学习与实践，2018（6）.

［169］张占江.《中国（上海）自由贸易试验区条例》竞争中立制度解释［J］. 上海交通大学学报（哲学社会科学版），2015（2）.

［170］张占江. 中国法律竞争评估制度的建构［J］. 法学，2015（4）.

［171］赵海乐. 竞争中立还是竞争礼让：美国对华反补贴中的国有企业歧视性待遇研究［J］. 国际商务（对外经济贸易大学学报），2016（4）.

［172］赵学清，温寒. 欧美竞争中立政策对我国国有企业影响研究［J］. 河北法学，2013（1）.

［173］赵永康. 长三角区域一体化中公平竞争审查投诉机制构建［J］. 科学发展，2022（8）.

［174］郑和园. 公平竞争审查制度中自我审查的理论逻辑及实践路径［J］. 价格理论与实践，2017（12）.

［175］郑鹏程，黎林. 澳大利亚公平竞争审查中的竞争支付制度及其启示［J］. 价格理论与实践，2017（11）.

［176］周海涛. 欧盟国家援助制度的现代化及其借鉴［J］. 河北法学，2016（8）.

［177］周丽霞. 澳大利亚竞争政策及其审查机制给我国带来的启示［J］. 价格理论与实践，2016（9）.

［178］周牧. 欧盟对国有企业补贴的定性和量化分析：论国家援助"市场经济经营者测试"等规则的适用［J］. 欧洲研究，2022（2）.

［179］朱静洁. 公平竞争审查制度实施情况的实证研究：以国家发改委公布的 59 个审查案例为样本［J］. 竞争政策研究，2018（4）.

［180］朱静洁. 我国公平竞争审查监督机制的现存问题及其对策研究［J］. 竞争政策研究，2022（1）.

［181］朱静洁. 我国行政性垄断的公平竞争审查规制研究［J］. 价格理论与实践，2017（6）.

［182］Milhaupt C J, Zheng W. Beyond Ownership: State Capitalism and the Chinese Firm［J］. The Georgetown Law Journal, 2015（103）.

[183] Poncet Sandra. A Fragmented China: Measure and Determinants of Chinese Domestic Market Disintegration [J] .Review of International Economics, 2005 (13) .

[184] Rennie M, Lindsay F. Competitive Neutrality and State-owned Enterprises in Australia: Review of Practices and Their Relevance for other Countries [J] . OECD Corporate Governance Working Papers, 2011.

[185] Stephen P. King. The Economics of National Competition Policy [J] .Law in Context, 2002 (20) .

作者分工

绪　论	闫　海、崔晓瑜、郭岳达
第一章第一节	崔晓瑜、刘婉莹、周平平
第一章第二节	崔晓瑜、刘映志、周平平
第二章第一节	闫　海、贾济玮、侯柏卉
第二章第二节	闫　海、郝子琦、侯柏卉
第二章第二节	闫　海、杨　娜、侯柏卉
第三章第一节	马海天、申明阳、崔　洛
第三章第二节	马海天、徐　铮、崔　洛
第三章第三节	马海天、李　丹、崔　洛
第三章第四节	马海天、赵宗启、崔　洛
第四章	闫　海、徐晨凯、韩鸿声
统　稿	闫　海、马海天、崔晓瑜
校　稿	韩鸿声、郭岳达、崔　洛、侯柏卉、周平平